مقدمة

في

الحضارة العربية الإسلامية ونظمها

مقدمة

في

الحضارة العربية الإسلامية ونظمها

الدكتور

عطية محمد عطية

جامعــــة عـمــان الأهلــية

إتحاد الكتاب والأدباء الأردنيين

2011

دار يافا العلمية للنشر والتوزيع

956
عطية، عطية محمد
مقدمة في الحضارة العربية الإسلامية ونظمها /عطية محمد عطية._
عمان: دار يافا العلمية للنشر والتوزيع، 2010
() ص
ر.إ: 2010/3/857
الواصفات: /الحضارة العربية//الحضارة الإسلامية//التاريخ العربي//الإسلام

***إعداد بيانات الفهرسة الأولية من قبل دائرة المكتبة الوطنية**

الطبعة الأولى، 2011

دار يـــــافـــــا العلمية للنشر والتوزيع
الأردن - عمان - تلفاكس 4778770 6 00962
ص.ب 520651 عمان 11152 الأردن
E-mail: dar_yafa @yahoo.com

فهرس المحتويات

بسم الله الرحمن الرحيم

المقدمة

بسم الله والحمد لله رب العالمين والصلاة والسلام على خاتم الأنبياء والمرسلين، وسبحان الذي علم بالقلم علم الإنسان ما لم يعلم، وسخر له كل ما في الكون جميعاً؛ حتى يعينه على الاستخلاف في الأرض، حسب مراد الله وحكمته؛ بهدف بناء حضاري متجدد على تطاول الأزمان واختلاف المكان، وإن تناءت الجماعات البشرية المكلفة بالعمران الحضاري، أو تباعدت فيما بينها على كر العصور والدهور. فمراد الله من هؤلاء وهؤلاء تدشين حضارات تؤمن ب الله وملائكته وكتبه ورسله واليوم الآخر. وهذا ما يميز حضارة هذه الأمة عن سواها، بسبب مزاوجتها بين العقيدة الصحيحة والعلم النافع، وليس أدل على ذلك من قوله تعالى في الآيات الكريمة الآتية، التي تدفع بالبحث العلمي إلى الأمام من غير معوقات، مما يؤكد إقرار القرآن الكريم على المنهجية العلمية، مع الاعتراف ابتداءً أنه كتاب هداية وتشريع وليس كتاب علوم ونظريات:(قُلْ سِيرُوا فِي الْأَرْضِ فَانْظُرُوا كَيْفَ بَدَأَ الْخَلْقَ) العنكبوت / 20. (اللَّهُ الَّذِي سَخَّرَ لَكُمُ الْبَحْرَ لِتَجْرِيَ الْفُلْكُ فِيهِ بِأَمْرِهِ وَلِتَبْتَغُوا مِنْ فَضْلِهِ وَلَعَلَّكُمْ تَشْكُرُونَ(12))الجاثية / 12. (وَلَا تَقْفُ مَا لَيْسَ لَكَ بِهِ عِلْمٌ إِنَّ السَّمْعَ وَالْبَصَرَ وَالْفُؤَادَ كُلُّ أُولَئِكَ كَانَ عَنْهُ مَسْئُولًا(36)) الإسراء / 36.

أما بعد:

ليس خافياً على أحد أن الحضارة العربية الإسلامية بلغت شاءواً في فارقة تاريخية فريدة، لم تبلغه السوابق من الحضارات المتقدمة عليها. مما أهلها أن تكون صاحبة شوكة في صناعة القرار الحضاري، قياساً بزمانها. ومن نازع في ذلك وتناكر أو تمارى، كان أشبه بمن يعطل عقله وفكره بسبب مبلغه المنقوص من العلم. لذا، لا يؤخذ برأيه ولا يعول عليه ولا يلتفت له، بسبب تعجله في نظرته أحادية الجانب التي أفقدته القدرة على الإبصار الموضوعي للعلم بالكلية. وفي محاكمة عقلية موضوعية، ليس من الحصافة أن يعقد للآحاد من هؤلاء مجلس علم في قضايا الأمة. ومن يهتف بهذا الرأي لا قيمة لكلامه سواء أكان مستشرقاً غير نزيه، أو مستغرباً فاقداً لهويته، لا ضير عنده أن يتماهى مع الآخر، حتى على حساب ثوابت الأمة الصحيحة التي هي محل إجماع. وللحقيقة أن المنصفين من المستشرقين وعلماء الغرب قد اعترفوا بفضل الحضارة العربية الإسلامية على الحضارة الغربية. وتبعاً لهذا، فحضارة هذه الأمة استغلظ زرع علومها حتى طال جوانب الحياة ونظمها كافة، واستوت على سوقها تطور المدنية المعاصرة، الذي مهد لما ننعم به اليوم من تقدم غير مسبوق نتاج تطور الزمان بأهله. واتكاءً على هذا كله، ارتأت جامعة عمان الأهلية منذ انطلاقتها الأولى سنة 1990، أسوة بغيرها من الجامعات العربية والإسلامية، تدريس هذه المادة على خليفة لفتة سيكولوجية ومنهجية ذات دلالات متعددة. فقد طرحت كمتطلب جامعي. ويتوقع من تدريس هذه المادة تحقيق الأهداف الآتية:

1- أن يناقش الطلبة جوانب الحضارة العربية الإسلامية، بهدف استنباط الدروس والعبر المستوحاة من محطاتها كافة.

2- أن يبدي الطلبة القدرة على المساهمة في إعادة كتابة تاريخ الحضارة العربية الإسلامية؛ بروح الناقد المحقق المنصف من أهل العلم.

3- إحداث عصف فكري في عقلية الطلبة، تساعدهم على تنمية مهارات التفكير العليا، كالإبداعي، والناقد، وحل المشكلات، والتحليل، والتركيب، والتقويم.

4- أن يجتهد الطلبة في تحديد أسباب التراجع الحضاري للأمة داخلياً وخارجياً.

5- أن يعقد الطلبة مقاربات نقدية للوقوف على فارق الاختلاف بين حضارة وأخرى، في الأصول والخصائص والمآثر الحضارية.

6- أن يسهم الطلبة في إيجاد بعض الحلول للمساهمة في مواجهة الاستجابة للتحديات الحضارية التي تفرض على الأمة.

7- أن يدرك الطلبة أبعاد تداعيات مخاطر الاستلاب الحضاري، الذي عصف بالأمة مساحة غير قصيرة من الزمان، ومن مظاهره: التقليد الأعمى، والفراغ الفكري، وأزمة الهوية، والولاء والانتماء، والصراع القيمي.

8- دفع الطلبة على ضرورات تفهم الكون؛ بهدف تغيير عقليتهم وتفكيرهم ونظرتهم للحياة حاضراً ومستقبلاً.

9- أن يتفهم الطلبة واقع الأمة على أمل التجديد الحضاري، عن طريق المناداة بالعلم، والمزاوجة بين الأصالة والمعاصرة، وعدم الانكفاء على الذات وقطيعة الآخر. إضافة إلى عدم الزج بالثوابت إلى الوراء باسم الحداثة والمعاصرة، أو التماهي مع الآخر بشكل ينزع عن الأمة شخصيتها المستقلة.

10- حمل الطلبة على المناداة بالإصلاح الحقيقي الشامل في نظم الحياة، مع ضرورة تأمين الظروف الملائمة لكل إصلاح في إطار ممنهج ومدروس.

11- أن يدرك الطلبة عن بصيرة وإعمال عقل، حكمة مراد الله عز وجل في تداول الحضارات بين الأمم.

وفي سياق متصل – أيضاً –، فإن هذا الكتاب هو قراءة موجزة لدراسة أعم وأشمل، تتكون من مجلدين عنوانها: الموطأ في الحضارة العربية الإسلامية ونظمها. والكتاب الأم يمثل قراءة تحليلية نقدية، أودعتها تأملاتي في مراجعات خطاب الأمة الحضاري وما يتضمنه من دروس وعبر، عسى أن يكون في قابل الأيام، كأحد المراجع على صعيد الجامعات العربية والإسلامية. وقد جاء هذا الكتاب المقدمة في الحضارة العربية الإسلامية ونظمها، بما يتفق والخطة الدراسية. وختاماً: نسأل الله السداد في القول والرشاد في العمل وهو ولي التوفيق والحمد لله رب العالمين.

المؤلف

الوحدة الأولى

مفهوم الحضارة العربية الإسلامية
مقوماتها وخصائصها

أولاً:الحضارة، وعلاقتها بالثقافة والتراث.

ثانياُ: مصادر الحضارة العربية الإسلامية.

ثالثاً: خصائص الحضارة العربية الإسلامية.

رابعاً: قراءة تحليلية نقدية حول تسمية حضارة عربية إسلامية.

الوحدة الأولى
مفهوم الحضارة العربية الإسلامية مقوماتها وخصائصها

أولاً: الحضارة، وعلاقتها بالثقافة والتراث

ما زال مفهوم الحضارة والثقافة من المفاهيم التي يكتنفها كثير من الغموض، تبعاً للنظرة المتفاوتة لهما من شخص لآخر، ولاختلاف المدارس الفكرية، وخلفية اتجاهات معناهما بين المفكرين والفلاسفة والباحثين.

ولتحديد المراد من هذين المصطلحين يحسن بنا أن نورد موجزاً عما ورد بشأنهما من تعاريف لغةً واصطلاحاً:

عرف المعجم الوسيط الحضارة: بأنها الإقامة في الحضر- وهي ضد البداوة، وتمثل مرحلة سامية من مراحل التطور الإنساني، ومظاهرها الرقي العلمي والفني والأدبي والاجتماعي، ويراد بالحضر المدن والقرى المزدهرة [(1)]:

ويعرف المعجم الوسيط البداوة في مواضع أخرى قائلاً:

(البادئ) بادئُ الأمر، والبَدء أول كل شيء والبُدائية في علم الاجتماع الطور الأول من أطوار النشوء [(2)].

(والبادي) المقيم في البادية، و(البادية) مؤنث البادي وهي فضاء واسع فيه المرعى والماء، وسكانها أهل البادية والنسبة إليها بدوي على غير قياس. و(البدو) البادية وأهلها.

---

(1) المعجم الوسيط، الباب الحلبي، الطبعة الثانية، القاهرة، 1960، 181/1.

(2) المصدر السابق، ص42.

و(البداوة) الحياة في البادية التي يغلب عليها التنقل والترحال [1]. والبداوة أقدم وهي أصل الحضر، والحضارة عند ابن خلدون غاية للبداوة بهدف بلوغ العمران [2]. وصفوة القول في المعاجم اللغوية عن مادة (حضارة) فكلها تشير إلى العيش في المدينة والتخلق بأخلاقها بعكس البداوة.

مما تقدم نرى أن الحضر خلاف البدو والحاضر خلاف البادي والحضارة الإقامة في الحضر، فالتوطن والإستقرار يحملان الإنسان على فلاحة الأرض واكتساب ألوان العيش وتشييد المدن وتحصيل المعرفة وسن التشريعات والنظم. وهذا بدوره يومئ إلى التطور والازدهار في مجالات الحياة كافة.

الحضارة اصطلاحاً: للفلاسفة والباحثين اجتهادات شتى في تعريف الحضارة، فذهب بعضهم إلى اعتبار الحضارة والثقافة اصطلاحين لمسمى واحد، وثمة آخرون يرون أن المصطلحين مختلفان، فالحضارة تقتصر على عناصر التقدم المادي للمجتمع في حين تقتصر الثقافة على فكر الإنسان وعقائده وأفكاره. والذي نميل إليه أن الثقافة جزء من الحضارة وأن الأخيرة أعم وأشمل من الأولى.

وفيما يلي ذكر لبعض تعاريف الحضارة اصطلاحاً:

1- يرى ابن خلدون أن الحضارة هي طور طبيعي في حياة المجتمعات المختلفة، وأنها تفنن في الترف وأحكام الصنائع المختلفة التي تنقل الناس من حالة البداوة إلى حالة التحضر والعمران، وانتحال ألوان الصنائع في الأمصار والبلدان، وما يتأتى عنه من إنشاء المدن وبناء العمران والحضارة عنده تحمل

---

(1) المصدر السابق، ص45.

(2) مقدمة ابن خلدون، دار القلم، الطبعة السادسة، بيروت، 1986، ص 371 (الفصل الثامن عشر: الحضارة غاية العمران ونهاية لعمره وإنها مؤذنة بفساده).

في ثناياها بذور الفساد لشيوع مظاهر الدعة والترف والغلو في فنون التأنق إذ نراه يقول:

وإذا كثر ذلك في الأمة تأذن الـلـه بخرابها وانقراضها.

فالترف إذا بلغ مداه في الحضارة والعمران انقلب إلى الفساد وأخذ بالانحطاط والهـرم كالأعمار الطبيعية للخلائق [1].

وبإعتقادي هنا أن ابن خلدون قد طاف بخلده في فساد الترف وانهيار الحضارة قوله تعالى في سورة الإسراء: آية 16: (وَإِذَا أَرَدْنَا أَنْ نُهْلِكَ قَرْيَةً أَمَرْنَا مُتْرَفِيهَا فَفَسَقُوا فِيهَا فَحَقَّ عَلَيْهَا الْقَوْلُ فَدَمَّرْنَاهَا تَدْمِيرًا).

ونحن على إعجابنا الشديد بالعلامة ابن خلـدون، إلا أننا لا نشاطره رأيـه في تقـزيم معنى الحضارة بالعمران، (التعمير أو التحديث) وإن كنا نؤيده لمخاطر الترف الرخيص المصحوب بالترهل والكسل والبطالة والفسق ومعاشرة الغواني والراقصات.

فإذا حل الكسل والجمود محل النشاط والحركة انتفى الاستقرار وانحدرت حضارة المجتمع وقيمه، وتراخت وهوت إلى غير رجعة.

ولعل من المآخذ التي سجلت على ابن خلدون هنا، أن الوصف الذي ذكره لا يحيط بمفهوم الحضارة إحاطة تامة لإهماله ذكر المعارف والعلوم والفنون ودورها في ازدهار الحضارة وتطورها [2].

مما تقدم نرى أن الحضارة عند ابن خلدون أضيق من معناها الحديث والمعاصر الاصطلاحي، إذ لم تعد الكلمة مقصورة على مدلول البداوة بل

---

(1) مقدمة ابن خلدون، المصدر السابق ص372، بتصرف، للمزيد انظر:الفصل الرابع في العمران الحضري والبلدان والأمصار.

(1) د. قسطنطين زريق: في معركة الحضارة، دار العلم للملايين، الطبعة الرابعة، بيروت 1981، ص29. و د. صبحي الصالح: الإسلام ومستقبل الحضارة، دار الشورى، الطبعة الثانية، بيروت 1990، ص17.

جاوزته إلى القيم الروحية والمادية الرفيعة وهذا لا يقدح بالعلامة الجليل، فصرح العلم الإنساني لم يستقل جيل واحد بتشييده، وإنما تشترك كل الأجيال في بنائه فكل جيل يضيف إلى ما قام به الجيل السابق لبنة ترفع ذلك الصرح درجة، ولن يستطيع أي جيل أن يضيف جديداً إذا لم يعرف جهود الأجيال التي خلت قبله. وإن من السنن في كل معرفة إنسانية أن المتأخر يستعين بالمتقدم. وحسبنا شرفاً أن ابن خلدون مؤسس علم الحضارة أو علم العمران البشري والاجتماع الإنساني، وكل الذين جاءوا بعده كانوا عالة عليه يدورون في فلك منهجه. وفي هذا نراه يقول: (لعمري لم أقف على الكلام في منحى هذا العلم لأحدٍ من الخليقة قبلي).

2- عرف ول ديورانت الحضارة في كتابه الشهير قصة الحضارة قائلاً: نظام اجتماعي يعين الإنسان على الزيادة من إنتاجه الثقافي.

3- ذهب العالم الانثروبولوجي الانكليزي Tylor في كتابه Primitive Culture، أن الحضارة بمعناها الواسع هي ذلك الكيان المعقد، الذي يضم المعرفة والمعتقدات والفنون والآداب والقوانين والعادات وجميع القدرات والتقاليد التي يكتسبها الإنسان بصفته عضواً في المجتمع.

والرأي الذي نطمئن إليه أن الحضارة: هي مجموعة المظاهر الفكرية والمادية للمجتمع، التي تمثل نتاج ثمرة التحدي والاستجابة.

ويراد بالمظاهر الفكرية: المعتقدات الدينية والآداب والفنون والنظم السياسية والاقتصادية والاجتماعية والإدارية، أما المظاهر المادية فهي مخرجات المعرفة العلمية المتطورة التي توطن في جوانب الحياة المختلفة، وتُفضي بها من تقدم لآخر في مجالات الحياة كافة.

وتعريفنا للحضارة الإسلامية: منظومة القيم والمفاهيم النابعة من وجهة نظر الإسلام في مناحي الحياة المختلفة الدينية والسياسية والاجتماعية

والاقتصادية والإدارية والعلمية والبيئية وغيرها، والتي تعكس نظرة الإسلام الشاملة عـن الكون والحياة والإنسان بما يتناسب وحاجات الإنسان وتطلعاته في عمارة الكون.

وأصل الثقافة في المعاجم اللغوية العربية مأخوذ مـن الفعل (ثَقِفَ) ويحتمل عـدة معانٍ منها: الحـذق والفطنة والـذكاء وسرعـة الفهـم والـتعلم وتقـويم المعـوج مـن الأشياء وتسويته وإدراك الشيء والحصول عليه والتهذيب والتأديب[1].

وفي العربية الحديثة فإن كلمة الثقافة بمعناها الاصطلاحي لم تـرد في المعاجم وهـي أعم وأشمل من معناها اللغوي وتطال المعرفة والأعراف والعادات والتقاليد واللغة والفنـون والسلوك وغير ذلك.

والأرجح أن كلمة الثقافة Culture مشتقة من أصلها اللاتيني Cultura مـن الفعل Colere بمعنى حرث أو نما، ثم أخذت هذه الكلمة تـدخل اللغات الانجليزية والفرنسية، (والألمانية Cultur ثم Kultur) لتعني تنمية العقـل وفلاحته علميـاً وأدبيـاً التـذوق الأدبي والفني، والتزود بالمعارف والآداب والفنون والعلوم المختلفة، وغـدت هـذه اللفظـة تطلق أخيراً على مجموع عناصر الحياة وأشكالها ومظاهرها في مجتمع من المجتمعات، وهـذا هـو أصـل المعنـى الاصطلاحـي الـذي تحتويه كلمـة Culture اليوم عند علمـاء الاجتماع والانثروبولوجيا. وما لبث أن انتشرت هذه الكلمة لتحمل هذا المعنى في لغات العالم[2].

وموجز القول: أن للفلاسفة والباحثين عـلى الصعيد العالمي مـذاهب شـتى مـن الاجتهادات في تعريف الثقافة بصورة متداخلة ومتشابكة تتقارب في الفكرة

---

(1) المعجم الوسيط، 98/1.

(2) قسطنطين زريق: في معركة الحضارة، مرجع سابق، ص ص 33- 34.

وتتفاوت في الألفاظ والصياغات⁽¹⁾. وعلى الرغم من كثرة المؤتمرات والمؤلفات التي تبحث في الثقافة وميادينها، ليس هناك ثمة إجماع أو اتفاق على مصطلح الثقافة، التي تجاوزت تعريفاتها إلى نيف ومائتي تعريفٍ، وهذا يؤكد مشكلة تعريف الثقافة. ويعزى ذلك لاختلاف تخصص من يعرف الثقافة واتجاهاته الفكرية.

فبعض العلماء أطلقها على الجانب الفكري من الحياة، في حين أطلقها آخرون على الجانب المادي وهناك من يرى خلاف ذلك⁽²⁾. أما علماء الاجتماع فيرون أن الثقافة ذات مفهوم شمولي متكامل، يراد منه منظومة أساليب الحياة الاجتماعية الفكرية والمادية السائدة في المجتمع الواحد الذي تميزه عن غيره من المجتمعات.

وعرفت منظمة UNESCO الثقافة في المؤتمر العالمي للسياسات الثقافية الذي عقد في المكسيك سنة 1982 [الثقافة في معناها الشمولي الواسع هي المركب الكلي للسمات الروحية والمادية والفكرية والعاطفية التي يتميز بها مجتمع عن آخر، وهي تشتمل على الفنون وطرائق الحياة وحقوق الأفراد الأساسية ونظم القيم والتقاليد والمعتقدات]⁽³⁾ ا.هـ

ومن أشهر العلماء والباحثين الغربيين الذين قدموا تعريفات للثقافة هم Tylor و Kilpartiek و Custav Klemn و Nillar و Morgan و

---

(1) د. محمد عبد السلام محمد وزملاؤه، دراسات في الثقافة الإسلامية، مكتبة الفلاح، الطبعة السادسة، الكويت، 1998، ص 9، دارت حول تعريف الثقافة ندوات ومناقشات كثيرة، حتى قال بعض الباحثين ساخراً أن هذه المناقشة في الثقافة ان هي إلا سلسلة من التعريفات بغية الوصول إلى تعريف.

(2) قسطنطين زريق: في معركة الحضارة، مرجع سابق، ص35.

(3) منشورات اليونسكو 1998، ص1

Robert Field و Arnest Parker و Masthuw Arnold و Hinry Lowest.

ولعل أهم ما يميز تعريفاتهم، أنها ذات ألفاظ وصياغات متعددة وقد تكون متداخلة ومتشابهة عند بعضهم أو متقاطعة عند بعضهم الآخر، نظراً لاختلاف نظرتهم إلى الدين، فمنهم من يرى أن الدين قضية ميتافيزيقة لا تخضع للثقافة لكونه أعم وأشمل، وآخرون يرون أن الدين جزء من الثقافة تمثل ظاهرة اجتماعية من صناعة الإنسان وعاداته [1].

كما تعزى بعض التقاطعات في التعريفات الغربية للثقافة أيضاً، إلى صعوبة تحديد معناها؛ لأنها من الألفاظ المعنوية التي تجري على الألسن دون وضوح مدلولاتها في أذهان مستعمليها وضوحاً مميزاً [2]. إضافة إلى اختلاف المدرسة الفكرية التي ينطلق منها هذا الباحث أو ذاك.

ولعل من أبرز التعاريف المتداولة لمصطلح الثقافة عند العلماء والباحثين العرب والمسلمين ما أورده المعجم الوسيط ص98 نقلاً عن المجمع اللغوي بالقاهرة: (الثقافة هي العلوم والمعارف والفنون التي يطلب الحذق فيها).

وقد عرفها مالك بن بني في كتابه مشكلة الثقافة ص17 قائلاً: (الثقافة التركيب العام لعناصر أربعة هي الأخلاق والجمال والمنطق العلمي، والصناعة). ويضيف تعريفاً آخر في ص64 (الثقافة مجموعة من الصفات الخلقية والقيم الاجتماعية التي تؤثر في الفرد منذ ولادته، وتصبح لا شعورياً العلاقة التي تربط سلوكه بأسلوب الحياة في الوسط الذي ولد فيه).

---

(1) د. محمد عبد السلام محمد وزملاؤه، دراسات في الثقافة الإسلامية مرجع سابق، ص9، نقلاً عن د. عبد الله دراز الدين، ص106- 108.

(2) د. محمد عبد السلام محمد وزملاؤه، دراسات في الثقافة الإسلامية مرجع سابق، ص8، نقلاً عن د. أحمد الشايب، محاضرات في الثقافة الإسلامية.

كما عرفها د. ناصر الدين الأسد في كتابه العمل الثقافي العام والمتغيرات الدولية ص85: (الثقافة مجموعة من الآداب والفنون والمعارف العقلية والنقلية والعلوم التجريبية والعملية).

وهناك عشرات التعريفات الأخرى للعديد من العلماء والباحثين العرب والمسلمين، والتي تدور في مجملها حول طريقة حياة المجتمع وما يتميز به من الآداب والفنون والمعارف والمعتقدات الروحية، التي تشكل خصوصية شخصية الفرد والجماعة المتميزة في جوانبها الروحية، والمادية والمعنوية لبلوغ أسباب الرقي والتقدم.

وفي نظرنا أن الثقافة هي منظومة خصوصيات التراث الحضاري التي تميز أمة عن غيرها في مناحي الحياة ونظمها، بمعنى هي منظومة مرجعية تتشكل إحداثياتها من الموروث الحضاري للأمة تشتمل على قيمها الروحية ونظمها السياسية، والاجتماعية والاقتصادية والأخلاقية والنفسية والفنية التي تعكس في مجملها المبادئ التي تقوم عليها نظرتها للكون والحياة والإنسان والمعرفة وبوظيفتها في الوجود.

وتأسيساً على ما تقدم نرى أن مفهوم الثقافة والحضارة من المفاهيم التي يكتنفها الغموض تبعاً للنظرة المتفاوتة إليهما من شخص لآخر، ففي اللغات الغربية ثمة لفظتان تستعملان للدلالة على معنى الحضارة اصطلاحاً هما Civilization و Culture ولكل منهما تاريخ متشعب وألوان مختلفة من الدلالة [1].

فكلمة Civilization مشتقة من Civis اللاتينية بمعنى المدني أو المواطن في المدينة، ثم أخذت تستعمل مجازاً لتعبر عن المظاهر العقلية والأدبية، في حين

_____

(1) قسطنطين زريق: في معركة الحضارة، مرجع سابق، ص32.

تم إطلاق Culture على المظاهر المادية للحضارة كالتكنولوجيا والصناعة ونحو ذلك وهناك من يرى عكس ذلك كما تقدم.

وقد الحق (شبنغلر) في كتابه (انحطاط الغرب) لفظة Culture على الحضارة بمعنى الوحدة الأساسية واستعمل Civilization للدلالة على دورين مختلفين من الأدوار التي تمـر بها كل حضارة، أما الأول Culture فهو دور الازدهار والإنتاج الروحي، والثاني Civilization فدور الإنتاج المادي ثم الهرم والركود، وهذا الدور الأخير هو الـذي يـسبق انحـلال الحضارة وزوالها، وفي هذا ما يذكرنا بابن خلدون الذي يعتبر الحضارة غاية العمران ومبعث الفساد فالانهيار[1]. فالحضارة عنـده تمثـل نتاج المجتمع في الصنائع والفنون والعمران والعلـوم ومظاهر الدعـة والـترف وهـي المرحلـة الأخـيرة للعمـران ونهاية لعمـره ولا يـزال اضطراب الدلالات قائماً بين المصطلحين، وللدلالة على هذا التناقض هناك ثمة مـن يعتقـد أن الحضارة أعم وأشمل من الثقافة، في حين ذهب آخرون إلى عكس هذا تماماً.

ويرى فريق ثالث أن للمصطلحين كليهما مسمى واحد ولهذا ذهب (جون ديوي) إلى أن الثقافة هي ثمرة التفاعل بـين الإنسان وبيئته، وهـذا هـو المعنـى الـذي أعطـاه (أرنولـد توينبي) للحضارة كلها. أي أنها ثمرة تحدي البيئة للإنسان ونوع استجابته لها[2]. وهـذه كلها تعريفات لا تجعل للمصطلحين معناً دقيقاً متفقاً عليه بين الباحثين.

ويرى بعض الباحثين أن التعريفات المتعددة للحضارة والثقافة لكل منها مسوغات ما يبررها، وليس من الحكمـة أن نلـزم أنفسـنا بتعريـف محـدد، إذ للثقافة والحضارة عناصر يصعب علينا احصاؤها أو حصرها.

---

(1) المرجع السابق: ص 36.

(2) د. حسين مؤنس: الحضارة، سلسلة عالم المعرفة عدد يناير 1978، الكويت، ص 370.

وعلاوة على ما تقدم فإننا نجد كلمة (مدنية) مرادفة للحضارة في معناها الاصطلاحي، في المدرسة الفرنسية التي تطلق على كليهما لفظ (Civilisation)[1]. وقد اتسع مفهوم هذه الكلمة حديثاً، فأصبحت تستعمل للجانب المادي ولقيم وأنماط السلوك التي تتصل بالمجتمعات البشرية، أما مدلولها اللغوي عند العرب فله معانٍ مختلفة: منها أنها مشتقة من (مَدَّن) بمعنى أقام في المدينة وعاش فيها، ويؤخذ منها التخلق بأخلاق أهل المدن، وتشييد المدن ولهذا يقال (مدّن المدائن) بمعنى بناها.

ويقال أيضاً (مَدَنَ) فلان بمعنى أتى المدينة، (وتَمَدَّن) عاش في المدن وأخذ بأسباب الحضارة، والمدنية في أوسع معانيها اللغوية تعني الحضارة واتساع العمران[2].

وقد استعمل ابن خلدون مصطلح (التمدن) بمعنى الحضارة أو التحضر والعُمران والتعمير، مع إقراره بأن الحضارة غاية العُمران وهو عكس البداوة.

وقد درجت العرب على استعمال لفظة (مدني) بمعنى اجتماعي وفي هذا يقول ابن خلدون في مقدمته ص41: (الإنسان مدني بالطبع أي لا بد له من الاجتماع في المدينة وهو معنى العمران). وفي موضع آخر ص122 نراه يقول: (ولهذا نجد التمدن غاية للبدوي ويجري إليها).

وموجز القول: أن مفهوم الحضارة عند العرب عموماً كان يدور على ذلك النمط من الحياة المناقض للبداوة، المنشيء للمدن والأمصار وما يتحقق في الحواضر المستقرة من مكاسب العيش ومن الصنائع والعلوم[3]. وهذا ما يوافق (المدينة) بمعناها المعاصر. علماً أن اللفظة مولدة لم ترد في المعاجم اللغوية إلا مؤخراً بعد أن شاع استعمالها في عصرنا.

---

(1) المعجم الوسيط؛ 859/2

(2) د. صبحي الصالح: الإسلام ومستقبل الحضارة، مرجع سابق، ص19.

(3) قسطنطين زريق: في معركة الحضارة، مرجع سابق، ص30.

وتعليقاً على ما تقدم: نرى أن مصطلحات الحضارة والثقافة والمدنية من الصعب تحديد معانيها والتفريق بينها بشكل دقيق، لاختلاف مدلولاتها بين العلماء والباحثين. مما يزيد اللبس والغموض ويجعله أكثر تعقيداً في تحديد اللفظ الاصطلاحي الدال عليها. والرأي الذي نميل إليه أن الحضارة شاملة للثقافة والمدنية لجمعها بين الجانبين المادي والمعنوي من منظور الأمة الخاص. والذي يهمنا التأكيد عليه هنا إبراز الحقائق الآتية:

1- أن كلمة الحضارة لم تعد مقصورة على مدلولها القديم المقابل لمدلول كلمة (بداوة)، وإنما جاوزته إلى مدلول آخر، هو التعبير عن ارتقاء المجتمع وتطوره في جوانب الحياة المختلفة المادية والمعنوية [1].

2- إن صرح الحضارة الإنسانية لم تستقل أمّة واحدة بتشييده، وإنما ساهمت فيه عشرات الأمم التي شادت حضارات سادت ثم بادت، فكل حضارة وليدة تضيف لبنة ترفع الصرح الحضاري درجة أخرى أكثر تقدماً، فالحضارة الإنسانية حلقات متصلة متداخلة تتجاوز نظريات العرق والجنس والبيئة والقومية العنصرية وهي تراث إنساني عالمي.

3- إن الحضارة ملك الأمم التي تأخذ بأسباب العلم وتطبيقاته على اختلاف العصور وتقلب الأزمان وتطاولها وتلك سنة الله في عباده. ولا صحة لمن يزعم أن هناك أجناساً قادرة على الترقي وصنع الحضارة، وأخرى غير مؤهلة لذلك، ولسنا هنا من أنصار الثقافة المركزية التي تدور حولها بقية الحضارات.

4- الثقافة والعلم كلاهما معرفة مكتسبة وطريقة الحصول على المعرفة فيهما مختلفة، وهما تؤطران لقيام الحضارة بجوانبها الفكرية والمادية الناشئة عن

(1) د. عمر الأشقر: نحو ثقافة إسلامية أصيلة، دار النفائس، الطبعة الثانية، عمان، 1991، ص25.

مخرجات العلم وتطبيقاته في شؤون الحياة المختلفة، وما المدنية إلا مرتبة من مراتب الحضارة وصورة من صورها.

5- لكل أمة خصوصياتها الثقافية المستمدة من مرجعياتها الروحية والسياسية والاجتماعية والاقتصادية.. الخ. وهي تمثل هوية الأمة التي يجب المحافظة عليها، وثقافة الأمة يجب ألا تكون مقيدة أو محنطة وإلا أصبحت كجثة هامدة لا حراك فيها. فالثقافة التي تنغلق على نفسها وتتقوقع على ذاتها بداعي الحفاظ على أصالتها؛ بحجة الاستلاب الثقافي تعزل نفسها عن مواصلة الركب الحضاري، فالثقافة الحية الفاعلة هي التي تتفاعل مع الثقافات الأخرى بضوابط مرنة، فديناميكية الثقافة تحمل الأمة على مواجهة مشكلات العصر وتحدياته وتعمل على استشراف آفاق المستقبل. والتواصل بين الثقافات من مقاييس التحضر، فالثقافة الهامشية التابعة ليس لها دور فاعل في الإسهام الحضاري.

6- الثقافة ليست مجرد اجترار لبعض صور الماضي غير المرغوب فيه، بل هي إضافات مستمرة في حياة الأمة في جوانب الحياة ونظمها المختلفة والتمسك بالإيجابيات، إذ لا يجوز تقليد الماضي بسلبياته ومدحه.

7- لا يجوز حمل ثقافة الأمة لتماثل بصورة مطابقة خصوصيات ثقافة أخرى على حساب الثقافة الأم. وإلا كان شكلاً من أشكال الغزو الثقافي نتيجة الانبهار بالثقافة الأقوى والشعور بالدونية والنقص. فإن تجاوزت الخطوط الحمراء للتراث فقدت الأمة هويتها. فالتبعية واقتداء المغلوب بالغالب خطر يتهدد الأمة في حاضرها ومستقبلها.

8- تتأثر ثقافة الأمة بدرجة الانفتاح على ثقافات الأمم الأخرى، فتغير من أنماط حياتها وسلوكها تبعاً للعصر الذي تعيش فيه الأمة. وهذا التفاعل الثقافي له

متطلباته وضروراته واستحقاقاته، فالثقافة مخزون متجدد يهدف للمزاوجة بين الأصالة والمعاصرة.

9- وجوب المناداة بالحفاظ على الهوية الثقافية، فهي عملية بناء شخصية مستقلة للأمة تقاوم كل خطر يتهددها. يتحدد من خلالها التعريف بالذات وقدراتها ونقاط قوتها وضعفها، وتحديد درجة العلاقة بثقافة الطرف الآخر بعدما طرأ على الواقع الدولي من تغيرات أصبح فيها العالم قرية كونية. وبهذا يتم تجاوز سلبيات الماضي ويلبي تطلعات حاضر الأمة ومستقبلها. والمراد بالحفاظ على هوية الأمة الشروع بدراسة نقدية تحليلية ذاتية لمنع ذوبان الأمة وخضوعها للهيمنة والتحلل والتماهي كخطوة استباقية للحفاظ على الذات. وليس اجترار سلبيات الماضي من غير إعمال للعقل وبما لا يتوافق والشريعة الإسلامية.

وعلى ضوء ما تقدم لا يجوز إسقاط الهوية بدعوى الحداثة. فالحفاظ على هوية الأمة وثقافتها ليس مدعاة للتنافر والعداء بينها وبين الدعوة للحداثة. أما الحداثة التي تعتبر أن الحفاظ على الهوية الثقافية للأمة هي مشكلة أي مشروع نهضوي فهو إدعاء باطل لا يقوم على دليل ولا يرتكز على حجة. وليس أدل على ذلك من تلك الدعوى التي تطالب بالطعن في التراث وتطالب بإدراج القرآن الكريم كجزء من تراث الأمة القابل للنقد.

ونظرتنا للتراث أنه ليس فوق النقد والتحليل، والقرآن الكريم دستور الإسلام والمسلمين لا يدخل ضن دائرة التراث الذي خلفه السلف إلى الخلف من موروث حضاري، فهو من القداسة فوق كل اعتبار، ولا بأس من إعادة تفسيره بروح العصر. والأصالة تقتضي التجديد من منطلق تراثي ضمن قراءة واعية نقدية مسؤولة ومتوازنة في حدود الضوابط الشرعية.

ثانياً: مصادر الحضارة العربية الإسلامية

تتميز الحضارة العربية الإسلامية عن غيرها من الحضارات في منظومة المصادر الآتية:

1- القرآن الكريم [هو كلام الله المنزل على محمد صلى الله عليه وسلم المتعبد بتلاوته المبدوء بسورة الفاتحة والمختوم بسورة الناس والمنقول إلينا بالتواتر].

وقد سماه الله تعالى بأسماء عديدة منها الكتاب والفرقان والذكر والتنزيل، وقد غلب من أسمائه القرآن والكتاب. وقد روعي في تسميته قرآناً كونه متلواً بالألسن. وفي تسميته كتاباً كونه مدوناً بالأقلام. وفي تسميته بهذين الاسمين إشارة إلى أن من حقه العناية بحفظه في موضعين هما الصدور والسطور معاً.

كما وصف الله تعالى القرآن بأوصاف كثيرة منها: بشير ونذير ومجيد ومبارك وهدى وشفاء ورحمة وموعظه ومبين وعزيز .[1]

والقرآن الكريم حجة ودستور للناس يهتدون بهداه، وهو المدون بين دفتي المصحف محفوظاً من أي تغيير أو تبديل مصداقاً لقوله تعالى في سورة الحجر: آية 9: (إِنَّا نَحْنُ نَزَّلْنَا الذِّكْرَ وَإِنَّا لَهُ لَحَافِظُونَ).

ولعل من عظمة القرآن أنه يشتمل على الأحكام الملزمة للبشر وهي على ثلاثة أنواع:

أ- أحكام اعتقادية تتعلق بما يجب على المكلف اعتقاده في الله وملائكته وكتبه ورسله واليوم الآخر.

ب- أحكام خلقية تتعلق بما يجب على المكلف أن يتحلى ويتصف به، من الفضائل والخلق المحمود. وما يتخلى عنه من الرذائل والمعاصي.

---

(1) مناع القطان: مباحث في علوم القرآن، مؤسسة الرسالة، الطبعة التاسعة عشر، دمشق، 1983، ص22.
— انظر صفحة 37.

ج- أحكام عملية تتعلق بما يصدر عن المكلف من أقوال وأفعال وعقـود وتصرفات ومعاملات [1] .

2- السنة النبوية:

يراد بالسنة عند علماء أصول الفقه: كل ما صدر عن النبي صلى الـلـه عليه وسلم من قول أو فعل أو تقرير، مما يجب أن يكون دليلاً لحكم شرعي.

ويراد بالسنة أيضاً في اصطلاح المحدثين: كل ما أثر عن الرسول صلى الـلـه عليه وسلم من قول أو فعل أو تقرير أو صفة خلقية أو خلقية أو سـيرة سـواء أكـان ذلك قبل البعثـة كتحنّثة في غار حراء أم بعدها. والسنة بهذا المعنى مرادفة للحديث النبوي [2] .

وللفائدة نقول أن السنة تختلف في اصطلاح المشرعين حسب اختلاف اختصاصاتهم وأغراضهم، فهي عند الأصوليين غيرها عند المحدثين والفقهاء.

وتعتبر السنة المصدر الثاني من مصـادر التشريـع بعد القرآن، فالسنة القوليـة هـي أحاديثه صلى الـلـه عليه وسلم، والفعلية هي أعماله والتقريرية هي ما فعله أحد الصحابة بحضوره صلى الـلـه عليه وسلم أو بغيابه فعلم به، أو رآه فسكت عنه أو وافقـه أو أظهـر استحسانه.

والسنة إما أن تكون مقررة مؤكدة حكماً ورد في القرآن، وإما مفصلة ومفسرة لما جاء في القرآن، وإما مثبته ومنشئه حكماً سكت عنه القرآن.

وفي الحديث: تركت فيكم أمرين لن تضلوا بعدي ما تمسكتم بهما كتاب الـلـه وسنة رسوله.

ومما ينبغي ملاحظته ونحن في سياق الحضارة، ما ورد في القرآن والسنّة مـن آيـات وأحاديث، فيها بيان فضل العلم ومنزلة العلماء عند الـلـه وعند الناس في

---

(1) الموسوعة العربية الميسرة: مصدر سابق، 155/1.

(2) د. محمد عجاج الخطيب: أصول الحديث، دار الفكر للطباعة أو النشر، الطبعة الرابعة، دمشق، 1981، ص19.

الدنيا والآخرة. والعلم في ضوء القرآن والسنة دليل الإيمان، والإسلام لم يعرف الصراع بين العلم والإيمان كما شاع في أوروبا في القرون الوسطى حيث أخذت تناصر الجمود والتقليد وتقاوم التفكير الحر.

فالقرآن يؤطر العقائد على أساس البرهان القائم على النظر العميق مصداقاً لقوله تعالى في سورة البقرة: آية: 111: (قُلْ هَاتُوا بُرْهَانَكُمْ إِنْ كُنْتُمْ صَادِقِينَ). فالتفكير في الإسلام فريضة، والقرآن يعتبر العلم الحق من روافع الإيمان، إذ لا تناقض بين العلم والقرآن لأنهما من مصدر واحد.

3- من مصادر الحضارة العربية الإسلامية ما كان عند عرب العراق والشام ومصر واليمن من حضارة عريقة تعود إلى أيام الأكّاديين والكلدانيين والآراميين والكنعانيين والفينيقيين [1].

4- ما وجده العرب في البلاد المحررة من معارف وعلوم ونظم حضارية يرجع بعضها إلى حضارات ما سبقهم من الأمم، كحضارات الهند والصين واليونان والرومان والفرس.

وصفوة القول: [تعزى أصول الحضارة العربية الإسلامية إلى ما كان عند العرب في الجزيرة العربية وفي أطرافها، تمثلت في حضارة بلاد اليمن والأنباط وتدمر وحضارات العراق ومصر. وما حمله الإسلام من مبادئ وعقائد ونظم، وما وجد في البلاد التي حررها العرب من تراث حضاري، فتكونت منها جميعاً الحضارة العربية الإسلامية] [2].

(1) د. توفيق اليوزبكي: دراسات في النظم العربية الإسلامية، وزارة التعليم العالي والبحث العلمي، جامعة الموصل، الطبعة الثالثة، 1988، ص24.
(2) المرجع السابق: ص25.

ثالثاً: خصائص الحضارة العربية الإسلامية

لكل حضارة من الحضارات الإنسانية هويتها وأطرها المرجعية وخصائصها المميزة، وفيما يلي ذكر لأهم خصائص الحضارة العربية الإسلامية:

1- حضارة تقوم على توحيد الربوبية، والألوهية، والأسماء والصفات:

التوحيد هو إفراد الله سبحانه بالعبادة وأنواعه ثلاثة:

أ-توحيد الربوبية وهو العلم والإعتقاد بأن الله هو المتفرد بالخلق والرزق والتدبير، وقد وصف الله نفسه في القرآن الكريم بأنه واحد في ربوبيته لا شريك له مصداقاً لقوله تعالى: (قُلْ هُوَ اللَّهُ أَحَدٌ).

ب- توحيد الأسماء والصفات وهو أن يوصف الله بما وصف به نفسه في القرآن الكريم، أو ما وصفه به رسوله صلى الله عليه وسلم على الوجه اللائق بعظمته وجلاله. ومن أسماء الله الحسنى التي تعود إلى معنى الوحدانية لله تعالى (الواحد) المنفرد الذي لا شريك له، فهو وحده واجب الوجود في ذاته وصفاته، ومن أسمائه أيضاً (الواحد) وهو كالواحد.

ج- توحيد الألوهية وهو إخلاص العبادة، لله وحده لا شريك له بجميع أنواع العبادة المخصوصة، كالصوم والصلاة والزكاة والحج، والعامة كالأمر بالمعروف والنهي عن المنكر.

وغير ذلك من ألوان العبادة كالرجاء والتوكل والدعاء، والعبادة لغة: التذلل والخضوع، وشرعاً اسم جامع لكل ما يحبه الله ويرضاه من الأقوال والأعمال الظاهرة والباطنة، وأركان توحيد الألوهية: الصدق، والإخلاص، والمحبة، والانقياد، واليقين، والعلم.

ومن وحد الله قولاً واعتقاداً وعملاً حرم الله عليه دخول النار. والشرك ينافي التوحيد ويوجب دخول النار والخلود فيها. والتوحيد هو الأساس لجميع

الأعمال ولا يتحقق إلا بعد صحة الاعتقاد اليقيني به، ودليله قول النبي صلى الله عليه وسلم لمعاذ بن جبل: فليكن أول ما تدعوهم إليه شهادة أن لا إله إلا الله [1].

ومن توحيد الألوهية عبادة الله وحده بما أمرنا أن نعبده، فالعبادة لا تكون إلا لله وحده لا واسطة فيها، ولا يعبد الله إلا بما شرع، فلا مجال للزيادة أو النقصان أو التبديل، فله تعالى الأمر والنهي والحكم والقضاء وبيده النفع والضر وهو على كل شيء قدير. ويستلزم توحيد الألوهية تحكيم شريعة الله في جوانب الحياة المختلفة ونظمها.

وتأسيساً على ما تقدم، فإن الحضارة العربية الإسلامية تنفرد عن غيرها، بأنها ربانية الغاية والوجهة وربانية المصدر والمنهج، فغايتها في مخرجاتها الفكرية والمادية، حسن الصلة ب الله والحصول على مرضاته لعمارة الأرض على قاعدة من التشريع الالهي.

ومن ثمرات هذه الربانية في النفس والحياة:

أ- معرفة غاية الوجود الإنساني.

ب- سلامة النفس من التمزق والضياع والصراع.

ج- التحرر من العبودية للأنانية والشهوات ومن عبودية الإنسان للإنسان.

د- البراءة من التحيز والهوى.

ه- العصمة من التناقض، والتطرف، والاختلاف الذي تعانيه المناهج والأنظمة البشرية، ومن مظاهر هذا التناقض ما نراه ونلمسه في كل

---

(1) عبد و اللهِ بن جاز و اللهِ ابراهيم: الجامع الفريد للأسئلة والأجوبة في علم التوحيد، مطابع الإشعاع، الطبعة الأولى، الرياض، 1404هـ ص19.

الأنظمة البشرية من إفراط أو تفريط، كما هو واضح في نظرتها للحياة الروحية والمادية، أو الفردية والجماعية أو الواقعية والمثالية [1].

ومن تدبر القرآن والسنة، وجد أن منطلق المنهج العلمي فيهما هو عقيدة التوحيد والإيمان بالوحي كمصدر للمعرفة الإنسانية، في مختلف مجالاتها وتنوع مواطنها وعصورها إلى أن يرث الله الأرض ومن عليها، وبذلك يكون العلم في الإسلام فريضة يجب على المسلم أن يقوم بأدائها على خير ما يرام للكشف عن سنن الله في الكون.

ولا شك أن للقرآن والسنة الدور الفاعل في قيام الحضارة العربية الإسلامية لفضلهما في توجيه النظر وإعمال العقل في الحقائق العلمية الكونية وتمجيد العلم والعلماء، مما أسهم في شيوع ظاهرة حب العلم والمعرفة عند العرب والمسلمين.

ومن ذلك يتبين لنا أن هذه الحضارة بفضل مصدرها الإلهي القائم على عقيدة التوحيد، هي بمثابة قطب الرحى للحضارات كافة. فبالعلم والمعرفة قامت، وبالأخذ بأسباب العلم والمعرفة نستطيع مواصلة الركب الحضاري من جديد، ولو أن المسلمين التزموا بالقرآن والسنة لما انتكست حضارتهم، ولا تدهورت نظمهم، ولا استقامت حضارتهم، وما فقدوا دورهم الريادي.

2- حضارة تؤمن بإنسانية الإنسان وكرامته [*].

الإسلام دين يمتاز بنزعته الإنسانية في معتقداته وعباداته وتشريعاته وتوجيهاته. ومن مظاهر إنسانية الحضارة العربية الإسلامية تقريرها حقوق الإنسان وتشمل:

---

(1) د. يوسف القرضاوي: الخصائص العامة للإسلام، مؤسسة الرسالة، الطبعة الثانية، بيروت، 1983، ص45.

* للفائدة راجع الباب الخاص بحقوق الإنسان في الإسلام - الجزء الثاني، للتدليل على إنسانية النزعة في الحضارة العربية الإسلامية.

- حق العيش في حياة كريمة.
- حق الحصول على العلم.
- حق التكافل الاجتماعي.
- حق حرية إبداء الرأي.
- حق العمل.
- حق الملكية.
- حق التقاضي.
- حق الأمن والحماية.
- حق الحركة والهجرة.
- حق الإنسان في الطعام والشراب والكساء والمسكن.
- حق الإنسان في تكوين الأسرة.
- حرية العقيدة كمظهر من مظاهر التسامح الديني وغير ذلك من الحقوق الأخرى.

لقد قرر الإسلام معاملة الناس جميعاً على وتيرة واحدة في المساواة دونما تفاضل بين شريف ووضيع، وحاكم ومحكوم، وغني وفقير، وقريب وبعيد، فالعدالة لها ميزان واحد تنسحب على جميع الناس، بصرف النظر عن معتقدهم، ولونهم وجنسهم، فالناس سواسية كأسنان المشط.

والتفاضل بين الناس يقوم على أسس الكفاية وما يقدمه المرء لربه ونفسه ومجتمعه والإنسانية.

وهذه الحقوق تؤخذ بنظرة شمولية دون تجزئة، والاستبداد بالناس وإذلالهم ومصادرة حرياتهم وتهديدهم في أقواتهم، والعبث بكراماتهم ليس من الإسلام في

شيء، وهذا كله وليد الغفلة والتسلط والبعد عن الدين، وهو شكل من أشكال التردي والسقوط الحضاري، لغياب تحكيم شرع الله، فبدون احترام حقوق الإنسان لا حضارة ولا تقدم ولا نهوض فكري أو مادي.

ومن ثمرات الإنسانية في الحضارة العربية الإسلامية، تطبيق الإخاء والمساواة والحرية، وهي أساس هام لمبدأ المساواة الإنسانية العام الذي دعا إليه الإسلام.

ومبدأ المساواة الذي قرره الإسلام ونادى به، أساسه احترام الإنسان وتكريمه من حيث هو إنسان من غير تفرقة، ولا يقدر قيمة هذا كله إلا من اطلع على تاريخ الأمم عند ظهور الإسلام، إذ كان التمييز والتفاوت بين الناس يأخذ أشكالاً تهون معها كرامة الإنسان [1]، الذي كرمه الله عز وجل أن خلقه في أحسن تقويم، وكان من مظاهر هذا التكريم - أيضاً- استخلافه في الأرض، وتسخير الكون لخدمته.

[ولا ريب أن هناك أدياناً ومذاهب وفلسفات تهتم بالإنسان وتحرص على سعادته، وقد تعلن وتفاخر بأنها إنسانية. ولكن العيب المشترك فيها أنها لم تعرف الإنسان معرفة محيطة به، وإنما نظرت إليه من زاوية معينة، غافلة عن الجوانب الأخرى، فجارت على الإنسان باسم الإنسان.

فبعض الأديان والفلسفات نظرت إلى الجانب الروحي للإنسان، غير عابئة بعقله وجانبه الحسي والمادي، وبعضها لم تنظر إلا إلى الجانب المادي في الإنسان، وبعضها ألهت الإنسان، فأساءت إليه من حيث ارادت الإحسان إليه.

وبعض المذاهب تدلل الإنسان الفرد وتطلق له العنان باسم الحرية، وبعضها يضغط على الإنسان الفرد مكبلة إياه بالقيود ليس له من الحريات شيء.

---

(1) د. يوسف القرضاوي: الخصائص العامة للإسلام، مرجع سابق، ص 100.

أما الإسلام فقد تميز عن هذه الأديان والفلسفات بنظرته الإنسانية الشاملة المحيطـة لماهية الإنسان، والاعتراف بكل جوانبه وخصائصه بوسطية واعتدال دون إهمال لناحية عـلى حساب أخرى] [1] ا.هـ

والنظرة الإسلامية هذه للإنسان ملائمة لفطرته ومسايرة لتطلعاته الحضارية. وعـلى هذا الأساس شيد العرب والمسلمون حضارتهم بأطرها المرجعية الروحية والمادية، مما جعلها حضارة أخلاقية في مبادئها وأهدافها في السلم والحرب، وفي حياة الفرد والجماعة.

3- حضارة تقوم على العموم والعالمية

فهي حضارة عالمية الرسالة غير محصورة في جنس، أو لون، أو زمان، أو مكان.

لا تؤمن بمقولة الثقافة المركزية الغالبة القائمة على تفوق العرق أو الجـنس، لإيمانها أن مركز الحضارة قد يتحول من شعب لآخر، تبعاً للأخذ بأسباب العلم عبر الأطوار التاريخية نتيجة لعوامل النهضة في هذه الأمة أو تلك.

وهي حضارة تسعى لتكوين مجتمع عالمي تسوده الحريـة الإنسانية والعدل بعيـداً عن الهيمنة ذات النظرة الاستعلائية، لأنها قائمة على قيم الإسلام وتعاليمـه الخالـدة. والقول بخلاف هذا لا يخلو من التجني والادعاء الباطل بحق الإسلام وحضارته الخالدة.

وتُعزى عالمية الحضارة العربية الإسلامية لعالمية الدعوة الإسلامية مصداقاً لقوله تعالى في سورة سبأ آية28: (وَمَا أَرْسَلْنَاكَ إِلَّا كَافَّةً لِلنَّاسِ

(1) المرجع السابق: ص ص 77 – 78.

بَشِيرًا وَنَذِيرًا) ومصداقا لقوله تعالى في سورة الأنبياء آية107: (وَمَا أَرْسَلْنَاكَ إِلَّا رَحْمَةً لِلْعَالَمِينَ) .

ومن الأدلة العقلية على عالمية الحضارة العربية الإسلامية أن تشييد هذه الحضارة، لم يقتصر على العرب، بل شمل أيضاً مسلمين وغير مسلمين من مختلف الأجناس والأمصار، ولعل من مظاهر عظمة هذه الحضارة أنها استطاعت أن تؤثر في جميع الشعوب التي خضعت للإسلام، ولذلك ارتضت الشعوب المختلفة ذات الحضارات المتباينة ان تتخلى عن ثقافاتها الأصلية وعقائدها السابقة وتدخل في الإسلام وتكون لغة القرآن هي لغتها الأصيلة. وفي هذا يقول (غوستاف لوبون) في كتابه (حضارة العرب) ص563: [لا نرى في التاريخ أمة ذات تأثير بارز كالعرب، وذلك ان جميع الأمم التي اتصل العرب بها اعتنقت حضارتهم].

ومن مظاهر عالمية هذه الحضارة تأثيرها على الغرب خلال العصور الوسطى، إذ انتقلت كثير من المصنفات العلمية في مختلف العلوم والفنون إلى هذه الأصقاع فعملت على تطورهم رويداً رويداً. ولذلك يعترف كثير من المستشرقين بفضل الدور العالمي الذي قامت به الحضارة العربية الإسلامية في إثراء الفكر الأوروبي لفترة طويلة استمرت لقرون عديدة[1] .

وبالمقابل دأب بعض المؤرخين من المستشرقين غير المنصفين، الذين راعهم ما حققته هذه الحضارة من اكتشافات علمية عالمية، وما لقيته مؤلفاتهم من اهتمام لدى العلماء والمفكرين، فطفقوا يوجهون النقد لتشويه معالمها، فاخذوا ينكرون فضل هذه الحضارة على أوروبا، وأصبح هذا الإنكار من تقاليد بعض

---

(1) د. محمد فاروق النبهان: مبادئ الثقافة الاسلامية، مرجع سابق، ص69.

مؤرخي الغرب الذين لم يقروا بتمدنهم وتطورهم لغير اليونان والرومان. وقد ساعدهم على هذا ما عليه العرب والمسلمون من التخلف والجهل ⁽¹⁾.

وهذه افتراءات لا تقوم على دليل ولا يمكن قبولها من وجهة النظر العلمية، إذ تحمل في ثناياها الكره والتشكيك في قدرة هذه الحضارة على معاودة النهوض من جديد. وامتنا اليوم مدعوة لبناء نفسها في شتى مجالات الحياة لاعداد الأمة لمستقبل واعد متسع الآفاق. وعليه فإن هذه الحضارة مدعوة لحمل مسؤوليتها العالمية الضخمة، ليخلصوا الإنسانية المعذبة من طغيان الشهوات والمادية التي يتهافت عليها الناس، فالحضارة التي تزاوج بين العلم والدين هي التي تعيد السكينة إلى النفوس والطمأنينه إلى القلوب، مصداقاً لقوله تعالى: (أَلَا بِذِكْرِ اللَّهِ تَطْمَئِنُّ الْقُلُوبُ). فاللذائذ الفانية التي تنادي بها الحضارة الغربية لا توفر للناس السعادة، وبريق المادة لا يؤمن للقلوب نوراً تطمئن إليه.

4- حضارة مرجعيتها عالمية الشريعة الإسلامية.

لقد تميز أسلوب الخطاب في القرآن بقوله تعالى: (يا أيها الناس) و (يا بني آدم) واعتماداً على هذا، فإن الحضارة العربية الإسلامية تنطلق من شريعة عالمية صالحة لكل زمان ومكان، تختلف عن شرائع الرسالات التي تقدمتها التي تُحمل على صفة خصوص الزمان والمكان والقوم. والشريعة جملة الأحكام التي شرعها الله في أمور العقيدة وفضائل الأخلاق والعلاقات والمعاملات، بهدف تحقيق الانضباط وتهذيب النفوس ظاهراً وباطناً. غايتها تنظيم علاقة الناس مع الله عز وجل في أحكام الصلاة والزكاة والصيام والحج، والأحكام الأخرى المتعلقة بذات الله وصفاته، والإيمان برسله وكتبه واليوم الآخر وما فيه من حساب وجزاء. إضافة إلى علاقة الإنسان مع أخيه الإنسان في أحكام الزواج

---

(1) المرجع السابق: ص 67.

والطلاق، والهبة والرهن، والإجارة ونحوه، وأحكام الفضائل كالصدق والأمانة، والإيثار، والتواضع، والصفح، والوفاء بالعهد، والبعد عن الكذب، والفجور والتكبر. علاوة على علاقة الإنسان مع الكون ونظرته للحياة، كالتدبر في خلق السموات والأرض، للحث على إعمال العقل ونبذ الجمود والتقليد، من أجل البناء الحضاري الذي يخدم استخلاف الإنسان في الأرض وفق مراد الله، ولا أدل على ذلك من تشريعه للاجتهاد لمن تأهل له. فهذا التشريع رباني المصدر يتسم بالكمال المطلق، من لدن العليم الخبير، بما يصلح شأن عباده من تشريعات عادلة، لا تميز جماعة على حساب أخرى. ويمتاز هذا التشريع بالأسس الآتية التي تعين على التكافل الاجتماعي والتقدم الحضاري:

- اليسر وعدم الحرج بهدف التيسير ودفع المشقة.

- تحقيق مصالح الناس على اختلاف أزمانهم وبيئاتهم ماضياً وحاضراً ومستقبلاً.

- العدالة والمساواة بين الناس كافة، حكاماً ومحكومين دون امتياز لأحدٍ على أحد. **وتنقسم مصادر الشريعة إلى أصلية كالقرآن والسنة. وتبعية كالإجماع والقياس والاستصلاح أو المصالح المرسلة والاستحسان والعرف.**

ومما ينبغي ملاحظته في هذا السياق، أن علم الكلام قد تكفل بالعقائد المشار إليها آنفاً، وعلم الأخلاق تكفل بأحكام تهذيب النفوس وإصلاحها، وزجرها عن المفاسد التي تسوقها مطامع الشهوات، أمّا علم الفقه فقد تناول أحكام العبادات والعلاقات والمعاملات معاً، وهذا من أدبيات وأبجديات الاستخلاف في الأرض من أجل البناء الحضاري المتجدد.

5- حضارة عنوانها الأخلاقية في المبادئ والأهداف.

يعتبر حسن الخلق مفتاح الصحة النفسية للإنسان، وتعد الثوابت الأخلاقية أرفع منازل سمات الشخصية المتسقة مع ذاتها*، مصداقاً لقوله تعالى في وصف أخلاق النبي صلى الله عليه وسلم: (وَإِنَّكَ لَعَلَى خُلُقٍ عَظِيمٍ) القلم / 4. ولعل في الحديث الشريف: (إنما بعث لأتمم مكارم الأخلاق) رواه أحمد 381/2. ما يعزز مصداقية بيان عظيم منزلة الخلق في هذه الحضارة. والخلق وفق سياق ثقافة هذه الحضارة متكاملٌ لا يتجزأ، شامل بالكلية للأمر بالمعروف والنهي عن المنكر. مسيطرٌ على جميع أفعال الخلق العامة والخاصة وعلى تطبيق العبادات أيضاً. وللأخلاق آثار في صلاح الفرد والمجتمع والدولة حكاماً ومحكومين. والخلق من ثوابت الشخصية المؤمنة، وقد حثت الشريعة الإسلامية على تزكية النفس البشرية، بهدف تطهيرها من الآثام والشبهات والشهوات والانحرافات، حتى تصبح كريمة نبيلة السجايا، وقد رغبت بإتباع فضائل الأخلاق وحذرت من مرذولها. فالحلال في معاملاتها بيّن والحرام فيها بيّن أيضاً. وفي الحديث: (إن من أكمل المؤمنين إيماناً أحسنهم خلقاً) فتح الباري 10 / 458. وفي الحديث أيضاً: (البر حسن الخلق) رواه مسلم. وحسبك أن الإسلام قد انتشر في أقصى الشرق، ليس بفعل الفتوحات الإسلامية بل لحسن أخلاق أهله من التجار وقتئذ. كما أن الأصل في موازين المفاضلة بين الناس لا تقوم على أساس القوة والجاه والغنى وعلو المكانة الاجتماعية، بل على خشوع التقوى وجمال المعاشرة والمعاملة. وميزان الاعتدال في الخلق السليم الذي تنادي به هذه الحضارة، لا يسمح بطغيان الجانب المادي على الروحي في سلوك الإنسان، ولا الروحي على المادي. مما يسمح له بالكسب والعمل والنهوض الحضاري والتعبد معاً، من غير فصل بين

---

* الخلق في اللغة السجية والطبع والمروءة والدين، انظر: القاموس المحيط، مادة خلق 3 / 229، ولسان العرب، مادة خلق 11 / 374. أما تعريف الخلق في اصطلاح العلماء: (هيئة راسخة في النفس تصدر عنها الأعمال بسهولة ويسر من غير حاجة إلى فكر وروية). انظر: الغزالي، إحياء علوم الدين، 3 / 46.

أمور الدين والدنيا. وعلى ضوء هذا، فإن أخلاق المؤمن الصحيح التي دعت إليه الحضارة العربية الإسلامية، من منظور القرآن والسنة، لا بد أن تراعي منظومة القيم الخلقية الآتية:

- المصداقية في مناصحة الرأي والمشورة، حتى تجتمع الكلمة على الألفة والتناصر وإيثار العافية.

- استفتاح الأمر بالبشارة التي تنبت جذور المحبة، وتحمل على العفو وكظم الغيظ، والرفق واللين والموادعة، من غير عبوس ولا تجهم، ولا غلظة في القلب تستدعي المكر والخديعة، أو الطعن أو السباب أو الهمز واللمز ونحو ذلك من مرذول الأخلاق وقوادح المروءة.

- التعامل مع الآخرين على خلفية حسن الظن من باب الحكمة والموعظة الحسنة، لأن هذا أصلح وأقوم في تصويب المعوج من السلوك.

- التحلي بحسن الحديث وطيب الكلام، لما له من عظيم إدخال السرور على الآخر تحرزاً من هفوة اللسان وفضول الكلام. ومن كانت أحوال سلوكه على خلاف ذلك من جميع الوجوه، فهو معول هدم وليس أداة بناء في المجتمع الإسلامي للضرر المترتب على سلوكه.

- الالتزام بالفضائل في كل ما يعمل من سلوك ظاهر أو باطن، حتى يسلم من الطعن والسخط.

- المكاشفة والمصارحة في الأمور المتنازع بشأنها والتي هي في محل سوء فهم، من غير تكلف ولا مخادعة أو رياء أو إثارة عصبية أو مشاحنة. ويتأتى ذلك من خلال التزام أدب المناقشة والمناظرة والحوار والاستماع، دون تشنج أو غلظة أو مقاطعة. وتبعاً لهذا، فإن الأخلاق التي تنادي بها هذه الحضارة، تقوم على كراهية المناظرة في المجالس العلمية، لأجل المغالبة والمغالطة والمجادلة، بقصد المفاخرة لتعظيم النفس، الذي يورث الكبر والعجب بالأنا وتصغير الآخر، لما لها من بالغ الأثر في إشعال الخصومة.

وإتماماً للفائدة، فإن من تحلى بأدبيات هذا السلوك الحضاري كان له نصيب غير منقوص من التجلة والهيبة والوقار. وقد تحدث القرآن محذراً وكذلك السنة النبوية خروج الأخلاق عن فطرتها. وفي ختام هذه الجزئية، فإن الخلق لا يعرف إلا بحسن الخلق، وهذا لا يتحقق لصاحبه إلا بالتزام الدين والصحبة المختارة، فالصاحب ساحب، والجليس يورث جليسه أخلاقه، وإن في ذلك لآية. كما أن أخلاق هذه الحضارة تختلف عن أخلاقيات غيرها من الحضارات، أنها ثابتة في أصولها مستقرة في قواعدها، الغاية فيها لا تبرر الوسيلة كما هو الحال في الحضارة الغربية التي تقوم على البرجماتية الميكافيلية.

6- حضارة تؤمن بالعلم النافع.

حفل القرآن الكريم في عشرات الآيات التي تحض على التماس العلم، لتحفز العقل وترفع من مكانة العلم والعلماء، وكذلك السنة النبوية الشريفة. ومن شواهد ذلك على سبيل المثال لا الحصر قوله تعالى:(يَرْفَعِ اللَّهُ الَّذِينَ آمَنُوا مِنْكُمْ وَالَّذِينَ أُوتُوا الْعِلْمَ دَرَجَاتٍ وَاللَّهُ بِمَا تَعْمَلُونَ خَبِيرٌ(11)) المجادلة / 11. وقوله تعالى:(قُلْ هَلْ يَسْتَوِي الَّذِينَ يَعْلَمُونَ وَالَّذِينَ لَا يَعْلَمُونَ) الزمر / 9. وقوله تعالى:(وَقُلْ رَبِّ زِدْنِي عِلْمًا(114)) طه / 114.

كما اعتبر الحديث النبوي العلماء ورثة الأنبياء. لأجل هذا كله كان التفكير فريضة إسلامية، بحسب القرآن الكريم المصدر الأول لهذه الحضارة الذي حث على تحكيم العقل في أمور الدنيا، ووجوب الاشتغال بالتدبر والتفكر، والاعتبار والتأمل، والتبصر للعبرة، واستخلاص دروس الماضين من الأمم والشعوب، والحضارات التي سادت ثم بادت، إضافة إلى قراءة التجارب التاريخية وتحليلها واستقراؤها والربط بينها للعظة والاعتبار؛ بهدف عمارة الأرض في استخلاف حضاري متجدد، يقوم على

الإيمان ب الله وملائكته وكتبه ورسله، وفق سنن ونواميس دقيقة تحكمها خصوصية علاقة الأسباب بالمسببات. ومع أن القرآن الكريم كتاب هداية وتشريع، وليس كتاب علوم ونظريات، إلا أن الناظر في آياته الكونية يقف على حقيقة أنه لا يجافي العقل بل يرعاه ويحثه على التفكير، وليس هذا فحسب، بل يلفت العقل البشري إلى المنهج العلمي بالنظر والتأمل والاستدلال والملاحظة والتجربة والتطبيق والتحليل والتركيب والتقويم، حيث قرر للمعرفة قنواتها: الوحي وما يتبعها من نقل، ثم العقل والحواس، وجعل الوحي مهيمناً على عالم الغيب والرسالات السماوية *.

ويعزى التقدم الحضاري الذي حققته الأمة في تاريخها إلى القرآن والسنة، ثم إلى رعاية الخلفاء للعلم والعلماء وخاصة خلفاء العهد الأول من الدولة العباسية، مما مكن الأمة من إنجاز حضارة شهد لمآثر منجزاتها المنصفون من مستشرقي الغرب. بيد أن هذه الحضارة وبفعل عوامل داخلية وأخرى خارجية نالت من شوكة صناعة قرارها الحضاري، فتراجعت لغيرها من الأمم على ما نراه اليوم. وبالمقابل، في قراءة تحليلية نقدية نجد أن واقع الأمة في تاريخها الحديث والمعاصر يخالف كل ما تقدم، فهي تستمرئ التواكل والغلو في الاستهلاك، مما أفضى بها إلى مزيد من التخلف والفساد والبطالة؛ بسبب بعدها عن جوهر الدين والأخذ بأسباب الحضارة. ومن اللافت للانتباه، أن انحدارها الحضاري ليس سببه الإسلام بل الجهل بقواعد هذا الدين الذي يدفع باتجاه الانفتاح على علوم كل عصر، فالله عز وجل قد أثنى على أولئك الذين ينظرون فيعتبرون ويستخلصون الدروس والعبر، وذم أولئك الذين تعمى بصائرهم عن هذا وهذا. فالأمة على اختيارٍ منها قد تخلت عن دورها الحضاري لغيرها.

_____

* للمزيد حول نظرية المعرفة في الإسلام، انظر: د. راجح عبد الحميد الكردي، نظرية المعرفة بين القرآن والفلسفة، المعهد العالمي للفكر الإسلامي، عمان، 1412هـ

العيب فينا وفي أنفسنا. وإن استعادة خطاب الإصلاح لا يأتي عبر بوابة التمني أو الاغتراب الثقافي، بل العودة إلى منابع الرسالة وجوهرها الحقيقي الذي يحفز على العلم التطبيقي النافع، وقدح العلم المذموم والذي من صوره صناعة الخمور وتعاطي السحر والشعوذة والتنجيم ونحو ذلك. أرأيت لو تركت الأمة تتغنى بأمجادها دون الأخذ بأسباب العلم فهل تبني حضارة !. أرأيت لو طلبنا الحضارة من غيرنا فهل تقدم لنا على طبق من ذهب !. إن العلم والعمل الميزان الذي يقاس به رقي الأمم في جانبها المادي. فهذه الأمة لا يليق بها أن تكون تبعاً لأحد، بل يفترض بالآخرين أن يدوروا حول فضاءات منجزاتها كما كانت في سيرتها الأولى قبل تراجعها. ومجمل القول حول هذه الجزئية في قراءة فلسفية نقدية إيمانية: أن التقدم والتخلف الذي مرت به الأمة في حضارتها، ليسا مخلوقين لله عز وجل، وإنما تنسب إرادة التغيير لأبناء الأمة حكاماً ومحكومين، فإما أن نأخذ بأسباب العلم نحو التطور مع توفيق الله لنا، أو نركن إلى التخلف ونغرق في مستنقع الاستبداد والظلم والفقر مع ذم الله لنا، وشتان بين المنزلتين.

وعلى خلفية هذا، ليس من الحكمة التعاطي الخاطئ مع مفهوم القدر، بمعنى أن الله عز وجل قد أراد هذا الواقع للأمة لا نستطيع منه تفلتاً !. أليس هذا افتراء على الله وسوء فهم !. ألسنا نعلم أن قدر الله يحث على الأخذ بأسباب التغيير نحو الأفضل في أمور حياتنا الإرادية، وإن لم نفعل فإن الأمة محاسبة على هذا التقصير. أليس واقع الأمة يشي إلى استحباب العمى على الهدى مع العلم أن حضارتنا تقوم على العلم ؟ !. ألسنا نعلم قدرة الله عز وجل لو شاءت إرادته، أن يجعل الأمة تحتفظ لنفسها بالحضارة والتقدم إلى قيام الساعة لفعل. بيد أن كل شيءٍ في الكون موزونٌ بميزان الحكمة. وهو الذي رتب الأشياء والحوادث وأعمار الدول وبناء الحضارات وزوالها قبل حدوثها بعلم أزلي، ويعلم مستقبل الحضارات وما ستكون عليه. لقد ترك الله عز وجل قضية التطور الحضاري للعقل البشري أن يتدبرها تبعاً للظروف الطارئة والأحوال الزمنية المتقلبة

بتطاول الأزمان. فالإنسان الذي وهبه الله العقل وحرية الاختيار، هو القادر على تحديد ما يناسبه حضارياً حسب ظروفه وقدراته وإمكاناته واستعداداته ورغباته واستجابته للتحديات. وهذا منسجم مع فقه الواقع الذي يتغير بتغير الأمكنة والأزمان، وينسجم مع واقع العصر على ضوء فقه الأولويات. حيث شاءت إرادة الله أن يخلف الناس بعضهم بعضا في عمارة الأرض مصداقاً لقوله تعالى: (إِنِّي جَاعِلٌ فِي الْأَرْضِ خَلِيفَةً)البقرة / 30.

فمن خلال توظيف العلم والتقنية والحاكمية الرشيدة وحسن التخطيط والإدارة، فإن الأمة تتحول من فقيرة إلى غنية ومن مستهلكة إلى منتجة ومن عالة على غيرها إلى المشاركة في الإسهام الحضاري. ومما تجدر الإشارة إليه في هذا السياق، أن الدين بريءٌ من التخلف الذي نحن فيه بكل صوره وأشكاله ومسمياته، لأنه يحض على البناء والإنتاج والاستجابة للتحديات عملاً بقوله تعالى: (هُوَ الَّذِي جَعَلَ لَكُمُ الْأَرْضَ ذَلُولًا فَامْشُوا فِي مَنَاكِبِهَا وَكُلُوا مِن رِّزْقِهِ وَإِلَيْهِ النُّشُورُ) الملك / 15. فنظرة الحضارة العربية الإسلامية للإنسان المؤمن تقوم على الاستجابة للتحديات على ضوء الشروط الموضوعية للتدشين الحضاري. فالتطور يولد التطور، وهذا ليس بدعاً في حضاراتنا بل من أسس أدبياتها وتجلياتها الحضارية.

أما الأمة العاجزة عن إرادة التغيير والأخذ بأسباب التطور فهي غير مؤهلة للحياة، فينسحب عليها قوله تعالى: (إِنَّ اللَّهَ لَا يُغَيِّرُ مَا بِقَوْمٍ حَتَّىٰ يُغَيِّرُوا مَا بِأَنفُسِهِمْ) الرعد / 11.

ولقد اقتضت حكمة الله أن الأمة التي تأخذ بأسباب العلم سيكون لها الظفر بالمنجزات الحضارية حتى ولو كانت ملحدة. وهذا يتطلب منا أن نغير نظرتنا

لأنفسنا وللحياة من حولنا، حتى نعيد الألق لمجد هذه الأمة، فالله لم يرتض لها التمترس في بؤرة المحاكاة والتقليد والاستهلاك والانقياد لسلطان غيرها من الأمم، وهي المستخلفة التي يقع عليها مسؤولية التطور الحضاري. ولا غرابة إذا قلنا، أن بعد الأمة عن العلم النافع يندرج في منزلة تبديل نعمة الله كفرا، بعد أن سخر الله للأمة كل أسباب التقدم.

7- حضارة تعنى بالبيئة وتقوم على البناء لا التدمير، وتهتم بالإنسان نفسياً وفكرياً وجسدياً وروحياً فرداً وجماعة، منطلقها الأخوة والعدل والمساواة والتسامح دون تمييز بين عرق ولون، تدعو للوسطية والاعتدال في كافة أمور الحياة، الوسطية التي لا إفراط فيها، وهذا مقتضى الطبيعة البشرية التي فطر عليها الإنسان وجبل. فواقعية هذه الحضارة يتيح لها الانفتاح المتجدد، كما أن توازنها تكفل للفرد والجماعة لو طبقت كما جاءت في القرآن والسنة، الراحة وطمأنينة النفس والشعور بالأمن ولذة الحياة، فيتحقق الرضا والأمل النفسي للجميع.

رابعاً: قراءة تحليلية نقدية حول تسمية حضارة عربية إسلامية.

يحسن بنا إتماما للفائدة في هذه الوحدة، تقديم قراءة نقدية حول مصطلح حضارة عربية إسلامية.

فبعد أن تناولنا آنفاً تحليل كلمة الحضارة لغةً واصطلاحاً، نتوقف في سياق التشخيص الحضاري، عند مدلول التسمية الأمثل لحضارة هذه الأمة، بسبب تعددها، فلم تزل التسمية تتراوح بين العبارات الآتية:

-حضارة عربية.

-حضارة إسلامية.

- حضارة عربية وإسلامية.

-حضارة عربية إسلامية.

- حضارة عربية وثقافية إسلامية.

وباعتقادي حسماً للتداعي وقطعاً للتنازع على خلفية مذهبية وعرقية، أن إمضاء التسمية على منحى حضارة عربية إسلامية، هو أولى الآراء بالصواب، لما تحمله من لفتة حكيمة، لو نظرنا إليها في قراءة شمولية متعددة الأهداف والدلالات للأسباب الآتية:

1- أن العرب هم أصل الرسالة وجوهرها، فخاتم الأنبياء والمرسلين منهم، ولغة القرآن الكريم لغتهم، كما أن لغة هذه الحضارة هي لغة القرآن أيضاً.

2- الأرض العربية هي محط الديانات السماوية، وعنوان الحضارات القديمة التي سادت ثم بادت، وعلمت العالم أبجديات القراءة والكتابة، عبر بوابة العرب البائدة والعاربة والمتعربة، وما صاحب ذلك من هجرات شيدت حضارات في مواقع أخرى.

3- لعل في تسمية حضارة عربية إسلامية، ما يأذن بإبراز إسهامات العرب من غير المسلمين فيها، والشواهد على ذلك كثيرة.

أما في تسميتها إسلامية فتعود للأسباب الآتية:

1- أن الإسلام عقيدة وثقافة وعلماً ونظام حياة، هو منطلق هذه الحضارة على صعيد الفرد والمجتمع والدولة.

2- أن الأمة صاحبة الحضارة، يكون سلطانها أكثر تماسكاً، إذا لازم حضارتها ثوابت البعد الإيماني، وهذا ما يميز الحضارة العربية الإسلامية عن غيرها من الحضارات المعاصرة والمغالاة في الإسراف والاستهلاك.

3- أن في تسميتها إسلامية يفترض معه عدم الركون إلى ملذات الحضارة الدنيوية والبائدة.

4- أن الحضارة من غير عقيدة إيمانية أشبه بالجسد من غير روح.

وعلى ضوء هذا كله، فإن في تسمية حضارة لعربية إسلامية، يدخل في إطار احترام هوية الأمة صاحبة الرسالة الخاتم، توقيراً لدينها وتراثها واستطابة لنفوس أهلها.

وفي قراءة تحليلية بين يدي كلمة الإسلام لغةً واصطلاحاً، فإننا نرصد أن للإسلام معنيين عام وخاص.

فالإسلام في معناه اللغوي حسب المعاجم اللغوية والمصنفات الفقهية، مصدر أسلم، وتعني الخضوع والانقياد لأمر الله والتسليم لقضائه وأحكامه في استقامة لا اعوجاج فيها ولا انحراف.

واعتماداً على هذا، فإن كافة رسل الله وأنبيائه كانوا مسلمين، وتبعا لهذا، والرسالات السماوية التي تقدمت، لم تكن تختلف عن بعضها إلا في الأحكام

العملية، التي تتغير من مكان لآخر، مع اتفاقها جميعاً على العقائد إذ كانت بالكلية تدين بالإسلام.

أما المعنى الخاص للإسلام فيختص بالرسالة التي نزلت على خاتم الأنبياء والمرسلين.

ومما يعضد أن كافة رسل اللـه كانوا مسلمين قوله تعالى على لسان نوح، وإبراهيم، وإسماعيل، ويعقوب، ويوسف، وموسى، وعيسى عليهم السلام، إتباعهم جوهر الإسلام الذي أنزله على أنبيائه كافة . فقد جاء على لسان نوح عليه السلام قوله :(وَأُمِرْتُ أَنْ أَكُونَ مِنَ الْمُسْلِمِينَ(72)) يونس / 72 . وعلى لسان إبراهيم وإسماعيل عليهما السلام : (رَبَّنَا وَاجْعَلْنَا مُسْلِمَيْنِ لَكَ) البقرة / 128 . وفي قول يعقوب لأبنائه :(إِنَّ اللَّهَ اصْطَفَى لَكُمُ الدِّينَ فَلَا تَمُوتُنَّ إِلَّا وَأَنْتُمْ مُسْلِمُونَ(132)) البقرة / 132 . ودعاء يوسف عليه السلام : (تَوَفَّنِي مُسْلِمًا وَأَلْحِقْنِي بِالصَّالِحِينَ(101)) يوسف / 101 . وعلى لسان موسى عليه السلام : (فَعَلَيْهِ تَوَكَّلُوا إِنْ كُنْتُمْ مُسْلِمِينَ(84)) يونس / 84 . كما جاء في معرض حديث موسى

عليه السلام عن التوراة : (يَحْكُمُ بِهَا النَّبِيُّونَ الَّذِينَ أَسْلَمُوا) المائدة / 44 . وجاء على لسان حواريي عيسى عليه السلام :(آَمَنَّا بِ اللَّهِ وَاشْهَدْ بِأَنَّا مُسْلِمُونَ(52))أل عمران / 52 . يتضح مما تقدم، تأكيد ما أشرنا إليه آنفاً، أن الإسلام في معناه العام الاستسلام لله عز وجل في أمره ونهيه [1] .

ولعل في خاتمة هذه الجزئية قد يسأل أحدهم : لطالما حضارة هذه الأمة إسلامية، فلماذا تقهقرت وتراجعت وفقدت الرياسة في سلم الحضارة البشرية،

[1] التفسير الموضوعي لسور القرآن العظيم ، كلية الدراسات العليا والبحث العلمي ، جامعة الشارقة ، الطبعة الأولى ، 2010 . 216 / 3 .

حتى باتت اليوم في ذيلها تـدور في فلكها عالـة عليها . وللإجابـة نقـول : اقتضت حكمتـه سبحانه وتعالى، أنه لا يصلح للأمة إلا الاختبار بين الشدة والرخاء، والقبض والبسط، والتقـدم والتخلف، فلو بسط للأمة الحضارة على الدوام من غير إعمال عقل وتدبر ؛ لطغـوا وتواكلـوا، ولم يحصل لهم المقصود من الاستخلاف في مشاق العلم والأخذ بأسبابه، وهذا محال في سـنن اللـه . فالحضارة منوطة بتقوى اللـه وطاعته، والأخذ بأسباب البناء الحضاري في نظرة كلية شمولية. وخلاف ذلك، فإن الأمة ليست معصومة عن التقهقـر والهزيمـة والتخلـف بإرادتهـا. وشتان بين المنزلتين، فهذا وذاك من سنن اللـه في الكون. وفي الوقت الذي لم يتكفل سـبحانه وتعالى في احتفاظ الأمة ببناء حضاري دائم، على خلفية إرادتها ونظرتها للحياة من حولها، إلا أنه سبحانه وتعالى قد تعهد بحماية القرآن الكـريم مـن التحريـف والتصحيف وإن في ذلـك لآية. واتكـاءً عـلى هـذا، فعـلى الأمـة أن تصـارع الحضـارة وتغالبهـا، وتقـارن صـيرورة البنـاء الحضاري بمثلها حتى تستنتج نتائج الأشياء من مقدمتها، ويستقيم لها شؤون حياتهـا وضروب ألوان معايشها على مراد اللـه، عسى أن تعبر عن نفسها في خطاب حضاري جديد. تسـتأنف من خلاله مسيرة قـرون تعطلـت، يكـون للعـرب فيهـا دور الريـادة، لأن الإسـلام لا يسـتقيم بدونه، شريطة تغيير عقليتهم ونظرتهم للحياة.

الوحدة الثانية

النظام السياسي والإداري

في الحضارة العربية الإسلامية

أولاً: خصائص النظام السياسي في الإسلام

ثانياً: الخلافة الإسلامية في النظام الإسلامي

ثالثاً: نشأة الوزارة في العهد الإسلامي

رابعاً: التنظيم الإداري في الحضارة العربية الإسلامية

الوحدة الثانية
النظام السياسي والإداري في الحضارة العربية الإسلامية

أولاً: خصائص النظام السياسي في الإسلام

يقوم النظام السياسي في الحضارة العربية الإسلامية على منظومة من الخصائص المستمدة من القرآن والسنة، وفيما يلي توصيف لها:

1- الشورى

تمثل الشورى ركناً هاماً من أركان الإسلام، وتعني لغة التشاور والأمر الـذي يتشاور فيه، وشاورته في الأمر بمعنى استشرته، واستشاره طلب منه المشورة , وأشار عليه بـأمر كـذا: أمره به.

وقد وردت الشورى في قوله تعـالى:(وَأَمْرُهُمْ شُورَى بَيْنَهُمْ)[1] . الشورى:آيـة 38، وقوله تعالى: (وَشَاوِرْهُمْ فِي الْأَمْرِ) آل عمران آية 159.

والشورى في الاصطلاح الشرعي: استخراج الـرأي الصـائب بمراجعة النـاس بعضهم لبعض. والشورى من الأسس التي قام عليها الحكم في تـدبير شؤون الرعية، وتعـد حجر الأساس للحكم الصالح الرشيد، الذي يحقق المصلحة للأمة في جوانب الحياة كافة.

وللعلماء في حكم تطبيق الشورى مذاهب في كونها اختيارية أم ملزمة. ومن رأى أنها اختيارية احتج بقوله تعالى (وإذا عزمت فتوكل على الله)، فالعزم هنا حسب رأي بعض الفقهاء قد يكون على رأي الحاكم أو رأي أهل الحل والعقد، وإذا عزم الحاكم على أمر عليه أن يمضي فيه بعد التوكل على الله. ويراد بالعزم الأمر المـدروس، وليس ركـوب الـرأي دون روية.

---

(1) لسان العرب مادة (شار) 4 /434- 437، والقاموس المحيط 67/2، والمعجم الوسيط 1/ 499.

والشورى في نظر أنصار هذا الرأي للإعلام وليست للإلزام، يستهدى بها الحاكم فقط. وبالمقابل، يميل معظم علماء المسلمين وفقهائهم خاصة المحدثين منهم: أن الحاكم ملزم برأي الأغلبية، وعليه النزول عند رأي أهل الحل والعقد على وجه الوجوب والإلزام، وهذا أولى الآراء بالصواب وأوجهها.

وهذا الشكل من الشورى يلائم أحوال الأمة في حاضرها ومستقبلها، كما أن الشورى الملزمة تتمشى مع تطور حياة العصر السياسية ونظمه، فالأحوال تتغير والمجتمعات تتطور، وما كان يصلح بالأمس البعيد لم يعد يصلح اليوم في عالم العولمة الكونية. فأحكام الشريعة ما شرعت إلا لمصالح الناس، وحيثما وجدت المصلحة فثم شرع الله، حسب تعبير الإمام الشاطبي في الموافقات.

كيف لا تكون الشورى ملزمة وأطر مرجعيتها تقوم على الاسترشاد برأي أصحاب الاختصاص والتقوى، ممن يعرفون بواطن الأمور وجوهر الأشياء، ولا يصل إليها إلا من كان أهلاً للمشورة وصاحب رأي وفضل وحسن تدبر وفهم عميق. إن تنقية الشورى من الممارسات التاريخية الخاطئة واجبة على مفكري هذه الأمة حرصاً على جوهر الإسلام. ومما تجدر الإشارة إليه، أن لا شورى في موضع النص، وإنما تكون في الأمور الاجتهادية والتي للعقل فيها مجال، ولا يجوز أن تنتهي إلى مخالفة حكم شرعي.

ولا يغيب عن بالنا أن أهمية الشورى تتمثل في تبصرة الحاكم بالصواب والراجح من القول، كما تطمئنه بمشاركة الرعية له فيما يتخذه من قرارات، وتحمل الناس في تطبيق وتنفيذ القرارات التي قامت في صياغتها من غير ملل ولا ضجر ولا تأفف، وهي بذلك واقية للحاكم والمحكوم، فلا مجال لفتنة تحرق ذويها، لأن كل فرد أتيحت له فرصة حرية التعبير عن رأيه.

وعلى خلفية ما تقدم، نرى وجوب الحفاظ على نظام شورى صحيح، منهجها العدل والمساواة والحرية والأمر بالمعروف والنهي عن المنكر، للجماعة

الحق في تعيين الحاكم وخلعه، فهي مصدر هذه السلطة، كما أن لها الحق بحجب ثقتها حتى بعد قسم البيعة، إذا طرأ عليه ما يجرح في عدالته.

فالشورى فرض سياسي شرعه الله من أجل إزالة الاستبداد، ومن هنا ندعو إلى إعادة قراءة الشورى من وجهة نظر العصر الذي نعيش فيه، تلبية لحاجات الأمة وطموحها في مستقبل واعد.

ويحسن بنا للفائدة أن نطرح التساؤلات الآتية:

1- **ما هي مبادئ وخصائص الشورى على ضوء معطيات العصر ـ الحديث؟.** لما كان بناء الدولة يخضع لتطور الزمان والمكان، فلا بأس من انفتاح الشورى على روح العصر، وليس هناك ما يمنع من الإفادة من تجارب الأمم الأخرى، وفق الشروط الآتية، ويأتي هذا على خلفية تطوير فكر الأمة السياسي حسب الزمان.

أ- الحاكمية في نظم الشورى والمشاورة في كافة جوانب الحياة لله عز وجل.

ب- السيادة للشريعة في كل ما يتم التشاور بشأنه.

ج- يجب أن تهدف الشورى إلى ترسيخ أدبيات الحكم الرشيد في العدل والمساواة والطاعة واستقلالية القضاء.

د- قبول الشورى لمبدأ تعدد الأحزاب شريطة أن تكون الحاكمية فيها لله عز وجل.

هـ- احترام حق الأقلية في المعارضة.

و- إقرار الحقوق البشرية المختلفة ضمن الضوابط الشرعية.

ز- وجوب اختيار مجلس الشورى عن طريق الانتخاب الحر والنزيه، مع ملاحظة أن التعيين لا يعبر عن إرادة الرعية.

ح- ليس هناك ما يمنع أن يضم مجلس الشورى بعضويته نساءً وفق شروط موضوعية محددة.

واتكاءً على ما تقدم، جاز لنا أن نطرح الأسئلة الآتية:

2- **ما هي مبادئ الديمقراطية وسماتها:**

أ-الحرية المطلقة.

ب- المساواة في الحقوق والواجبات.

ج- سيادة الشعب الذي يمثل مصدر السلطة المطلقة.

د- سيادة القانون.

ه- الفصل بين السلطات.

و- الاعتراف بالحزبية والتعددية.

ز- إقرار الانتخابات.

ح- مجلس الأمة مصدر التشريع.

ط- سلطات المجلس النيابي مطلقة ومقيدة بالدستور.

ي- فصل الدين عن الدولة.

ما أوجه الاتفاق والاختلاف بين الشورى والديمقراطية؟

يمكننا إجمال أوجه الشبه بين الشورى والديمقراطية بما هو آتٍ:

أن الشورى والديمقراطية كليهما تتفقان على:

أ- مناهضة ديكتاتورية الحاكم واستبداده وتعسفه بالسلطة. فتبعد عن الرعية شبح التسلط والظلم والجور والتفرد بالرأي، فالفردية غير واردة في كليهما.

ب- توزيع المسؤولية وتقاسم السلطة بين الحاكم والرعية .[1]

ج- إن الشورى والديمقراطية تهدفان إلى:

- تبصرة الحاكم بالصواب والرأي السديد.
- حفظ وحدة الدولة ومنع الفتنة الداخلية.
- احترام الحريات وحقوق الإنسان.
- إقرار المساواة والعدالة والتكافل
- الثورة على الجهل والفقر والأمية وأشكال التخلف.

أما أوجه الاختلاف بين الشورى والديمقراطية فمن أبرزها:

أ-الشورى تشريع إلهي مصدرها القرآن والسنة والإجماع، والديمقراطية نظام وضعي بشري.

وثمة فرق كبير بين التشريع الإلهي صاحب الكمال المطلق، والنظام الوضعي البشري، فتشريعات البشر قاصرة بسبب العقل للأهواء، وتأثره بما يحيط به، ثم أن العقل البشري متقلب يستحسن اليوم ما كان يستقبحه بالأمس. وعقول المشرعين متفاوتة فما يعده هذا حسناً يعده ذلك قبيحاً.

أما التشريع الإلهي فهو صالح على مر الأزمان وكر الدهور، ويمتاز بالإيجابية والتوازن والشموال والواقعية.

فالشورى تمارس على أساس سيادة الشرع ملتزمة بالكتاب والسنة، وهي نوع من أنواع الحوار بين أهل الحل والعقد والحاكم.

ب- تقوم الشورى على المزاوجة بين الدين ونظم الحياة المختلفة من منظور إسلامي. في حين تؤمن الديمقراطية بفصل الدين عن الدولة، وهو ما يعبر عن بالعلمانية.

---

(1) د. عبد الهادي بوطالب: الحضارة الإسلامية، بحث الشورى والديمقراطية، ص 31.

ج- لم يرد في الشورى نص صريح يبين شكل انتخاب الخليفة وآلياته ومدة الحكم وشكل التداول السلمي للسلطة.

في حين فصلت الديمقراطية نظام الحكم وآلياته المختلفة، وشروطه الموضوعية، من حيث مدة الحكم في كل ولاية وآليات الانتخاب لكل من تجاوز سن 18 سنة، وأدوات مساءلة الحاكم. وتأسيسا على ذلك، فلا بأس من الإستئناس في بعض الأشكال الأخرى للحكم، والتي سكت عنها فقهاء الإسلام في العصور القديمة، ما دامت لا تخالف الدين وشعائره.

د- إن الشورى تقر مجمل الحريات عدا الارتداد عن الدين وحرية عمل المرأة بما لا يتناسب مع أنوثتها، والحرية في مجملها ليست مطلقة وإنما مضبوطة بضوابط شريعة. في حين نرى أن مفهوم الحرية في الديمقراطية مطلقة.

هـ- النظام السياسي الديمقراطي ملزم بقبول رأي الأغلبية ⁽¹⁾، أما الشورى فقد أرتأى بعض الفقهاء قديماً لدوافع سياسية أنها للإعلام وليست للإلزام، وفي هذا نظر عند معظم الفقهاء الذين يميلون أنها ملزمة للحاكم.

ز- إن الترشيح والاختيار والبيعة في نظام الشورى هي من اختصاص أهل الحل والعقد، في حين تكون في الديمقراطية من اختصاص الحزب، والفوز لأعلى أصوات الناخبين.

ثانياً: العدل والمساواة

إن الإسلام ينظر إلى الناس نظرة واحدة، فهم من أصل واحد، و الله سبحانه وتعالى خلق الناس حكاماً ومحكومين سادة ومسودين شريفهم ووضيعهم على

---

(1) للمزيد أنظر، محمد حسين. النظريات السياسية والحكم في الإسلام، الدار الإسلامية، الطبعة الأولى، 1982، بيروت، ص، 45- 46.

صورة واحدة، سواسية كأسنان المشط، فلا اعتبار في تقويم هذا الإنسان للونـه أو جنسـه، أو قبيلته أو بلده أو حالته السياسية أو الاجتماعية أو الاقتصـادية [1]. فالمشـار إليـه آنفـاً، لـيس أساساً لتقييم الناس والتفاضل بينهم، فلا يقّيم الآحاد منهم بشيـء مـما تقـدم مـن المقـاييس المادية أو المعنوية، وإنما بتقواه واستقامته.

وإقامة العدل ليست من الأمور التطوعية التي تترك لمزاج الحاكم وهواه، بل تعد من أقدس الواجبات. فالعدل في حقيقته صدق ورحمة، والذي لا يعدل لـيس صـادقاً مـع نفسـه ولا مع الناس. ومن لا يعدل ولا ينصف المظلوم لا يرحم ولا تعرف الرحمة إلى قلبه سبيلا [2].

وقد أعد اللـه للذين يحكمون بالعدل منزلة رفيعة يوم القيامة حيث يظلهم في ظله يوم لا ظل إلا ظله. فإن تحقق العدل في مجتمع ما سعد واستقر وعمـه الخـير والبركـة، وإن غاب عنه العدل شقي وعاش في فوضى واضطراب. ومن مظاهر اهتمام الإسلام بالعدل، جعل العدالة من أهم شروط الترشح في وظائف دولة الخلافة [3]. فالحاكم مأمور بالعدل ومحاربـة الظلم، وليس من شأنه أن يتعصب لأحد أو يكون ضد أحـد، فهـو نصير مـن كـان الحـق في جانبه وخصيم من كان الحق ضده، وليس هناك من امتياز لأحدٍ على حساب أحد.

فالعدل الذي لا يتأثر بالقرابة أو الجاه والسلطان، أو بـالبغض والعـداوة، هـو أسـاس الملك المثالي الذي فيه اتقاء لشبهة الغدر، وهـو الحضـانة لقيـام المجتمـع النظيـف، وبغيابـه سيحل محله الظلم، وعنـدها يفقـد التشر يع أو القـانون وظيفتـه ويختـل الفـرد والمجتمـع، ويظهر هذا بوضوح عندما يتفاقم الصراع بين الفئات ذات المصالح الضيقة والخاصـة. ولقـد كان لسبق تقرير الإسلام في إقامة العدل

(1) د. محمد أبو فارس: النظام السياسي في الإسلام، مرجع سابق ص 40- 41.
(2) المرجع السابق: ص 54.
(3) المرجع السابق: ص 58

وثبة للإنسانية، التي عانت من التمييز وانعدام المساواة طوال قرونها الطويلة، وإن ما فرضته القوانين البشرية بعد الثورة الفرنسية وما أقرته هيئة الأمم المتحدة في الميثاق العالمي لحقوق الإنسان سنة 1948، مستمد في جذوره من رؤية الإسلام للعدل، ولكن العدل الذي ينادي به الإسلام هو القائم على العدل المثالي بين الناس جميعاً مهما اختلفت أجناسهم وأديانهم وألوانهم.

ولأهمية العدل وخطورته في الحياة أمرت به آيات القرآن الكريم وحثت عليه الأحاديث النبوية الشريفة، وانعقد إجماع الأمة عليه [1] ومن شواهد ذلك: قوله تعالى في سورة النحل آية 90: (إِنَّ اللَّهَ يَأْمُرُ بِالْعَدْلِ وَالْإِحْسَانِ) وقوله تعالى في سورة النساء آية 58: (إِنَّ اللَّهَ يَأْمُرُكُمْ أَنْ تُؤَدُّوا الْأَمَانَاتِ إِلَى أَهْلِهَا وَإِذَا حَكَمْتُمْ بَيْنَ النَّاسِ أَنْ تَحْكُمُوا بِالْعَدْلِ) وقوله تعالى في سورة الأنعام: آية 152: (وَإِذَا قُلْتُمْ فَاعْدِلُوا وَلَوْ كَانَ ذَا قُرْبَى) وقوله تعالى في سورة النساء آية 135: (يَا أَيُّهَا الَّذِينَ آمَنُوا كُونُوا قَوَّامِينَ بِالْقِسْطِ شُهَدَاءَ) وقوله تعالى في سورة المائدة آية 8: (وَلَا يَجْرِمَنَّكُمْ شَنَآنُ قَوْمٍ عَلَى أَلَّا تَعْدِلُوا اعْدِلُوا هُوَ أَقْرَبُ لِلتَّقْوَى)، كما

---

(1) للمزيد حول موضوع الإمامة في الإسلام انظر المصادر الآتية:
- الماوردي: الأحكام السلطانية والولايات الدينية .
- أبو يعلى الحنبلي: الأحكام السلطانية .
- القلقشندي: مآثر الأنافة في معالم الخلافة.
- ابن تيمية: الحسبة في الإسلام.
- ابن فرحون المالكي: تبصرة الحكام.
- ابن قيم الجوزية: السياسة الشرعية.
- ابن الطقطقي: الآداب السلطانية.
- الغزالي: نصيحة الملوك.

وقد أشارت هذه المصادر كلها، أن شرعية الإمام أو الحاكم تقوم على الولاء للأمة، وإقرار الأمن وتطبيق الشريعة والدفاع عنها، والحاكم الجيد هو الذي يحكم بالعدل، لأن عمارة الممالك لا تكون إلا به. كما لا تتم مصلحة الأمة إلا باحترام هيبة القضاء.

حفلت السنة بعشرات الأحاديث حول العدل والمساواة نذكر منها على سبيل المثال: [يا أيها الناس إنما ضل من قبلكم أنهم كانوا إذا سرق الشريف تركوه، وإذا سرق الضعيف أقاموا عليه الحد، و اللـه لو أن فاطمة بنت محمد سرقت لقطع محمد يدها]. رواه البخاري، 1990/8.

ثالثاً: الطاعة

تنطلق الطاعة من مبدأ الحاكمية لله، وهي على ضربين: ضرب مطلق لله سبحانه وتعالى، وضرب آخر مقيد لمن ينفذ أمر اللـه بالحق والعدل من ولاة الأمر.

والواجب على الرعية طاعة الولي ما لم يأمر بالمعصية، فإذا أمرهم بالمعصية، لا يجوز لهم أن يطيعوه، فوجوب الطاعة شرعاً في غير معصية ولا طاعة لمخلوق في معصية الخالق[1].

وللعلماء في تفسير قوله تعالى في سورة النساء: آية 59: (يَا أَيُّهَا الَّذِينَ آمَنُوا أَطِيعُوا اللَّهَ وَأَطِيعُوا الرَّسُولَ وَأُولِي الْأَمْرِ مِنْكُمْ).

- المراد بأولي الأمر الخلفاء والأمراء.

- أهل الفقه والدين.

- العلماء.

والرأي الأول أولى الأقوال بالصواب، لصحة ما تواترت عليه أحاديث الرسول صلى اللـه عليه وسلم[2]: ومن واجب الرعية أن تطيع حاكمها في غير معصية طاعة لا تقوم على دوافع المنفعة والارتزاق.

---

(1) الإمام نصر بن محمد السمرقندي: تنبيه الغافلين في الموعظة بأحاديث سيد الأنبياء والمرسلين، مؤسسة الكتب الثقافية، الطبعة الخامسة، بيروت، 1997، ص 351.

(2) ابن جرير الطبري: جامع البيان، مصدر سابق 241/5-242. والفخر الرازي: مفاتيح الغيب، مصدر سابق، 143/10.

ومن حق الحاكم على الرعية النصرة والنصح إذ: [ليس من المعقول أن يكون ولي الأمر قائماً بما يتوجب عليه، ثم لا يكون مسموع الكلمة غير مطاع] حسب تعبير الماوردي في الأحكام السلطانية الباب الأول.

وهناك من يرى أن طاعة الحاكم ترتبط بحسن تطبيقه للشريعة، ولا شرعية لحكمه، إذا لم يحقق ذلك لأنه خارج إطار الشريعة. [1]

ثانياً: الخلافة الإسلامية في النظام الإسلامي

يحسن للفائدة دراسة النظام السياسي في الإسلام، وبيان تطور الفكر السياسي في الحضارة العربية الإسلامية، أن نتوقف عند تعريف وتأصيل المصطلحات الآتية:

أ. الخلافة الإسلامية:

التعريف بالخلافة لغة واصطلاحاً

الخلافة لغة مصدر (خلف) أو خلائف، مصداقاً لقوله تعالى في سورة البقرة: (إِنِّي جَاعِلٌ فِي الْأَرْضِ خَلِيفَةً)/30، وقوله تعالى في سورة الأنعام آية: (جَعَلَكُمْ خَلَائِفَ الْأَرْضِ)/165.

وخَلَفَ فلاناً خلفاً وخلافةً جاء بعده فصار مكانه، وكان خليفته من بعده. والخلافة هي الإمارة أو الإمامة [2]. والخليفة هو السلطان الأعظم.

والخلافة في الاصطلاح كما عرفها ابن خلدون في المقدمة ص190-191:

(1) د. محمد أبو فارس: النظام السياسي في الإسلام، مرجع سابق، ص68.
(2) المعجم الوسيط، مصدر سابق، مادة خَلَفَ، 251/1.

[الخلافة حمل الكافة على مقتضى النظر الشرعي في مصالحهم الأخروية والدنيوية الراجعة إليها، إذ أحوال الدنيا ترجع كلها عند الشارع إلى اعتبارها بمصالح الآخرة، فهي في الحقيقة خلافة عن صاحب الشرع في حراسة الدين وسياسة الدنيا] [(1)] .

وقد عرفها الماردوي أبي الحسن علي بن محمد بن حبيب البصري البغدادي المتوفى 450هـ في كتابه الشهير (الأحكام السلطانية والولايات الدينية) ص9 بقوله الإمامة (موضوعة لخلاف النبوة في حراسة الدين وسياسة الدنيا. وعقدها لمن يقوم بها في الأمة واجب بالإجماع).

وفي وجوب الخلافة نراه يقول:

واختلف في وجوبها هل وجبت بالعقل أو بالشرع، فقالت طائفة وجبت بالعقل لما في طباع العقلاء من التسليم لزعيم يمنعهم من التظالم ويفصل بينهم في التنازع والتخاصم، وقالت طائفة أخرى بل وجبت بالشرع دون العقل لأن الأمام يقوم بأمور شرعية لقوله تعالى في سورة النساء آية 59: (يَا أَيُّهَا الَّذِينَ آَمَنُوا أَطِيعُوا اللَّهَ وَأَطِيعُوا الرَّسُولَ وَأُولِي الْأَمْرِ مِنْكُمْ). [(2)] والرأي عنده أن الإمامة واجبة بالشرع لا بالعقل.

وأشار الماردوي أيضاً: لا يجوز وجود إمامين أو أكثر بالأمة في وقت واحد. وهذا أمر أجازه بعض الفقهاء للضرورة. وفي هذا يقول ابن تيمية: ليس

(1) للمزيد انظر: ابن خلدون، المقدمة، الفصل الخامس والعشرون في معنى الخلافة والإمامة، والفصل السابع والعشرون في اختلاف الأمة في حكم هذا المنصب وشروطه، والفصل السابع والعشرون في مذاهب الشيعة في حكم الإمامة والفصل الثامن والعشرون في انقلاب الخلافة إلى الملك، ص 191- 209.

(2) الماوردي: الأحكام السلطانية والولايات الدينية، دار الحرية للطباعة، الطبعة الأولى، بغداد 1989، ص 15.

شرطاً أن تكون الإمامة في الأمة واحدة، كما أنه لم يسوغ العصيان على الإمام أو الحاكم إلا للضرورة عند مخالفة القرآن والسنة.

وبالمقابل، قالت المعتزلة بالإمامة على قاعدة العقل وليس الشرع. في حين يرى الأصم المعتزلي: عدم جواز نصب الإمام لا عرفاً ولا عقلاً، إذا تمكنت الأمة من سياسة نفسها بنفسها.

وقالت الخوارج بوجوب الإمامة شرعاً من غير تعصب لجنس أو عصبية على خليفة شعارهم لا حكم إلا لله.

يتضح مما تقدم أن الخلافة هي رياسة عامة في أمور الدين والدنيا نيابة عن النبي صلى الله عليه وسلم، وقد لقب أبا بكر الصديق بخليفة رسول الله لأن الاستخلاف يكون في حق الغائب وهو النبي صلى الله عليه وسلم.

كما أن القائم على هذا المنصب يسمى إماماً تشبيهاً بإمام الصلاة في اتباعه والاقتداء به ولهذا يقال لها الإمامة الكبرى [1]. وقد نهى أبو بكر الصديق تسميته خليفة الله لأن الله حاضر والاستخلاف في حق الغائب [2].

ولم يزل الأمر في تسمية الخليفة الراشدي الأول بخليفة رسول الله، إلى أن عهد بالخلافة إلى عمر بن الخطاب فكانوا يدعونه خليفة خليفة رسول الله.

فاستبدله منعاً لتكرار لفظ خليفة بعبارة أمير المؤمنين، وكان بذلك أول من لقب بهذا اللقب [3]. وذهب لقباً يتوارثه الخلفاء من بعده عدا الشيعة الذين خصّوا علياً ومن جاء بعده من أئمتهم بلقب الأمام. ويرى ابن خلدون أن لقب أمير

_____

(1) ابن خلدون: المقدمة، مصدر سابق، ص 191.

(2) المصدر السابق: ص 191 والفصل الثاني والثلاثون ص 227.

(3) المصدر السابق: الفصل الثاني والثلاثون ص 227.

المؤمنين، قد استبدل في عصور لاحقة باسم السلطان بعد أن انقرضت عصبية العرب بتغلب الموالي من العجم عليهم [(1)].

مدلول كلمة الخلافة عند العلماء

لقد تعددت مذاهب العلماء في التكييف القانوني لمركز الخليفة فقال بعضهم أنها نيابة عن الله تعالى في الحكم والقضاء وتنفيذ أوامره وأحكامه.

ويرى الإمام الرازي في تفسيره مفاتيح الغيب 2/165- 166 عن تسمية آدم خليفة: [إنما سماه الله خليفة لأنه يخلف الله في الحكم بين المكلفين من خلقه] [(2)].

ومما تجدر الإشارة إليه هنا، امتناع جمهور العلماء عن جواز القول بأن الإمام نائب عن الله، فالاستخلاف يكون في حق الميت أو الغائب، وهذا لا ينسحب على الله.

وذهب آخرون للقول، بأن المراد بالخلافة نيابة الإمام في الحكم عن النبي محمد صلى الله عليه وسلم في إقامة الدين وحراسته وسياسة الدنيا [(3)].

في حين جنح فريق ثالث من العلماء للقول، بأن المراد بالخليفة نيابة الإمام عن الأمة. لأن من حق الأمة ترشيحه وخلعه إذا جرح في عدالته. ومقصود ذلك، أن الإمامة هي نيابة عن الأمة فهو الأمين على السلطة يمارسها بصورة مؤقتة وكالة عنها.

---

(1) المصدر السابق: ص 228.

(2) د. منير حميد البياني: النظام السياسي الإسلامي مقارناً بالدولة القانونية، دار البشير للنشر والتوزيع، الطبعة الأولى، د.ت، عمان، ص 230.

(3) المصدر السابق: ص 232.

ووظيفته تنفيذ شرع الله لقوله تعالى في سورة يوسف: آية 40: (إِنِ الْحُكْمُ إِلَّا لِلَّهِ).

فالأمة هي المخاطبة بالنص القرآني تنفيذاً ومراقبة وعقوبات، ونظراً لتعذر قيام الجماعة كاملة بهذا الواجب، فمن حقها منح حق السلطة وكالة لواحد منهم وتفويضه في تدبير أمر الرعية في أمور دينها ودنياها، وليس له أن يبتدع شيئاً من الرأي يرفضه الشرع مصداقاً للحديث الشريف: [من أحدث في أمرنا هذا ما ليس منه فهو رد] رواه ابن ماجه.

وله حق الطاعة في غير معصية ومن حق الرعية مساءلته عن اخطائه وخلعه إذا استوجب ذلك.

وليس من حق الرعية أن تمتنع عن تنصيب إمام، فهو واجب ومالا يتم الواجب إلا به فهو واجب. وفيما يلي نبسط القول في قراءة تحليلية لمفهوم الخلافة الواردة في قوله تعالى: (إِنِّي جَاعِلٌ فِي الْأَرْضِ خَلِيفَةً) البقرة: آية30، وقوله تعالى: (هُوَ الَّذِي جَعَلَكُمْ خَلَائِفَ فِي الْأَرْضِ) فاطر: آية39، وقوله تعالى: (ثُمَّ جَعَلْنَاكُمْ خَلَائِفَ فِي الْأَرْضِ مِنْ بَعْدِهِمْ) يونس: آية14، وقوله تعالى: (يَا دَاوُودُ إِنَّا جَعَلْنَاكَ خَلِيفَةً فِي الْأَرْضِ فَاحْكُمْ بَيْنَ النَّاسِ بِالْحَقِّ) : آية26، وقوله تعالى: (وَعَدَ اللَّهُ الَّذِينَ آَمَنُوا مِنْكُمْ وَعَمِلُوا الصَّالِحَاتِ لَيَسْتَخْلِفَنَّهُمْ فِي الْأَرْضِ) [1] النور: آية55، لنبرز تعدد آراء الصحابة والتابعين وتابعيهم وعلماء التفسير في تحديد مدلولها على النحو الآتي:

---

(1) للفهم المتعمق حول تفسير هذه الآيات يرجى النظر إلى مواضعها في كتب التفاسير.

1- أن المراد بالخليفة هنا آدم وذريته من بعده، فالإنسان يخلف بعضه بعضاً، عبر تطاول القرون إلى أن يرث الله الأرض ومن عليها، ومن أنصار هذا الرأي الحسن البصري وابن كثير. واستناداً لهذا المفهوم، فالناس سواسية لا سلطان لأحد على أحد، ولا سيطرة لإنسان على إنسان حتى الأنبياء بمن فيهم محمد صلى الله عليه وسلم مصداقاً لقوله تعالى: (فَذَكِّرْ إِنَّمَا أَنْتَ مُذَكِّرٌ)[1] .

2- أن المراد بالخليفة هنا الأنبياء الوارد ذكرهم في القرآن الكريم من آدم إلى خاتم الأنبياء والمرسلين، ومن هنا ورد تعريف الخلافة بأنها رياسة عامة في أمور الدين والدنيا نيابة عن النبي صلى الله عليه وسلم.

وعلى خلفية هذا الفهم، أضحى من الضروري أن ينصب الخليفة أو الإمام ليكون حارساً على الشريعة، ومن أنصار هذا الرأي الزمخشري.

3- المراد بالخليفة هنا الإنسان الذي هو خليفة لله في الأرض، استخلفه ليحكم بشريعته لكي يعمر الأرض، والأصل في نصب الإمام هنا لتجتمع به كلمة الرعية ويسمع له ويطاع، ومن أنصار هذا الرأي القرطبي الذي جعل من الخلافة قاعدة دينية، وابن مسعود الذي يذهب بالقول إلى أن الخلافة هي خلافة الإنسان لله في تنفيذ أحكامه وعمارة الأرض. وقد استدل أصحاب هذا الرأي على صحة قولهم بان الإنسان خليفة لله من قوله تعالى: (يَا دَاوُودُإِنَّا جَعَلْنَاكَ خَلِيفَةً فِي الْأَرْضِ فَاحْكُمْ بَيْنَ النَّاسِ بِالْحَقِّ)[2] .

4- يرى (ابن عباس) أن المراد بالخليفة هنا هو آدم في خلافته للجن والملائكة الذين كانوا يعمرون الأرض قبل آدم وذريته.

---

(1) د. محمود السعيد الكردي: مأساة الخلافة في الإسلام، المنشأة العامة للنشر والتوزيع والإعلان، الطبعة الأولى 1983، ليبيا ص 94.

(2) المرجع السابق: ص 94.

ويرى (الخازن) أن المراد بالخليفة هو آدم لأنه خلف الجن في الأرض ثم نراه يقول: وسمي خليفة لأنه (الإنسان) خليفة الله في أرضه لإقامة حدوده وتنفيذ قضائه [1].

5- يرى الإمام محمد عبده أن آدم لم يكن أول الأحياء العاقلة التي سكنت الأرض، لقوله تعالى بهلاك القرون الأولى(ثُمَّ جَعَلْنَاكُمْ خَلَائِفَ فِي الْأَرْضِ مِنْ بَعْدِهِمْ)، ونراه في موضع آخر يقرر أن الله لم يستخلف الإنسان للحكم والقهر، وإنما استخلفه لعمارة الأرض والسيطرة عليها والإبداع فيها. وقد تأثر بهذا الاتجاه كل المفسرين الذين جاءوا من بعده على رأسهم سيد قطب والمراغي وشلتوت [2].

6- من اللافت للنظر على غرابة الطرح، أن المعتزلي الأصم، يرى تنصيب الخليفة غير واجب في الدين، ويرى أن الأمة متى أقاموا حجهم وجهادهم وتناصفوا فيما بينهم، وبذلوا الحق من أنفسهم، وقسموا الغنائم والفيء والصدقات على أهلها وأقاموا الحدود على من وجبت عليه، كفاهم ولا يجب عليهم أن ينصبوا إماماً يتولى أمورهم [3]. ولسنا ندري كيف يتأتى ذلك من غير سلطة ملزمة، ولعل أبا بكر الأصم ينشد المجتمع الفاضل، الذي يسوس نفسه بنفسه في صورة مثالية غير واقعية.

(1) المرجع السابق: ص 104.

(2) المرجع السابق: ص 108- 109

(3)ابن خلدون،المقدمة، مصدر سابق ص192،و د.محمد السعيد الكردي، مأساة الخلافة، مرجع سابق، ص103.

الخلافة والفكر السياسي في الإسلام

الخلافة هي أساس نظام الحكم بعد وفاة الرسول صلى اللـه عليه وسلم فإقامة الحكم لضبط أمور الحياة أمر واجب، ومن أهم الفروض، فلا يصح أن تبقى الأمة مـن غـير حاكم يتولى رعاية أمورها الدينية والدنيوية، وهذا يتفق مع تعريف الخلافة (رياسـة عامـة في أمور الدين والدنيا نيابة عن النبي صلى اللـه عليه وسلم).

ومشروعية إقامة الحكم عديدة ومتنوعة فمنها ما ورد في القرآن الكريم لقوله تعالى في سورة النساء آية 59: (يَا أَيُّهَا الَّذِينَ آمَنُوا أَطِيعُوا اللَّهَ وَأَطِيعُوا الرَّسُولَ وَأُولِي الْأَمْرِ مِنْكُمْ)، ومنها ما ورد في السنة مصداقاً للحديث الشريف الذي رواه مسلم في صحيحة. (من مات وليس في عنقه بيعة مات ميتة جاهلية).

إضافة إلى إجماع المسلمين على خلافة النبي صلى اللـه عليه وسلم ففي إقامة الحكم دفع للضرر وتحقيق لمصالح الأمة، وما لا يتم الواجب إلا به فهو واجب.

أما في مدلولها العقلي فهي واجبة لما في طباع العقلاء من التسليم لزعيم يمنعهم من التظالم ويفصل بينهم في التنازع والتخاصم ولما كانت الخلافة قد وجبت بالشرع والعقل معاً، فلقد اختلفت آراء الفقهاء حول السلطة التي يتمتع بها الخليفة أو الأمام أو السلطان، فمنهم من رأى أن الخليفة يستمد سلطانه من عند اللـه استناداً إلى قوله تعالى في سورة آل عمران: (قُلِ اللَّهُمَّ مَالِكَ الْمُلْكِ تُؤْتِي الْمُلْكَ مَنْ تَشَاءُ وَتَنْزِعُ الْمُلْكَ مِمَّنْ تَشَاءُ). وقوله تعالى: (وَاللَّهُ يُؤْتِي مُلْكَهُ مَنْ يَشَاءُ).

وحجتهم في ذلك أن الله سبحانه وتعالى، كما اختار خاتم الأنبياء والمرسلين لدعوة الحق وإبلاغ شريعته إلى الخلق كافة مصداقاً لقوله تعالى في سورة الأنبياء: آية107 (وَمَا أَرْسَلْنَاكَ إِلَّا رَحْمَةً لِّلْعَالَمِينَ) . وقوله تعالى في سورة سبأ آية28: (وَمَا أَرْسَلْنَاكَ إِلَّا كَافَّةً لِّلنَّاسِ بَشِيرًا وَنَذِيرًا وَلَكِنَّ أَكْثَرَ النَّاسِ لَا يَعْلَمُونَ).

فالحق كذلك يختار الخليفة ويسوق إليه الخلافة. وقد يظن أصحاب هذا الرأي من الخلفاء ومن دار في فلكهم، أن سلطانهم مستمد من الله وعليه لا يرون أن للناس شأناً في هذا السلطان، وليس من حقهم أن يشاركوا فيه أو يعترضوا عليه، أو ينكروا منه قليلاً أو كثيراً، فاستبعدوا الناس لسلطانهم استذلالاً بعيد المدى، واستغلوا اقتصاد الدولة أبشع استغلال.

ولو أردنا أن نستقصي مواطن الخلل في هذا الرأي لطال بنا الحديث إلى أبعد مما نريد.

فالخليفة هنا يحكم بتفويض من الله لا من الرعية ويتبدى ذلك بوضوح فيما نسب إلى أبي جعفر المنصور قوله (إنما أنا سلطان الله في أرضه). وتحت هذا الغطاء قرب الخلفاء إليهم العلماء لنشر هذه الآراء بين الدهماء من الكافة حتى أصبح لهم شأن كبير في الحياة السياسية للدولة. وعلى خلفية ذلك ذهبوا في الحكم مذاهب من التسلط والجبروت فسلطانهم حسب زعمهم لا يأتيهم من الناس، وإنما يأتيهم من الله الذين اتخذوه لأنفسهم ظلالاً، لا يعنيهم أن يرضى الناس أو يسخطوا، فليس لهم ذلك، وإنما عليهم أن يذعنوا وليس من شأن رضاهم أو سخطهم أن يغير من سيرة هذا الخليفة أو ذاك شيئاً، فهذا التفويض الإلهي المقدس حسب زعمهم حملهم على:

- عدم تطبيق الشورى والمشاورة.

- تحول الخلافة إلى ملك وراثي.

- البعد عن البساطة والتحلي بمظاهر الأبهة.

- الاحتجاب عن الرعية واعتماد وظيفة الحاجب.

- عدم إمامة المصلين في الصلوات الخمس.

- تشييد عشرات القصور الفارهة على نفقة بيت المال وفرض مزيد من الضرائب لبناء المزيد منها.

- التدخل في شؤون القضاء فلم يعد مستغلاً كسابق سيرته في عهد الخلفاء الراشدين.

- وهب أموال بيت المال كعطايا للشعراء المداحين.

- اعتماد القسوة والعنف مع الرعية والاستبداد بالسلطة

- اتخاذ الشرطة والسياف.

- إحاطة شخصية الخليفة بهالة من القداسة المفرغة من مضامينها، ومن مظاهرها إظهار الأبهة والعظمة وانحناء الداخل على الخليفة وتقبيل الأرض بين يديه ووارئه إذا اقترب منه، وخاصة في الدولة الفاطمية، وبهذا اصطبغت الخلافة بصبغة دينية بحتة لا يقرها الله ورسوله. فساهمت هذه البدع في مجملها في تحطيم هيبة الخلافة الإسلامية على امتداد عهودها الأموية والعباسية والفاطمية والعثمانية وأفرغتها من محتواها.

والقول الحق، أن الحاكم الذي يسوس الرعية على مقتضى غرض شهوته وهواه، وجب خلعه ولو بالقوة منعاً للظلم وحفاظاً على هيبة الدولة ووقارها.

أما الرأي الثاني من الفقهاء فيرى أن الخليفة يستمد سلطانه من الأمة، لأنها مصدر قوته وهي التي تختاره، لهذا المقام كوكيل عنها ومن حقها مراقبته ومحاسبته. ويستشهدون على ذلك بقول الرسول صلى الله عليه وسلم:

(إن الناس إذا رأوا الظالم فلم يأخذوا على يديه أوشكوا أن يصيبهم الله بعقاب من عنده).

كما يستشهدون بقول الخليفة أبي بكر الصديق عندما نودي (يا خليفة الله)[1] قال: قال: لست بخليفة الله ولكنني خليفة رسول الله، وقوله في أول خطبة له عندما بويع بالخلافة: إني وليت عليكم ولست بخيركم فإن أحسنت فأعينوني وإن أسأت فقوموني.

ويستشهدون أيضاً بقول عمر بن الخطاب عندما عهد إليه بالخلافة: (من رأى منكم فيَّ اعوجاجاً فليقومه).

فالحاكم هنا ملتزم بالشريعة فإن خالفها كان للرعية ألا تطيعه، والحكم شورى ومشاورة بين الحاكم والمحكوم ودور الرعية التوجيه والإرشاد، فالنظرة إلى الحاكم وفق هذا المنظور يقضي على الفتن والاضطرابات ويوجد كلمة الرعية، وينتهي بها إلى اطمئنان لا يشوبه قلق، ورضا لا يشوبه سخط وأمن لا يشوبه خوف.

ولو مضت أمور المسلمين على وجهها الصحيح، لما تدهورت الحضارة العربية الإسلامية، بسبب الفتن والمحن والخطوب، عبر تاريخها الطويل وبعد أوج ازدهارها.

---

* يعلن الماوردي في الأحكام السلطانية ص 29 على هذا قائلاً: واختلفوا هل يجوز أن يقال يا خليفة و اللهِ، مجوزه بعضهم وامتنع جمهور العلماء من جواز ذلك ونسبوا إلى قائله الفجور.

ولو سلكت الخلافة طريق الشورى الصحيحة، لاستقام الأمر ولساس الخلفاء الرعية سياسة حزم وعزم ومضاء، ولكانت الغلبة للإسلام على مسرح الأحداث حتى يومنا هذا.

وعلى خلفية ما تقدم، يرى أبو الحسن الماوردي المتوفى سنة 450هـ صاحب كتاب الأحكام السلطانية والولايات الدينية في الباب الأول الموسوم بعنوان عقد الإمامة أن من يتولى الخلافة يجب أن تتوافر فيه الشروط الآتية:

1- العدالة على شروطها الجامعة.

2- العلم الذي يؤدي إلى الاجتهاد في النوازل والأحكام.

3- سلامة الحواس من السمع والبصر واللسان ليصح معها مباشرة ما يدرك بها.

4- سلامة الأعضاء من نقص يمنع عن استيفاء الحركة وسرعة النهوض.

5- الكفاية: بمعنى أن يكون الخليفة أو الإمام أو الحاكم كافياً قادراً على الاضطلاع بأعباء الحكم وأثقاله. قادراً على إقامة الحدود الشرعية كفيلاً بحمل الرعية عليها [1] . بصيراً لشؤون السلام والحرب والتنمية وضروب الصناعة والزراعة والتجارة والصحة والتعليم، ذا رأي سديد وتدبر حكيم في تصريف أحوال الدولة قوياً على معاناة السياسية عصياً على الإختراق، همه حفظ مصالح الأمة بإحتواء ما يتهددها من مخاطر. تمتلكه الغيرة على محارم الله إذا انتهكت وعلى مصالح الأمة إذا أعتدى عليها أو عطلت.

وتستوجب الكفاية أن يكون الخليفة على درجة عالية من الذكاء والفطنة والشجاعة وحسن الكياسة عميق التفكير قوي الشكيمة، حصيفاً نفاذ البصيرة قادراً

---

(1) ابن خلدون: المقدمة، مصدر سابق، ص 193.

على استشراف آفاق المستقبل، يمتاز بالقدرة على تقدير الأمور حق تقديرها بعيداً عن السهو والغفلة.

[له علم بأحوال الرجال وأخلاقهم وكفايتهم، حتى يختار الكفء منهم ليستعين به ويسند الأمر المناسب إليه] [1].

عدل لا يتأثر بالقرابة أو الجاه أو السلطان ولا بالبغض والعداوة. وليس للعصبية حضور في توزيع مناصب الدولة الهامة.

مأمون وقت الرضا والغضب، بعيد عن مواطن الريب، ينشد حمل الرعية على الأمر بالمعروف والنهي عن المنكر، تطيباً لأنفسهم ورفعاً لأقدارهم وتآلفاً على دينهم. وأيما خروج عن هذه الصفات بطلت كفاية الحاكم وانتفت وجرح في عدالته.

6- سلامة الحواس والأعضاء: بمعنى أن يكون الخليفة أو الإمام أو الحاكم سليماً في حواسه من العاهات المستديمة، كالعمى والصمم والخرس وتجديع الأطراف كاليدين والرجلين. لأنها تحول دون قيامه بالعمل على وجهه الصحيح، فتقضي سلامة الأعضاء مالا يمنع عن استيفاء الحركة وسرعة النهوض، وعدم سلامة الحواس لا يصح معها مباشرة ما يدرك بها. فالفقدان الكامل للحواس والأعضاء أو المرض العضال يمنع عقد الخلافة واستدامتها [2].

وقد عقد الماوردي في الأحكام السلطانية في الباب الأول فصولاً عديدة، تناول فيها سلامة الحواس والأعضاء، أوضح خلالها أن فقدان الحواس والأعضاء خاصة العمى والخرس وتجديع الأطراف يمنع عقد الإمامة، لأن كمال الأوصاف بوجودها مفقود للعجز بالكلية. وما عدا ذلك من الحالات البسيطة

---

(1) المصدر السابق: ص 187.

(2) ابن خلدون: المقدمة، مصدر سابق، ص 193.

كضعف البصر والشم، أو ذهاب إحدى اليدين أو الرجلين أو العينين، لا يمنع من صحة عقد الإمامة واستدامتها، لأن تأثيرها في التدبير والعمل، غير وارد أو ضعيف.

وهناك من الفقهاء من يرى أن هذه الإعاقات وإن كانت بسيطة، فإنها تضعف من هيبة الإمام وفي هذا نقص في حقوق الأمة.

7- الذكورة: ويراد منها عدم جواز تولية النساء رياسة الدولة لقول الرسول صلى الله عليه وسلم: [لن يفلح قوم ولوا أمرهم أمرأة] [1] . حين علم أن يوربان بنت كسرى تولت الحكم بعد أبيها.

واللافت للنظر هنا اختلاف الفقهاء حول أهلية المرأة للولايات العامة على رأيين، إذ حاول أنصار كل رأي التدليل على صحة ما يذهب إليه من القرآن والسنة، وقد ناقش المؤيدون أدلة المانعين وحاولوا إبطالها، ثم استدلوا بعدة أدلة من القرآن والسنة. كما لم يسلم الفريق الثاني للفريق الأول بالاستدلال الذي أوردوه من أدلة، واستعانوا على ذلك بالإجماع وعدم جواز تأويل النصوص، فالعبرة من الحديث المشار إليه آنفاً هو عموم اللفظ وليس خصوص السبب، فالحديث تشريع صالح لكل زمان ومكان، وليس المراد منه يوربان بنت كسرى حيث ملكت عرش أبيها في سياق حادثة بعينها.

وخلاصة الرأي المعول عليه أن فقهاء الأمة متفقون على منع المرأة من تولي الإمامة الكبرى، ومختلفون فيما عداها على عدة أقوال واجتهادات.

_____

(1) رواه البخاري في صحيحه في الفتن والمغازي عن أبي بكر ـ ورواه أحمد بن حنبل وابن حبان والحاكم.

ثالثاً: الوزارة

سوف نتناول هنا نشأة الوزارة لغةً واصطلاحاً على النحو الآتي:

1. التعريف بالوزارة

ورد في لسان العرب 7/145-146 اشتقاق لفظ الوزارة على ثلاثة أقوال:

1- أن الوزارة مشتقة من (الوَزَر)، وهو الملجأ والمعتصم؛ لقوله تعالى في سورة القيامة: الآيات 11-12: (كَلَّا لَا وَزَرَ (11) إِلَى رَبِّكَ يَوْمَئِذٍ الْمُسْتَقَرُّ(12))؛ لأن الخليفة أو الحاكم يلجأ إلى رأي الوزير وتدبيره ومعونته عند نزول الشدائد والنوائب لمعاونته بالرأي والمفاوضة فيه؛ لبلوغ جادة الصواب أمام النوازل والعوادي.

وقيل: إنَّ الوزارة مأخوذة من (الأزر) وهو الظهر؛ لأن الخليفة يقوى بوزيره كقوة البدن بالظهر، واستدل أنصار هذا الاشتقاق بقوله تعالى على لسان موسى عليه السلام في سورة طه: الآيات 29- 31: (وَاجْعَلْ لِي وَزِيرًا مِنْ أَهْلِي(29) هَارُونَ أَخِي (30) اشْدُدْ بِهِ أَزْرِي). وتدل هذه الآية على أن الوزير إذا استكملت فيه الخصال المحمودة يشد من قواعد الملك [(1)].

1- أمَّا القول الثالث فيرى أن الوزارة مشتقة من (الوِزر)، وهو الثقل؛ لأنه يزر عن الخليفة جزءاً من أعباء الحكم وأثقاله؛ لقوله تعالى في سورة محمد: آية 4: (حَتَّى تَضَعَ الْحَرْبُ أَوْزَارَهَا) [(2)].

ويرى ابن خلدون في المقدمة ص236: [الوزارة هي أم الخطط السلطانية والرتب الملوكية، تدل على مطلق الإعانة].

---

(1) شهاب الدين الإبشيهي، المستطرف في كل فن مستظرف، دار مكتبة الحياة، الطبعة الثانية، بيروت، 1990، 1/ 134.

(2) الماوردي: الأحكام السلطانية، مصدر سابق، الباب الثاني، وأبو يعلى الفراء: الأحكام السلطانية ص 29، وابن خلدون: المقدمة: ص 239-237.

وللمزيد حول هذا الموضوع –أيضاً- انظر تفسير الآيات السابقة في كتب التفسير.

وفي موضع آخر نراه يقول: [اعلم أن السلطان في نفسه ضعيف يحمل أمراً ثقيلاً، فلا بد له من الاستعانة بأبناء جنسه، وإذا كان يستعين بهم في ضرورة معاشه، فما ظنك بالسياسة؟!.... وهو محتاج إلى حماية الكافة من عدوهم بالمدافعة عنهم وكف عدوان بعضهم على بعض].

وفي كتاب دليلة ودمنة: لا يصلح السلطان إلا بالوزراء الأخيار الذين يصطفيهم صاحب الملك للاسترشاد بآرائهم [1].

وتظهر الحاجة إلى الوزراء في قول الماردوي: الوزير المشارك (للسلطان) في التدبير أصح في تنفيذ الأمور من تفرده، وبها يكون أبعد من الزلل وأمنع من الخلل] [2].

2. نشأة الوزارة وتطورها في الحضارة العربية الإسلامية

تعددت أقوال الباحثين قديماً وحديثاً في نشأة الوزارة وتطورها على ثلاثة أقوال:

1- **القول الأول:** ويراد فيه أن الوزارة عرفت في عهد الرسول -صلى الله عليه وسلم- ويستدلون في ذلك بالحديث الشريف: [وزيراي من أهل السماء جبريل وميكائيل، ووزيراي من أهل الأرض أبو بكر وعمر].

2- **القول الثاني:** الوزارة عرفت في عهد الخلفاء الراشدين، إذ كان عمر بن الخطاب وزير أبي بكر، وعثمان وعلي وزيري عمر، وعلي ثم مروان بن الحكم وزيري عثمان. ويستدلون على صواب هذا الرأي، بقول أبي بكر الصديق حين سمع الأنصار تقول في السقيفة حسماً للنزاع بين المهاجرين والأنصار: منا أمير ومنكم أمير، فرد عليهم قائلاً: نحن الأمراء وأنتم الوزراء.

---

(1) الإبشيهي: المستطرف، مصدر سابق، ص 143.

(2) الماردوي: الأحكام السلطانية، الباب الثاني (في تقليد الوزارة)، ص125.

3- **القول الثالث:** يميل أكثر الباحثين إلى اعتبار أن الوزارة لم يؤطر لها بالمعنى الاصطلاحي المعاصر إلا في العهد العباسي[1]؛ لأن وظيفة الوزير ومهامه لم تكن معروفة قبل ذلك؛ لبساطة الإسلام وبعده عن أبهة الملك[2]. وللتوفيق بين هذه الآراء نقول: إذا كان المراد بالوزارة الشورى والمشاورة فإننا نميل إلى الاعتقاد أنها ظهرت في عهد النبي -**صلى الله عليه و سلم**-؛ لأنه أول من أخذ بمبدأ الشورى في كافة جوانب حياته، إذ استشار أصحابه في مواطن عديدة؛ تبصرة للصواب والرأي الراجح، وفي هذا تدريب للأمة على تطبيق الشورى.

والناظر في كتب التاريخ والتفسير والحديث يراها حافلة بالمواطن والشواهد الدالة على استشارة الرسول -صلى الله عليه وسلم- أهل الرأي السديد من أصحابه في الأمور الهامة، ومن شواهد ذلك: استشارته صلى الله عليه وسلم للصحابة في غزوة بدر وأحد والخندق، إذ كان أبو بكر وعمر وزيريه.

مما تقدم نرى أن رسول الله -**صلى الله عليه و سلم**- كان يشاور أصحابه، ويفاوضهم في الأمور الخاصة والعامة، ويخص أبا بكر وعمر ببعض الأمور لدرايتهما بأحوال الفرس والروم.

وفي هذا قال أبو هريرة: لم يكن أحد أكثر مشورة لأصحابه من رسول الله -**صلى الله عليه و سلم**-، وما رأيت أحداً أكثر مشاورة من أصحاب رسول الله.

وفي الحديث الذي رواه الطبراني في معجمه الأوسط عن أنس: (ما خاب من استخار، ولا ندم من استشار، ولا عال من اقتصد) دليل على دعوة الرسول الكريم للعمل بالشورى، إذ ثبت عنه استشارته لوجوه الرأي منهم.

---

(1) د. شحادة الناطور وزملاؤه: النظم الإسلامية، مرجع سابق، ص ص 78-79، نقلاً عن حسن إبراهيم، النظم الإسلامية، ص 91، وص 113.

(2) ابن خلدون: المقدمة، مصدر سابق، ص 204.

وأما إذا كان المراد بالوزارة المعاونة والمشاورة والمؤازرة والمناصرة، تكون قد عُرِفَتْ في عهد الخلفاء الراشدين، إذ كان الخليفة يستعين ببعض الصحابة في تنفيذ بعض المصالح العامة.

فهذا عمر بن الخطاب يقول لأبي بكر الصديق: أنا أكفيك القضاء دون أن يلقبه بالقاضي.

كما أن كلمة الوزارة كانت معروفة -كما تقدم- في سقيفة بني ساعده فقول الصديق: [منا الأمراء ومنكم الوزراء] جلية وواضحة في مضامينها، فالأمير أعلى في سلطاته من الوزير.

أما إذا كان المراد بالوزارة المعنى الاصطلاحي المعاصر* فالغالب أنها عُرفَت في العصر العباسي نتيجة لتطور نظام الحكم من ناحية، ولتأثره بالعناصر الفارسية التي قامت على أيديهم الدولة العباسية من ناحية أخرى، وكان أبو سلمة الخلال أول وزير في العهد العباسي، استوزره السفاح وفوَّض إليه الأمور، ثم ما لبث أن قتله، حين أراد أن يسعى إلى مجد شخصي- فاشتد جناحه وناهضه سراً.

---

* يرى بعض الباحثين أن كلمة الوزارة فارسية الأصل، مشتقة من (زور) حسب رواية القلقشندي في صبح الأعشى جـ5/ص 448، وقيل: مشتقة من (فيشرا). ويرفض المستشرق الفرنسي (كلود كاهن) هذا الرأي ويقول [لا يمكننا إثبات الأصل الفارسي لكلمة وزير]، ويؤكد كل من (غواتين) و (سورديل) تأكيداً قاطعاً على أن أصل الكلمة عربي، وتعني في جوهرها الإنسان الذي يساعد على تحمل العبء[1]. ويرى لفيف من الباحثين أن الوزارة كانت معروفة عند العرب قبل الإسلام منذ عهد بعيد، إذ كانت كلمة وزير موجودة في بلاد اليمن والحيرة والشام، وكان العرب يطلقون على من يؤازرهم (الكاهن) أو (الزعيم) أو (الكافي) أو (الكامل)[2]؛ لأنه مرتهن بالتدبير لكمال فضائله، ودوام صواب رأيه في مهمات الأمور؛ لكونه المستشار المؤتمن.

وكان هؤلاء يقومون بعمل الوزراء في المشاورة وحسن التدريب دون أن يتلقبوا بلقب الوزير. وكان زعيم القبيلة يشاور الواحد منهم في رأيه وإداراته للقبيلة، ويدنيه من مجلسه، ويضمه إلى خاصته من صفوة رجالات القبيلة. وباستنطاق النصوص السابقة، بعد تحليلها ونقدها، يتبين لنا أن كلمة الوزارة عربية وليست فارسية، وللتدليل على مصداقية ذلك، نحيل القارئ للعديد من الأبيات التي وردت فيها كلمة الوزارة قبل الإسلام، أوردها [ابن قتيبة في كتابة الشعر والشعراء] ص 252 للتدليل على معرفة العرب لكلمة الوزارة قبل الإسلام. للمزيد انظر:

كلود كاهن: تاريخ العرب والشعوب الإسلامية منذ ظهور الإسلام حتى بداية الإمبراطورية العثمانية، دار الحقيقة، بيروت،1977، ص82.ود. توفيق سلطان اليوزبكي: دراسات في النظم العربية الإسلامية،مرجع سابق،ص76-77.

ونازعه في الحكم لصالح العلويين، ثم خلفه أبو الجهم، ثم خالد بن برمك دون أن يتسمى بالوزير؛ تطيراً مما وقع لأبي سلمة الخلال، حسب ما أورده الجهشياري في كتاب الوزراء والكتّاب.

ثم استوزر المنصور أبا أيوب الموریاني، وبعد وقت ليس بالطويل أقاله، واستوزر بعده الربيع بن يونس الذي قتل في خلافة الهادي [169- 170هـ].

ومما تجدر الإشارة إليه، أن منصب الوزير في العهد العباسي الأول كان هدفاً للقتل والتعذيب، تبعاً لأهواء الخليفة وظنونه في وزيره. كما كان للدسائس أثر في تنصيب بعض الوزراء وعزلهم، وفي عهد هارون الرشيد استوزر يحيى ابن خالد بن برمك.

وقال له فور تنصيبه بعد أن دفع خاتمه إليه: [قد قلدتك أمر الرعية، وأخرجته من عنقي إليك، فاحكم بما ترى، واستعمل من شئت، واعزل من رأيت، فإنني غير ناظر معك في شيء مما أوكلته إليك] (1). وبمرور الزمن أضحى بيده مقاليد الأمور، وأوشك نجم الخليفة على الأفول، إذ عمل الأخير على الاستعانة بأولاده الأربعة، الفضل وجعفر ومحمد وموسى، فعزل من لا يستأنس به، ونصَّب من البرامكة الكثير، حتى خضعت لهم الرقاب، فأساءوا التصرف، وحصروا الوظائف في أعوانهم وأنصارهم، فاتسع جاههم.

وبقي الأمر كذلك إلى أن أطاح بهم في واقعة مشهودة عُرِفَت بمذبحة البرامكة، فاستأصل شأفتهم ومزّقهم إرباً شر ممزق*.

---

(1) الجهشياري: الوزراء والكتاب ص 177، وابن الأثير: الكامل في التاريخ، مصدر سابق، 43/6.

* - أحل هارون الرشيد (170- 193هـ) البرامكة من نفسه محل التعظيم والتكريم، ثم ما لبث أن انقلب عليهم، وللمؤرخين في ذلك عدة أقوال، منها:

1- اتهام البرامكة بالزندقة والميل إلى المذهب المجوسي.

2- تقربهم من العلويين؛ لأحقيتهم في الخلافة.

3- كراهة زبيدة أم الأمين للبرامكة، إذ كانت تظن أن الرشيد قد عهد إلى المأمون دون الأمين بتأثير يحيى البرمكي.

وفي العصر العباسي الثاني تراجعت سلطة الوزراء، وتقلص نفوذهم؛ بسبب هيمنة أمراء الترك وبني بويه الذين استأثر أمراؤهم بالسلطة، وشرعوا لأول مرة في تاريخ الخلافة بتنصيب الوزراء وغيرهم من العمال. ولم يبق للوزير سوى الاسم من غير حكم ولا تدبير، حسب تعبير ابن الطقطقي محمد بن طباطبا في كتابه الفخري في الآداب السلطانية والدول الإسلامية.

ومما يؤسف له أن وضع الوزارة في هذا العصر بلغ من السوء أن أصبح يشترى بالمال مهما كان الوزير سيء السيرة والتدبير، فانصرف عنها هيبتها ووقارها الذي كانت عليه في العصر العباسي الأول، والذي فيه تقررت قواعد

4- إطلاق جعفر لخصم هارون الرشيد يحيى بن عبد و اللهِ العلوي الذي خرج على الرشيد في بلاد الديلم، وحرره من السجن سراً.

5- وقوف البرامكة سراً إلى جانب دعوة عبد الملك بن صالح العباس الذي كان يدعو لنفسه.

6- دور الفضل بن الربيع في الإيقاع بالبرامكة، إذ أوغر صدر هارون الرشيد عليهم، وحمله على الإيقاع بهم.

7- استبداد البرامكة بالملك، وجمعهم الأموال، واستمالة الناس إليهم، أثار حفيظة هارون الرشيد.

وهو أولى الآراء بالصواب، ومما يدل على صحة هذا الرأي، انظر ما قاله ابن خلدون في المقدمة ص15 – 16: (وإنما نكب البرامكة ما كان من استبدادهم على الدولة واحتجافهم أموال الجباية، حتى كان الرشيد يطلب اليسير من المال فلا يصل إليه، فغلبوه على أمره، وشاركوه في سلطاته، ولم يكن له معهم تصرف في أمور ملكه، فعظمت آثارهم، وبعد صيتهم، وعمروا مراتب الدولة بالرؤساء من ولدهم وصنائعهم واحتازوها عمن سواهم من وزارة وكتابة وقيادة وحجابة وسيف وقلم، ومُدحوا بما لم يمدح به خليفتهم]. 1. هـ

ولو نظر المتأمل المنصف لما أشرنا إليه آنفاً لاتضح له أن نكبة البرامكة يمكن أن تعزى بالكلية إلى عدة عوامل مجتمعة لعل أقواها منافسة الرشيد في ملكه [1]. ومن الحكمة أن نشير هنا في ضوء ما تقدم: إذا زادك السلطان مجداً وإكراماً فزده تهيباً واحتشاماً وتجلة.

وقد ورد في الباب الخامس عشر من كتاب المستطرف فصل (فيما يجب على من صحب السلطان والتحذير من صحبته): إذا صحبت السلطان فداره مداراة المرأة العاقلة لزوجها، ومن صحب السلطان بغير عقل فقد لبس شعار الغرور وإن شئت إصلاح ما فسد من أمره فبالحكمة والعقل.

للمزيد حول هذا الموضوع انظر:
- الجهشياري: الوزراء والكتاب ص 204- 220.
- ابن طباطبا: الفخري في الآداب السلطانية ص 153- 180.
- تاريخ الطبري 51/10و82.
- مقدمة ابن خلدون ص 15- 17.

الوزارة وقوانينها وسمي الوزير وزيراً، بعد أن كان يسـمى في هـد الدولـة الأمويـة كاتباً أو مشيراً [1].

ومن الامتيازات التي شرف بها الـوزير في العصر ـ العبـاسي الألقـاب المتعـددة، التي اختلفت من عصر إلى آخر، إذ كان بعضهم يدعى بلقب والآخر بلقب ثان، وهكذا:

- الأخ في الـله.

- السلطان

- مولى أمير المؤمنين

- المولى والعزيز

- ذو الرئاستين (رياسة السيف والقلم).

- شرف الملك

- سعد الدولة

- ذو الكفايتين

- ذو الوزارتين

- والي الدولة وعميد الدولة

- المظفر

- وزير الوزراء

- علم الدين سعد الدولة [2].

(1) ابن طباطبا: الفخري في الآداب السلطانية، مصدر سابق، ص 121.
(2) د. توفيق سلطان اليوزبكي: دراسات في النظم العربية الإسلامية، مرجع سابق، ص87 – 88.

- أمين شرف الملك.

- الوزير الأول " وهذا خاص بالوزير صاحب النفوذ "، بمعنى رئيس الوزراء، وهذا اللقب لا يزال يعمل به في بعض دول المغرب العربي.

ومن اللافت للنظر، كما تقدم، أن بعض هذه الألقاب في العصر العباسي الثاني كانت مفرغة من مضامينها، لها رمزية فقط، غاب عنها ما كانت عليه من علو القدر ونفاذ الأمر وتدبير الملك بأبهة في تصريف أمور الدولة في سيرتها الأولى، وكان يشترط في الوزير أول الأمر توافر الشروط والصفات الآتية:

1- رجاحة العقل، وبعد النظر، وسداد الرأي.

2- أن يكون شديد الحلم، جميل الصفح، حلو اللسان، بليغ القلم، حميد الأخلاق، كريم الطبع، بطيء الغضب، كتوم السر، صبوراً محتملاً[1].

3- السلامة من أسباب الفسق وخوارم المروءة، وهي القوادح التي تشيع عن المرء وتكون سبباً في احتقاره وعدم اعتباره.

4- أناة الحكماء، وتواضع العلماء، وفهم الفقهاء، إن أُحسِن إليه شكر، وإنْ ابتلىَ بالإساءة صبر.

5- الحنكة والتجربة التي تؤدي إلى صحة الرأي، وصواب التدبير، وحسن الفطنة.

6-أن يكون من أهل الأمانة والبصيرة والثقة والشجاعة والفطنة.

7- كثير الرحمة للخلق، رءوفاً بهم، صلباً في قول الحق.

(1) د. محمد أبو فارس: النظام السياسي في الإسلام، مرجع سابق، ص 325، نقلاً عن كتاب سلوك المالك في تدبير الممالك ص 96.

ويعزى هذا التشدد في صفات الوزير في العهد العباسي الأول إلى أن موضع الوزير من السلطان كموضع العينين من الرأس؛ فالسلطان لا يكمل أمره إلا بجودة عقل وزيره، وصحة فهمه، ونقاء قلبه، وحسن إخلاصه، وتميز فضاءات علمه [1].

أنواع الوزارة

صنف الماوردي الوزارة على ضربين، هما: وزارة تفويض، ووزارة تنفيذ، والفرق بينهما هو:

1- وزير التفويض هو الرجل الذي يستوزره الإمام ويفوض إليه تدبير الأمور برأيه، وإمضاءها على اجتهاده. ويعتبر في تقليد هذه الوزارة وجوب توافر شروط الخليفة أو الإمامة عدا النسب القرشي وهي: [الإسلام والعقل والبلوغ والحرية والعلم والعدالة وسلامة الأعضاء والحواس والكفاية والذكورة [2].

والملاحظ لما تقدم يرى أن الماوردي قد منع المرأة من تولي منصب الوزارة. وهناك قولان في حكم تولي المرأة الوزارة:

- القول الأول عدم جواز انعقاد الوزارة لها مطلقاً، إذ ذهب العديد من الفقهاء إلى عدم جواز أن تتولى المرأة منصب الوزارة، ووجه الاستدلال الحديث الشريف: (لن يفلح قوم ولوا أمرهم امرأة).

- القول الثاني: فيه الجواز مع التفضيل، إذ ذهب بعض الفقهاء والعلماء من أصحاب الفضيلة إلى جواز أن تتولى المرأة هذا الضرب من الوزارة وما شاكلها، دون اعتبار للملابسات والظروف التي يكون لها أثر في تغير الحكم استناداً إلى سد الذرائع أو دوران الحكم على المصلحة.

---

(1) شهاب الدين الإبشيهي: المستطرف في كل فن مستظرف، مصدر سابق، الباب السادس عشر (في ذكر الوزراء وصفاتهم وأحوالهم) ص 143- 144.
(2) الماوردي: الأحكام السلطانية، مصدر سابق، الباب الثاني ص 39.

وقد استدل هؤلاء بقوله تعالى:(وَالْمُؤْمِنُونَ وَالْمُؤْمِنَاتُ بَعْضُهُمْ أَوْلِيَاءُ بَعْضٍ يَأْمُرُونَ بِالْمَعْرُوفِ وَيَنْهَوْنَ عَنِ الْمُنْكَرِ). وبمقتضى هذا النص فالخطاب يسوي بين الرجل والمرأة [1].

2- والضرب الثاني من الوزارة هو وزارة التنفيذ، فالوزير هنا هو الرجل الذي استوزره الخليفة، ووظيفته قاصرة على تنفيذ أوامر سيده، وليس له حرية التصرف أو تدبير الأمر من تلقاء نفسه، وبهذا يكون الوسيط بين الحاكم والرعية.

وحكم تولي المرأة هذا النوع من الوزارة عند المجيزين من الفقهاء بالقبول، خاصة إذا كانت الوزارة تختص بشؤون المرأة، وحماية مصالحها، ورعاية الأمومة والطفولة، والشؤون الاجتماعية، ونحو ذلك [2].

ولا خلاف بين بعض الفقهاء من تولي أهل الذمة هذه الوزارة، وفي هذا نظر عند الإمام الجويني، والفرق بين الوزارتين:

1- يشترط في وزارة التنفيذ: الإسلام، والحرية، والعلم بالأحكام الشرعية، والمعرفة بأمور الجهاد والخراج، ولا يعتبر ذلك في وزارة التنفيذ.

2- يجوز لوزير التفويض مباشرة الحكم، والنظر في المظالم، وتعيين الولاة، وتسيير الجيوش، وفرض الضرائب أو إسقاطها، وليس ذلك لوزير التنفيذ [4].

_____

(1) د. حمد الكبيسي: رأي الإسلام في إشراك المرأة في مؤسسات الشورى، مرجع سابق، ص 40- 41.

(2) المرجع السابق: ص 42

* أورد الدكتور عبد المنعم ماجد في كتابه تاريخ الحضارة الإسلامية في العصور الوسطى، ص 33 ما نصه: تدعى وزارة التفويض وزارة السيف، ووزارة التنفيذ وزارة القلم.

(4) أبو يعلى الفراء: الأحكام السلطانية، مصدر سابق، ص 16، والماوردي: الأحكام السلطانية، الباب (الثاني في تقليد الوزارة) ص 42- 44.

وتجدر الإشارة هنا إلى أن كل ما صح من الإمام صح من وزير التفويض إلا ثلاثة أشياء:

1- ولاية العهد، فإن للإمام أن يعهد إلى من يرى، وليس ذلك للوزير.

2- للإمام أن يستعفي الأمة من الإمامة، وليس ذلك للوزير.

3- للإمام أن يعزل من قلّده الوزير، وليس للوزير أن يعزل من قلده الإمام.

وما سوى هذه الثلاثة فحكم التفويض إليه يقتضي جواز فعله وصحة نفوذه [1]، مع وجوب إطلاع الخليفة على أعماله من تدبير وتقليد؛ منعاً للاستبداد في السلطة.

ويلاحظ أن صلاحيات وزير التفويض كانت دائماً تراوح بين مدٍ وجزرٍ تبعاً لشخصية الخليفة من قوةٍ أو ضعف، ويعد آل برمك وآل سهل وآل الربيع أشهر من تقلد هذا المنصب في العصر العباسي الأول.

ولا يفوتنا أن نذكر أن الوزارة في الأندلس في عصر دولة بني أمية كانت مشتركة في جماعة يعينهم الخليفة للإعانة والمشاورة، ويخصهم بالمجالسة، وفي عهد الأمير عبد الرحمن الأوسط تطورت الوزارة وحصرت اختصاصات كل واحد منهم، ويؤكد ابن خلدون في المقدمة على ذلك بقوله في ص 239 – 240: [أبقوا على اسم الوزير في مدلول أول الدولة، ثم قسموا خطته أصنافاً، وأفردوا لكل صنف وزيراً، فجعلوا للمال وزيراً، وللترسيل وزيراً، وللنظر في حوائج المتظلمين وزيراً وللنظر في أحوال الثغور وزيراً، وجعل لهم بيت يجلسون فيه وينفذون أمر السلطان كلٌّ فيما جعل له].

---

(1) الماوردي: الأحكام السلطانية، ص 43.

رابعاً: التنظيم الإداري في الحضارة العربية الإسلامية

سنتناول في هذا البند دراسة النظم الإدارية الآتية:

- نظام الإمارة أو الولاية.
- نظام الدواوين.
- نظام القضاء.

1. التنظيم الإداري للأقاليم- نظام الإمارة أو الولاية

يراد بمصطلح الإمارة تعيين العمال والولاة [1] على أمصار الدولة النائية عـن حاضرة الخلافة، ليسهل تنظيم أمورها وإدارة شؤونها العامة والخاصة.

وقد قسم الماوردي في الأحكام السلطانية في الباب الثالث بعنـوان [في تقليـد الإمارة على البلاد] ص51- ص 57.

الإمارة على البلدان إلى ضربين عامة وخاصة، وقسم الإمارة العامة إلى نوعين هما:

1- إمارة استكفاء، وفيها يفوض الخليفة إمارة بلد أو إقليم إلى رجل برضاه واختياره، كأن يقول له الخليفة: قد أقررتك أو قلـدتك على ولاية كـذا إمارة على أهلهـا، وتنحصر مهام صاحب الإمارة في سبعة أمور هي:

- النظر في تدبير الجيوش وما تحتـاج إليه مـن تـدريب وتسـليح وأرزاق وأعطيات ونحو ذلك.

---

(1) العمال: جمع عامل، وصاحبه ليس له مطلق التصرف في شؤون الولاية، أما الوالي فقد لكون مطلق التصرف في شؤون الولاية حسب شخصية الخليفة، مما أدى إلى تسلط بعضهم وتوسع نفوذهم عند ضعف حاضرة الخلافة في دمشق أو بغداد، مما مكن العناصر المغامرة منهم للسلطة للانفصال عن جسم الدولة وعندئذ قد يلقب بالأمير أو السلطان.

- النظر في الأحكام وتقليد القضاة والحكام.

- جباية الخراج وقبض الصدقات وتقليد العمال فيها.

- حماية الدين.

- إقامة الحدود في حق الله وحقوق الآدميين.

- الإمامة في الجمع والجماعات حتى يؤم بها أو يستخلص عنها.

- تسيير الحجيج وتأمين الحماية لهم.

وإذا كان هذا الإقليم ثغراً متاحاً للعدو فمن واجب أمير الاستكفاء جهاد من يليه من الأعداء والأشراف على توزيع الغنائم على المقاتلة (المقاتلين).

وقد يجوز تقليد أمير الاستكفاء عن طريق وزير التفويض من خلال إذن الخليفة وأمره، وبموت الوزير الذي قلده يعزل عن إمارة الإقليم أو الولاية إذا ارتأى الوزير الجديد ذلك، لأن تقليد الوزير نيابة عن نفسه، في حين تقليد الخليفة نيابة عن المسلمين كافة، وأورد قدامة بن جعفر في كتابه الخراج وصناعة الكتابة ص182-ص184 عدد الأقاليم في عهد المعتصم ب الله على سبيل المثال اثنين وأربعين إقليماً.

إلا أن هذه الأقاليم لم يكن كل منها ولاية، فبعض الولايات كانت تتألف من عدة أقاليم، وجملة القول، إن الولاية كانت الوحدة الإدارية الرئيسة، والإقليم وحدة إدارة ثانوية، كما كانت بعض الأقاليم تدمج بغيرها للضرورة.

2- إمارة الاستيلاء، وتعقد عن اضطرار رغم عدم رضى الخليفة وموافقته الاختيارية، نظراً لدهاء ومكر وقوة الوالي أو الأمير المستقل وضعف الخليفة في حاضرة الخلافة، فيفوض لها تدبير سياستها وإدارة شؤونها العامة والخاصة، ويترك للخليفة أو الإمام الدعوة له على المنابر في صلاة الجمعة والأعياد.

وهي صورة مصغرة عن الخلافة. ويلقب صاحب إمارة الاستيلاء بالوالي أو الأمير أو السلطان أو الباشا وغير ذلك.

وقد أشرنا آنفاً، أن جمهور المسلمين المتمسك بشرط القرشية أجازوا خلافة المستغلب، بهدف تحقيق المصلحة المؤقتة حقناً للدماء وحسماً للفتنة للضرورة من باب المصلحة العامة لدرء المفسدة كأخف الضررين، وينسحب هذا أيضاً على إمارة الاستيلاء، والتي في ظاهرها شكلاً من أشكال الخلافة القهرية بصورتها المصغرة، مع اختلاف لقب الحاكم هنا عن لقب صاحب الخلافة القهرية الذي يلقب بالخليفة أو الإمام.

والإمارة أحد أقاليم أو ولايات دولة الخلافة استقلت عن حاضرة الخلافة بعد أن آنس الوالي من الخليفة ضعفاً فجمع أهل الإقليم على ولائه واستقل بإمارته فأقره الخليفة عليها لضعفه، ويكون الأمير باستيلائه مستبداً بالسياسة والتدبير، ومن أشهر إمارات الاستيلاء في العصر العباسي: الدولة الحمدانية في الموصل وحلب، والإخشيدية في مصر، والبويهية في فارس، والغزونية في الأفغان والهند وغيرها.

أما الضرب الثاني من الإمارة على البلدان أو الأقاليم أو الأمصار فهي [الإمارة الخاصة] ويكون صاحبها مقصور الإمارة على تدبير الجيش وسياسة الرعية وحماية البيضة والذب عن الحريم، وليس له أن يتعرض للقضاء والأحكام ولجباية الخراج عن خصوص إمارته، ولها موظفون مختصون يعينون من قبل الخليفة مباشرة.(1)

---

(1) للمزيد: أنظر، ابن خلدون، المقدمة، مصدر سابق ص98.

2. نشأة الدواوين

بعد أن اتسعت الفتوحات الإسلامية شرقاً وغرباً، تعرف العرب على شعوب متحضرة لهم من معارف العلوم والنظم الحضارية ما كانوا ينشدونه، فأفادوا منها وكان في مقدمتها الدواوين.

وللغويين والباحثين في أصل كلمة الديوان قولان:

قيل: أنه عربي ومعناه الأصل الذي يرجع إليه ويعمل بجانبه، ومما يعضد هذا الرأي قول أبن عباس: إذا سألتموني عن شيء من غريب القرآن فالتمسوه في الشعر، فإن الشعر ديوان العرب، ويقول سيبوبه إن الكلمة عربية إذ يقال دوّنه بمعني أثبته.

وقيل أن الكلمة فارسية معربة بمعنى السجل أو الدفتر.

وربما كان لها صلة بكلمة (دبير) بمعنى الكاتب أو لكلمة (دب) الآشورية بمعنى سجلات الحساب العامة [1].

وفي لسان العرب 16/13 مادة ديوان هو الدفتر الذي يكتب فيه أسماء الجيش وأهل العطاء.

وفي المغرب تدل الكلمة على بناء كبير تجب فيه المكوس، كما تطلق على مكان نزول الغرباء، وفي الأدب تستعمل الكلمة في اللغات العربية والتركية والفارسية لتدل على مجموعة القصائد التي يكتبها شاعر من الشعراء، وفي الموسيقى استعمل اللفظ اصطلاحاً للدلالة على ترتيب طبقات النغم الثماني المتجانسة [2].

---

(1) الموسوعة العربية الميسرة، مصدر سابق، 84/1.

(2) المصدر السابق، 84/1.

وقد عرف الماوردي في كتابه الأحكام السلطانية الباب الثامن عشر الديوان بأنه: [موضوع لحفظ ما يتعلق بحقوق السلطنة من الأعمال والأموال ومن يقوم بها من الجيوش والعمال، وفي تسميته ديواناً وجهان:

أحدهما أن كسرى اضطلع ذات يوم على كُتّاب ديوانه فرآهم يحسبون مع أنفسهم في الهواء كحركات المجانين فقال ديوانه أي مجانين.

والثاني أن الديوان بالفارسية اسم الشياطين، فسمي الكتاب باسمهم لحذقهم بالأمور، فسُميَ مكان جلوسهم باسمهم فقيل ديوان] ا.هـ

ثم نراه يقول في موضع آخر:

[وأول من وضع الديوان في الإسلام عمر بن الخطاب، واختلف الناس في سبب وضعه له، فقال قوم سببه أن أبا هريرة قدم عليه بمال من البحرين فقال له عمر ماذا جئت به؟ فقال خمسمائة ألف درهم فاستكثره عمر فصعد المنبر فحمد الله وأثنى عليه ثم قال: أيها الناس قد جاءنا مال كثيرا، فإن شئتم كلنا لكم كيلاً وإن شئتم عددنا لكم عدا، وقام إليه رجل فقال يا أمير المؤمنين قد رأيت الأعاجم يدونون ديواناً لهم فدون أنت لنا ديواناً]. ا.هـ

وقيل في رواية أخرى أن الهرمزان قد أشار على عمر باستخدام الديوان على خلفية قصة وقعت أمامه، ولم يزل به عمر بن الخطاب مستفسراً عن ماهية الديوان حتى وافقه الرأي[1].

وقيل في رواية ثالثة: أن خالد بن الوليد أشار إلى عمر بن الخطاب تدوين الأموال التي جاء بها أبو هريرة من بلاد البحرين إذ قال رأيت ملوك الشام يدونون المال، فقبل منه عمر، وبهذا أشير عليه أن يجعل ديواناً ففعل.

(1) المصدر السابق، 1/ 307.

وقيل في راوية رابعة أن الوليد بن هشام بن المغيرة قال عندما سمع من عمر بن الخطاب وهو على المنبر ما جاء به أبو هريرة من أموال قام فقال: يا أمير المؤمنين قد جئت الشام فرأيت ملوكها جندوا جنداً فدّون ديواناً فأخذ عمر بقوله وأمر بتدوين الدواوين[1].

ولعل هذه الرواية هي الأولى بالصواب.

وقيل في راوية خامسة: أن أبا سفيان قال لعمر بن الخطاب (ديوان مثل ديوان بني الأصفر) ويراد بهم الروم.

وتجمع المصادر العربية على أن عمر بن الخطاب كان أول من دوّن الديوان من العرب، وكانت الدوافع التي حملته لذلك:

-   كثرة الأموال الواردة من البلاد المفتوحة والرغبة في توزيعها.

-   رغبته في أن يجعل من العرب أمة عسكرية فأراد أن يحفظ لها سجلاً بأسماء المحاربين وأعطياتهم.

فأنشأ بذلك ديوان الجند وكان يطلق عليه في حينه (الديوان) سنة 15 هـ وقيل سنة 20هـ و أعقبه ديوان بيت المال لمعرفة ما يرد إلى بيت المال وما يفترض لكل مسلم من العطاء حتى الأطفال منهم، وهذه سابقة غير معروفة في

---

(1) للمزيد حول هذا الموضوع أنظر المصادر الآتية:

-   الماوردي: الأحكام السلطانية الباب الثامن عشر في وضع الديوان وذكر أحكامه.
-   ابن خلدون: المقدمة، ديوان الأعمال والجبايات، ص 243-246.
-   المقريزي: الخطط، 169/1.
-   تاريخ الطبري: 209/4، 210.
-   الجهشياري: الوزراء والكتاب، ص 17.
-   أبو يوسف: الخراج، ص 15-26.
-   ابن تيمية: السياسة الشرعية، ص 42.
-   ابن طباطبا، الفخري في الآداب السلطانية، ص 59-60 و ص 260.
-   تاريخ أبي الفداء: 160/1.

التاريخ الإنساني تحسب للخليفة وأمير المؤمنين عمر بن الخطاب، وكان يودع في بيت المال الأموال الواردة من الصدقات والغنائم والجزية والخراج [1].

ومن اللافت للنظر مساواة أبي بكر بين المسلمين في العطاء، في حين ذهب عمر بن الخطاب إلى تخفيضها لأهل القدم والسبق في الإسلام ولأهل المدينة وأهل المقاتلة، وكان دائم القول: لا أجعل من قاتل رسول الله صلى الله عليه وسلم كمن قاتل معه.

وقد اقتفى عثمان بن عفان أثر عمر بن الخطاب في ذلك، في حين عدل عنها الخليفة علي بن أبي طالب متبعاً طريقة أبي بكر بمبدأ المساواة في العطاء.

وقد بدأت الدواوين بسيطة كما في عهد عمر بن الخطاب وبمرور الزمن، تعددت وتطورت وتفرعت حسب مقتضيات الحال والضرورة، نظراً لظروف الزمان والمكان ومتطلبات الحياة الجديدة.

وتأسيساً على ذلك، اختلفت مسميات الدواوين وتعددت ألوانها وأهدافها تبعاً للظروف والأحوال من خلافة لأخرى.

وكانت الدواوين في أول أمرها تقسم إلى قسمين:

الدواوين المركزية وهي التي أنشأها العرب بلغتهم العربية، والدواوين المحلية في حواضر الولايات والأجناد التي تم تحريرها في بلاد فارس والعراق والشام ومصر، فقد كتبت بلغات القوم المحلية قبل الإسلام كالفارسية في العراق وبلاد فارس، والرومية في بلاد الشام والقبطية في مصر [2]، ولم تزل على

---

(1) د. عبد العزيز الدوري: النظم الإسلامية، بيت الحكمة، بغداد، 1988، ص ص 129-130.

(2) الماردوي: الأحكام السلطانية، ص 309-310.

سيرتها هذه حتى عربت في عهد الخليفة عبد الملك بن مروان. وأتم الوليد بن عبد الملك تعريب باقي الدواوين في الأقاليم الإسلامية [1].

وفيما يلي أهم الدواوين في العهد الأموي:

1- ديوان الجند وفيه يحفظ أسماء الجند وأعطياتهم وأرزاقهم وحرباتهم، وقد وضع أسسه أمير المؤمنين عمر بن الخطاب، ومن مهامه تدوين أسماء المقاتلة من العرب والموالي وكل ما يختص بهم.

وقد اشترط أن يكون صاحب هذا الديوان خبيراً بشؤون الحرب والمقاتلة ومراتب الرجال ومواقعهم في الدولة.

2- ديوان الخراج: ويتولى تنظيم الخراج وجبايته، والنظر في مشاكله، وهو يشبه اليوم ديوان وزارة المالية، كما يتولى تسجيل ما يرده من أموال وما يخرج منه [2].

وفيه بيان بأحوال البلدان، وكيفية فتحها عنوة أو صلحاً، وما استقر عليه حكم أرضها من عشر أو خراج، كالمقاسمة على الزرع أو رزق مقدر على خراجه [3].

3- ديوان الرسائل: ويقوم بمراسلات الخليفة مع عماله في الولايات ومع ملوك الدول الأخرى والعمال مهما نأت بهم الديار وتباعدت بهم الأمصار، ومن مهامه الإشراف على ما يرد منهم من رسائل.

ويعود في نشأته إلى عبد الملك بن مروان، ومن مهامه التنسيق مع الدواوين الأخرى فيما يخص من مراسلات الخليفة.

---

(1) أحمد بن علي القلقشندي: صبح الأعشى في صناعة الإنشا، دار الكتب العلمية، الطبعة الأولى، بيروت 1987،1/482، والإمام أبو الحسن البلاذري: فتوح البلدان، دار الكتب العلمية، بيروت 1983، ص 298.

(2) المارودي: الأحكام السلطانية، مصدر سابق، الباب الثامن عشر، ص 317.

(3) د. أبو زيد الشلبي: تاريخ الحضارة الإسلامية والفكر الإسلامي، مرجع سابق، ص 111.

4- ديوان الخاتم: ويعود الفضل في استحداثه إلى معاوية بن أبي سفيان، على أثر اكتشافه لتزوير وقع في أحدى رسائله إلى عامله في العراق زياد بن أبيه أمره فيها بإعطاء حاملها مائة ألف درهم، فحول المبلغ من 100000 إلى 200000، مما استوجب أن تختم النسخة الأصلية بالشمع مع الاحتفاظ بنسخة أخرى منها للمطابقة والمقارنة[(1)] .

5- ديوان البريد: ومهمته نقل الرسائل من حاضرة الخلافة إلى الولايات والأجناد كافة، ومن مهامه أيضاً نقل الوفود وتبادل الرسائل مع الدول المحيطة التي ترتبط بعلاقات مع الدولة الأموية، وكانت محطات البريد تشحن بالمقاتلين لحماية الطرق في أوقات الحروب، وصاحب البريد يقوم حالياً مقام مدير المخابرات العسكرية له عيون يوافونه بكل حدث طارئ، وقد اعتمد هذا الديوان على الحمام الزاجل والخيل والإبل والسفن البحرية، حسب تضاريس المنطقة المرسلة إليها كتب البريد، واستخدموا النار لنقل الرسائل والأخبار.

ومن مهمات صاحب البريد تقديم المعلومات للخليفة عن العدو، ونقاط ضعفه وقوته، وتخطيط حصونه، كما فرض رقابة محكمة على الأجانب الذي ينزلون حواضر الدولة[(2)] .

6- ديوان الطراز ومهمته استحداث معامل الغزل والنسيج التي تنسج الملابس والشارات والأعلام الرسمية وما تحتاج إليه من تطريز. وعرف في عهد الخليفة هشام بن عبد الملك.

7- ديوان الصدقات ومهمته النظر في موارد الزكاة والصدقات وفي توزيعها على مستحقيها حسب القرآن والسنة، وعرف في عهد الخليفة هشام بن عبد الملك.

---

(1) د.عبد العزيز الدوري: النظم الإسلامية، مرجع سابق، ص 147.

(2) د. توفيق سلطان اليوزبكي: دراسات في النظم الإسلامية مرجع سابق، ص ص 117-118.

8- ديوان النفقات ومن أهم مسؤولياته صرف ما ينفق على إدارات الدولة المختلفة.

9- ديوان المستغلات وكان يختص بإدارة بعض أملاك الدولة غير المنقولة من عقارات وحوانيت وأراضٍ وغير ذلك.

وفي العصر العباسي ظهرت دواوين جديدة لسد حاجات الدولة بعد نموها وتطورها، كما طمست دواوين أخرى بعد زوال السبب الذي دعا إلى إيجادها، وقد بدا تأثر هذه الدواوين بالنظم الإدارية الفارسية جلياً وواضحاً وخولوا الوزير سلطة الإشراف عليها ثم استحدث لاحقاً منصب الوزارة.

وفيما يلي أهم الدواوين في العصر العباسي:

1- ديوان الزمام وقد استحدث في عهد الخليفة المهدي (158-168هـ) وهو همزة الوصل الرابطة للدواوين كافة[1]، ويهدف إلى متابعة سير العمل في الدواوين وضبطها وتنظيمها وتدقيق أعمالها المالية وهو أشبه بديوان المحاسبة أو الرقابة المالية، في العديد من الدول.

ثم تطور لاحقاً إلى ديوان زمام الأزمة، ويقصد بديوان زمام الأزمة أو الزمام، جمع الدواوين كافة لرجل يضبطها بزمام يكون قراره نافذ الأمر على كل ديوان.

2- ديوان النظر في المظالم أنشأه المهدي للنظر في شكوى الرعية من الولاة، لحمايتها من جورهم، وهو ديوان يهدف إلى وقف تعدي أصحاب الجاه والنفوذ على الرعية[2].

---

(1) الجهشياري: الوزراء والكتاب، مصدر سابق، ص 146.

(2) د. توفيق سلطان اليوزبكي: دراسات في النظم العربية الإسلامية، مرجع سابق، ص 124.

3- ديوان الموالي والغلمان، أنشأه المعتصم الذي أكثر من شراء الموالي الأتراك، وضمهم إلى جيشه ليتحرر من نفوذ الفرس، وتولى هذا الديوان النظر في شؤونهم المختلفة، وكان على أيديهم فتح عمورية، عندما تناهي إلى سمع الخليفة المعتصم ب الله صرخة المرأة المسلمة واعتصماه.

4- ديوان الأكرية أو الأكرهة ويشرف على تشييد القنوات والترع والجسور وشؤون الري.

5- ديوان الصوافي أنشأه هارون الرشيد، ومهمته النظر في أمور الأراضي المملوكة للدولة، وهو أشبه بدائرة الأملاك العامة اليوم، ومن مهامه البيع والشراء والتأجير والاستئجار ونحو ذلك.

6- ديوان المصادرة أنشأه الخليفة أبو جعفر المنصور، وغايته مصادرة أموال بني أمية، وقد أصبحت لهذا الديوان لاحقاً أهمية خاصة في عهد المعتصم ب الله وأبنية الواثق ب الله والمتوكل على الله وفي أيام المعتمد على الله، لكثرة ما صودر من أموال الوزراء والكتاب والقضاة[1] والحجاب والعمال المتهمين بالرشوة.

7- ديوان المواريث أنشأه الخليفة المعتمد على الله، بعد أن فرضت ضريبة المواريث، وبفرض هذه الضريبة اعتبرت تركة من لا وارث له إيراداً لبيت المال، ويظهر إن إنشاء هذه الضريبة جاء نتيجة لما أصاب بيت المال من إرهاق بسبب الفتن والفوضى والحروب الداخلية، وألغيت في عهد المعتضد ب الله سنة 283هـ[2].

8- ديوان الجهبذة أنشأه المأمون ويظهر أنه كان شعبة من بيت مال المسلمين، مهمته تدقيق حسابات بيت مال المسلمين وتدقيق نوعية موارده[3].

---

(1) أحمد عبد الباقي: معالم الحضارة العربية في القرن الثالث الهجري، مركز دراسات الوحدة العربية، الطبعة الأولى، بيروت 1991، ص 21.

(2) المرجع السابق، ص21 نقلاً عن تاريخ الطبري 14/10، وأبو الحسن هلال بن المحسن الصابئي:تحفة الأمراء في تاريخ الوزراء،تحقيق عبد الستار أحمد فراج، دار إحياء الكتب العربية، القاهرة(د.ت) 207.

(3) د. عبد العزيز الدوري: النظم الإسلامية، مرجع سابق، ص 151.

وهناك دواوين أخرى منها ديوان الأحداث والشرطة، وديوان المقاضاة وديوان الدية، وديوان النفقات الذي اختص بمطالبات البلاط في المأكل والملبس والمشرب وترميم القصور، وديوان العزيز وهو خاص بمجلس الخليفة، وديوان الضياع ومهمته إدارة ضياع الخليفة الخاصة وأسرته.

الوحدة الثالثة

النظام القضائي
في الحضارة العربية الإسلامية

أولاً: القضاء لغة

ثانياً: القضاء اصطلاحاً

رابعاً: تطور القضاء

ثالثاً: حكم القضاء

خامساً: من مظاهر تطور القضاء

سادساً: أنواع القضاء

الوحدة الثالثة

النظام القضائي في الحضارة العربية الإسلامية

سوف نتطرق في هذه الوحدة إلى القضاء لغةً واصطلاحاً، وحكم القضاء ومظاهر تطوره وأنواعه على النحو الآتي:

أولاً: القضاء لغة

القضاء في اللغة: مصدر وفعله قضىء واشتقاقات هذه الكلمة في المعاجم اللغوية تحتمل المعاني الآتية:

أ- قضى حاجته ونال مراده لقوله تعالى في سورة الأحزاب آية 37 (فَلَمَّا قَضَى زَيْدٌ مِنْهَا وَطَرًا).

ب- مات وانقطع: لقوله تعالى في سورة الأحزاب: آية 23: (فَمِنْهُمْ مَنْ قَضَى نَحْبَهُ وَمِنْهُمْ مَنْ يَنْتَظِرُ).

ج- الأمر والواجب: لقوله تعالى في سورة الإسراء: آية 23: (وَقَضَى رَبُّكَ أَلَّا تَعْبُدُوا إِلَّا إِيَّاهُ وَبِالْوَالِدَيْنِ إِحْسَانًا).

د- الإرادة: لقوله تعالى في سورة آل عمران: آية 47: (إِذَا قَضَى أَمْرًا فَإِنَّمَا يَقُولُ لَهُ كُنْ فَيَكُونُ) .

ه- الحكم: لقوله تعالى في سورة طه آية 72: (فَاقْضِ مَا أَنْتَ قَاضٍ).

و- الخلق وأحكام الشيء: لقوله تعالى في سورة فصلت آية 12: (فَقَضَاهُنَّ سَبْعَ سَمَوَاتٍ فِي يَوْمَيْنِ).

ز- الفعل والأداء: قضى مناسكه أداها وقضى دينه أداه لقوله تعالى في سورة الجمعة آية 10: (فَإِذَا قُضِيَتِ الصَّلَاةُ)، وقوله تعال في سورة البقرة آية 200: (فَإِذَا قَضَيْتُمْ مَنَاسِكَكُمْ).

ح- نهاية الأمر والفراغ منه لقوله تعالى في سورة يوسف آية 41: (قُضِيَ الْأَمْرُ الَّذِي فِيهِ تَسْتَفْتِيَانِ).

ط-قضى أليه انتهى إليه أمره وأمضاه لقوله تعالى في سورة الإسراء آية 4: (وَقَضَيْنَا إِلَى بَنِي إِسْرَائِيلَ فِي الْكِتَابِ لَتُفْسِدُنَّ فِي الْأَرْضِ).

ي- ويقال في اللغة أيضاً: قَّضَى قَضْياً، وقَضَاءً، وقَضيَّة بمعنى حكم وفصل، ويقال: قضى بين الخصمين عليه، وقضى له وقضى بكذا فهو قاضٍ والجمع قضاة، والقاضي القاطع للأمور المحكم لها، وقاضاه مقاضاة: حاكمه، واقتضى الدين طلبه [(1)].

ثانياً: القضاء اصطلاحاً

وللقضاء في اصطلاح الفقهاء تعاريف عديدة، تدور كلها حول الفصل بين الناس في الخصومات، لتبيين الحكم الشرعي والالتزام به بين الناس بالحق حسماً للتداعي وقطعاً للنزاع [(2)].

فوجه العلاقة بين القضاء والإفتاء أن الأولى تنفيذ الحكم الشرعي على وجه الإلزام، في حين الإفتاء تقتصر على بيان الحكم دون الالتزام بتنفيذه، وحكم القاضي ملزم وفتوى العالم عامة غير ملزمة.

---

(1) ابن منظور، لسان العرب، مصدر سابق، 46/2 و50، والمعجم الوسيط، مصدر سابق، 742/2-743، وللمزيد انظر تفسير القرطبي 237/10.

(2) ابن خلدون المقدمة: مصدر سابق: الفصل الحادي والثلاثون، ص 218-224.

ثالثاً: حكم القضاء

القضاء فرض كفاية إذا قام به البعض سقط الإثم عن الجميع.

وقد وردت في القرآن الكريم آيات عديدة تدل على مشروعية القضاء، كقوله تعالى في سورة النساء:أية 65:(فَلَا وَرَبِّكَ لَا يُؤْمِنُونَ حَتَّى يُحَكِّمُوكَ فِيمَا شَجَرَ بَيْنَهُمْ ثُمَّ لَا يَجِدُوا فِي أَنفُسِهِمْ حَرَجًا مِمَّا قَضَيْتَ وَيُسَلِّمُوا تَسْلِيمًا(65)). وقوله تعالى في سورة المائدة آية 49: (وَأَنِ احْكُمْ بَيْنَهُمْ بِمَا أَنزَلَ اللَّهُ). وقوله تعالى في سورة ص آية26:(يَا دَاوُودُ إِنَّا جَعَلْنَاكَ خَلِيفَةً فِي الْأَرْضِ فَاحْكُمْ بَيْنَ النَّاسِ بِالْحَقِّ وَلَا تَتَّبِعِ الْهَوَى فَيُضِلَّكَ).

ومن مشروعية القضاء في السنة النبوية قوله صلى الله عليه وسلم: [القضاة ثلاثة: واحد في الجنة واثنان في النار فأما الذي في الجنة فرجل عرف الحق وقضى به، ورجل عرف الحق وجار في الحكم فهو في النار، ورجل قضى للناس على جهل فهو في النار] رواه أبو داود وابن ماجة والترمذي والحاكم.

وقوله **صلى الله عليه و سلم**: [إذا حكم الحكم فاجتهد فأصاب فله أجران وإذا حكم فاجتهد فأخطأ له اجر] رواه البخاري ومسلم.

كما أوثر عنه صلى الله عليه وسلم أنه كان ينيب بعض الصحابة للفصل بن المتخاصمين قي الولايات والأمصار البعيدة.

وكان **صلى الله عليه و سلم** حريصاً على تعليم الصحابة أصول الدعوى وأساليب التظلم مصدقاً للحديث الشريف: [البينة على من ادعى واليمين على من أنكر] رواه البهيقي.

وكان يحرص على تعلم أدب القضاء، وآية ذلك ما قاله لعلي بن أبي طالب: وإذا جلس بين يديك الخصمان فلا تقضي حتى تسمع من الآخر كما سمعت من الأول.

والقضاء منصب عظيم الخطر وهو من أفضل القربات والطاعات عند الله، لما فيه من جليل الجهاد ودفع الظلم عن المظلوم وإيصال الحق إلى مستحقه ودفع الظلم.

فطباع الناس مجبولة على التظالم محمولة على دواعي الهوى، وأمر الناس لا يستقيم بدونه، لما يحدث منهم جراء التعامل في مناشط الحياة المختلفة من احتكاك قد يفضي إلى التنازع والتخاصم، فإذا تركوا وشأنهم دب الفساد بينهم وشاعت الفوضى، ومن هنا عني الإسلام بالقضاء لرده الظالم عن ظلمه والانتصاف للضعيف من القوي المتجبر، وما لا يتم الواجب إلا به فهو واجب وهذا ما تطمئن إليه النفس ويرجحه العقل.

رابعاً: تطور القضاء

لقد مر القضاء عند العرب والمسلمين في أطوار مختلفة وحالات متجددة، اكتسب بها كل طور خلقا من أحوال زمانه وبيئته وأعرافه وتقاليده وقيمه الدينية والاجتماعية، والناظر في تاريخ القضاء يرى أنه لم يكن لدى العرب في الجاهلية، نظام محكم للقضاء لسذاجة بداوتهم، فقد كانوا على الدوام بدواً رحلاً متفرقين متعادين متنافرين لم يضمهم وحدة شاملة ولا ملك قوي.

ومع افتقارهم إلى تقاليد حضرية في نظم القضاء، إلا أنهم كانوا على جانب يسير من الدرُبة المتواضعة ببعض جوانب هذا الفن ونظمه.

وقد عرفوا ثلاثة أنواع من القضاء تتمثل في:

أ- شيخ القبيلة الذي حل في سلطته محل الحكومة المركزية في تنظيم شؤونها الخاصة والعامة، وكان يفصل في الخصومات بموجب العرف والعادة التي كانت بمثابة القانون في أيامنا هذه، وقد كانت قرارات شيخ القبيلة ملزمة.

ب- الاحتكام إلى الكهان والعرافين ولم تكن قراراتهم ملزمة لأحد إلا بتراضي الخصوم، وعلى خليفة هذا لجأ بعض الكهان للحصول على موافقة أولية من الخصوم لتنفيذ الحكم قبل النظر فيه، كي لا تذهب محاولاته للفصل أدراج الرياح.

ت- التعاهد على دفع الظلم، وآية ذلك حلف الفضول الذي شهده الرسول صلى الله عليه وسلم في أول حياته وأثنى عليه فيما بعد، وكان يهدف إلى ردع الظلم ونصرة المظلوم.

وكان يتولى هذه المهمة أبرز رجال القبيلة، ممن عرفوا بحسن التدبير وكمال الرأي وقوة الحجة والحنكة والحزم وتمام العقل والفطنة.

وسمي من يمارس هذا العمل بالحكام، لأن كلمة القاضي لم تكن معروفة آنذاك، وسمي القاضي حاكماً لأنه يمضي الأحكام القاطعة للأمور المحكم لها.

وفي عهد النبوة صار رسول الله **صلى الله عليه و سلم** يفصل بين المتخاصمين لكونه أول قاضٍ في الإسلام، فما من شجارٍ أو خلاف إلا ورسول الله صلى الله عليه وسلم ينبري للفصل فيه متمثلاً لقوله تعالى: (فَاحْكُمْ بَيْنَهُمْ بِمَا أَنْزَلَ اللَّهُ وَلَا تَتَّبِعْ أَهْوَاءَهُمْ عَمَّا جَاءَكَ مِنَ الْحَقِّ).

ودليله **صلى الله عليه و سلم** على إثبات صحة المدعي تقديم البينة واليمين وشهادة الشهود والكتابة والفراسة ونحو ذلك، ولم يكن ليقطع بالحكم إلا بعد دراسة القضية بشكل

شامل، ويستمع من الثاني كما استمع من الأول، وكان من طبيعته الأناة والتثبت بالنظر في البيانات والحجج المقدمة له لتطبيق الحكم الشرعي.

وإذا انتهى إليه مشكل استظهر عليه بالمشاورة لفتح مغاليق أموره، فلم يكن أحد أكثر مشاورة من رسول الله صلى الله عليه وسلم.

وكان يؤثر عن النبي صلى الله عليه وسلم اختياره للقضاة مصدقاً لقوله تعالى: (إِنَّ خَيْرَ مَنِ اسْتَأْجَرْتَ الْقَوِيُّ الأَمِينُ).

وفي هذا حظر على تعيين أحد وفي المسلمين خير من المولى، خيانة لله ورسوله وللمؤمنين.

ولعل في رده على أبي ذر الغفاري حين سأله قائلاً: ألا تستعملني يا رسول الله خير شاهد على ذلك: فضرب بيده على منكب أبي ذر وقال صلى الله عليه وسلم: يا أبا ذر إنك ضعيف وأنها أمانه وإنها يوم القيامة خزي وندامة] رواه مسلم [(1)].

وهذا يدل بإشارة واضحة على ضرورة وضع الإنسان المناسب في المكان المناسب دون النظر إلى درجة القربى والعلاقات الاجتماعية ونحو ذلك، فلقد أوجب الإسلام على القضاة أن يقيموا العدل بين الناس دون النظر إلى أي اعتبارات دنيوية أخرى، وفي قوله صلى الله عليه وسلم [انصر أخاك ظالماً أو مظلوماً] ليس المراد منه أن يقف المرء مع أخيه أو قريبه على غيره سواء كان محقاً أو مبطلاً ظالماً أو مظلوماً، وإنما المراد منه إن كان مظلوماً ينصف من ظلمه، وإن كان ظالماً يردع عن ظلمه وفي هذا نصر له. وكان النبي صلى الله عليه وسلم كما تقدم ينيب عنه بعض الصحابة للنظر في الخصومات، ويعين لكل

(1) د. صبحي الصالح، النظم الإسلامية، مرجع سابق، ص 319.

منهم راتباً يكفيه من يعول وحرم عليهم أخذ الهدايا إذ كان يوصي قضاته ومن بينهم الأمراء والقواد قائلاً: ألا جلست في بيتك فتنظر أيهدى إليك أم لا.

وفي هذا إشارة على نزاهة القضاء وضرورة توفير الحياة الكريمة لئلا يطمع القاضي في أموال الناس، والناظر الحصيف المتتبع لتاريخ تطور القضاء يؤكد على مصداقية هذا التوجه الذي أمره النبي **صلى الله عليه و سلم**، فالنزاهة والشفافية والموضوعية قواعد تدل على جوهر القضاء في الإسلام، وقد اتفق سلف هذه الأمة وخلفها على وجوب المحافظة عليها.

كان رسول الله معلم المسلمين وقاضيهم الأول، وقد تتلمذ نفر من الصحابة على يديه، وممن نبغ منهم في القضاء علي بن أبي طالب، وعمر بن الخطاب وعبد الله بن عمر، وابن عباس، وعبد الله بن مسعود، وزيد بن ثابت وغيرهم.

وفي عهد الخلفاء الراشدين أضحى القضاء نسبياً في عداد الوظائف المستحدثة، وآية ذلك، قول عمر بن الخطاب لأبي بكر الصديق عندما تولى الخلافة بعد وفاة النبي صلى الله وسلم أنا أكفيك القضاء، فتولى القضاء دون أن يلقب بالقاضي، وعندما عهد إليه بالخلافة استقضى علي بن أبي طالب في المدينة، وأرسل القضاة إلى الولايات والأمصار المختلفة، وجعل عبء القضاء مستقلاً على سلطات الوالي لأهميته، وكان حريصاً على تعليم هؤلاء القضاة الاعتماد على كتاب الله وسنة رسوله والاجتهاد بالرأي فيما لم يرد فيه نص، ويؤثر عنه أيضاً أنه أول من وضع دستور القضاء في رسالته المشهورة إلى أبي موسى الأشعري، حين ولاه قضاء البصرة، فقد كتب إليه رسالة استقصى فيها شروط وآداب القضاء الجامعة.

وفي العهد الأموي كان القضاء يتمتع باستقلال لا بأس به، وكلمة القاضي نافذة إلى حد ما قياساً بالعهود اللاحقة، لم يكن متأثراً بالأهواء السياسة ولا التيارات المذهبية التي لم تكن قد ظهرت بعد، وفي عهد معاوية بن أبي سفيان

استوجب كتابة الأحكام وتدوين السجلات في كتب رسمية بعد أن كانت مشافهة قبل ذلك، ومبعث ذلك ازدياد المشاكل وتناكر الخصوم فاستدعى التوثيق لكف الخصوم عن التجاهد ومنع الظلمة عن التغالب والتجاذب، كما ورد في الأحكام السلطانية أن عمر بن عبد العزيز أول من ندب نفسه للنظر في المظالم، وروي على أنه طلب من أمرائه أن يمتنعوا من إيقاع عقوبة القتل بمن يستحقها إلا بعد عرض الأمر عليه والحصول على موافقته [1].

وفي العهد الأموي لم يجد بعض القضاة حرجاً في إصدار حكم ضد الولاة والأمراء والقادة.

وفي العصر العباسي أضحى أكثر تعقيداً نظراً لفوارق ومستجدات العصر وتطوره، ومقتضيات الأحوال والمذهب السائد.

وقد جعل أبو جعفر المنصور القضاء مركزياً وتبعه خلفاء بني العباس طوال العصر العباسي الأول.

ومن اللافت للنظر هنا تأثر القضاء بالأهواء السياسية والميول المذهبية، فلم يعد مستقلاً كما كان في سيرته الأولى، فامتنع كثير من الفقهاء عن تولي هذا المنصب، والناظر المتتبع لتطور القضاء يلحظ أنه بدأ بسيطاً في عهد النبوة والخلفاء الراشدين، يباشره القاضي في المسجد أو داره أو السوق وربما ركب راحلته وتجول حيث يطلب للقضاء وبمرور الزمن أصبح أكثر تعقيداً، ومن الأسيف القول: أن القضاء في بعض محطات العهد العباسي الثاني قد خرج عن شروطه الموضوعية كالشفافية، والنزاهة، والعدالة، مما ساعد على سقوط الدولة على أيدي التتار المغول سنة 656هـ على التراخي، بسبب الفساد والظلم والاستبداد.

---

(1) شوقي أبو خليل: الحضارة العربية الإسلامية، منشورات كلية الدعوة الإسلامية الطبعة الأولى، طرابلس - ليبيا، 1987، ص 172 و ص 183

خامساً: من مظاهر تطور القضاء

كان من مظاهر هذا التطور:

1- اتساع اختصاصات القاضي بمرور الزمن، ففي عهد الخلفاء الراشدين كان حكم القاضي قاصراً على فصل الخصومات المدنية، أما القصاص والحدود فكان يرجع إلى الخلفاء في حاضرة الخلافة والولاة في الولايات البعيدة، وفي العهد الأموي اتسعت اختصاصات القاضي، حتى نظر بعضهم في أمور السفهاء والمجانين والمحجور عليهم والأوقاف ونحو ذلك.

وفي العهد العباسي تعاظمت مشكلات الناس، وتنوعت اختصاصات القضاء وتشعبت، نظراً لتعدد المذاهب وتعدد ألوانه ومسمياته، وشيوع منازعات شملت مناحي الحياة المختلفة.

لأجل ذلك، استحدث منصب قاضي القضاة، وأول من تولى هذا المنصب أبو يوسف صاحب وتلميذ أبي حنيفة، ومن واجباته تعيين القضاة أو عزلهم في حاضرة الخلاقة والأمصار المختلفة، وهو الذي خص العلماء والقضاة بالملابس الخاصة التي تميزهم عن غيرهم في العصر العباسي.

كما اتسعت صلاحيات القاضي لتشمل النظر في المظالم والحسبة وقضاء الخصومات والإشراف على بيت المال وضرب النقود وقيادة الجند، وكانت هذه صلاحيات تراوح بين مد وجزر نظراً لهيبة الخليفة وقوته أو ضعفه.

2- وضع أصول وقواعد الفقه مما ساعد على نشأة المذاهب الفقهية الحالية.

والفقه لغة: العلم والفهم ويقال: فقه الطالب الدرس أذا فهمه.

أما في الاصطلاح: العلم بالأحكام الشرعية العملية المكتسب من أدلتها التفصيلية [1].

كان من نتاج امتداد الدولة العباسية واتساعها أن دخلت في الإسلام شعوب كان يعوزهم معرفة أحكام الإسلام.

كما ظهرت مستجدات كثيرة لا بد من معرفة حكم الشرع فيها، من الكتاب والسنة والاجتهاد، مما أدى إلى نشاط العلوم الإسلامية عامة وعلوم الفقه بوجه خاص، لذا أصبحت الدراسات الفقهية علماً مستقلاً له فقهاؤه ومؤلفاته الخاصة، وامتاز هؤلاء الفقهاء في استنباط الأحكام الشرعية العملية من أدلتها التفصيلية.

وكان لهؤلاء الفقهاء تلاميذ عملوا على نشر هذه الآراء الاجتهادية فترتب عليه ظهور المذاهب الفقهية الآتية:

1- المذهب الحنفي وينسب إلى النعمان بن ثابت المتوفى 150 هـ.

2- المذهب المالكي وينسب إلى مالك بن أنس المتوفى 179هـ.

3- المذهب الشافعي ويسب إلى محمد بن إدريس الشافعي المتوفى 204هـ.

4- المذهب الحنبلي وينسب إلى الإمام أحمد بن حنبل المتوفى 241هـ.

5- المذهب الزيدي وينسب إلى الإمام زيد بن علي بن الحسين بن علي بن أبي طالب المتوفى 122.

---

(1) محمد مصطفى شلبي، المدخل في التعريف بالفقه الإسلامي، دار النهضة العربية للطباعة والنشر، الطبعة الخامسة، 1995، بيروت، ص129.

6- المذهب الجعفري وينسب إلى الإمام جعفر الصادق بن محمد الباقر ويتصل نسبه لعلي بن أبي طالب المتوفى 148هـ.

7- المذهب الأباضي ونشأ على يد التابعي جابر بن زيد المتوفى 92هـ وله إتباع كثيرون من أشهرهم عبد الله بن أباض الذي عمل على نشر المذهب ونسب إليه.

إلى جانب هؤلاء ظهر كثير من الفقهاء المجتهدين ممن لم تنتشر مذاهبهم؛ فانقرضت بوفاتهم لقلة أتباعهم من التلاميذ وعدم رعاية الدولة لهم، ومن هذه المذاهب التي كانت سائدة ثم انقرضت نذكر منهم:

مذهب سفيان بن عيينة في مكة، والأوزاعي بالشام، والليث بن سعد في مصر وإسحاق بن راهوية بنيسابور، وسفيان الثوري، وداود الظاهري وابن جرير الطبري في العراق [1].

ومن هؤلاء كان يجتهد في حدود القرآن والسنة ولا يعدوهما، ومنهم من كان يجتهد بالرأي، ومنهم من كان يجتهد بالقياس أو المصلحة، وقد انعكست الانقسامات السياسية بشأن الخلافة على الفقه والتشريع، وأخذ أنصار كل فريق يتحفظ على الأحاديث والآراء الفقهية التي ينقلها رجالات الفريق الآخر من الصحابة، ومنهم من بنى اجتهاده على التوسع في القياس والاستحسان، أو قبول حديث الآحاد.

3- اهتمام الخلفاء العباسيين في العصر العباسي الأول بالفقهاء ورعايتهم لإنتاجهم الفقهي، فقد كان الخلفاء يقربون الفقهاء ويبتهجون بإنتاجهم الفقهي، ومن مظاهر ذلك ما فعله الرشيد، إذ طلب من أبي يوسف وضع تشريع مالي يفي بحاجة الدولة فاستجاب للطلب وألف كتاب الخراج [2]، الذي وضع الشروط

---

(1) د.رشدي محمد عليان، حضارة العراق،الجزء السابع، الفصل الثالث الفقه الإسلامي،بغداد،1985، ص168.

(2) المرجع السبق، ص 159.

الواجب توافرها في القضاة وعزلهم وتفقد أحوالهم وتصفح نزاهتهم وسؤال الثقات عنهم لضمان نزاهتهم.

ومما يؤسف له لاحقاً شيوع ظاهرة الركود والتقليد في منتصف القرن الهجري الرابع، حيث فترت همة الفقهاء عن الاجتهاد المطلق وعن الرجوع إلى مصادر التشريع مباشرة لاستنباط الأحكام منها، والتزموا إتباع ما استمده المجتهدون السابقون من أحكام وآراء، ورضوا أن يكونوا عالة على فقههم. وتناس رجال هذا العهد ما قاله أبو حنيفة في أسلافه: [هم رجال ونحن رجال]

وما قاله مالك: [ما من أحد إلا ويؤخذ قوله ويترك إلا رسول الله صلى الله عله وسلم].

وبهذا وقف التشريع وقصر عن مسايرة ما يجد من تطورات ومعاملات.

4- ترك لكل قاضٍ في أول الأمر حريته في الحكم بما يراه على مذهب أهل الإقليم، وبمرور الزمن أصبح في بعض الولايات عدة قضاة يمثلون المذاهب الإسلامية، حتى ينظر في كل قضية على مذهب الخصوم.

5- أصبح القاضي يجلس في دار القضاء يحيط نفسه بعدد من الموظفين لتسهيل مهمة القضاء، فكان يتخذ لنفسه كاتباً لتسجيل الأحكام وخازناً يحفظ الدعاوى، وأعواناً يرسلهم في إحضار الخصوم، وآخر ينظم أوقات حضور الخصوم وترجماناً إذا اقتضت الحاجة لترجمة أقوال غير الناطقين بالعربية من الأعاجم، إضافة إلى الشهود الدائمين ممن يستحيل تواطؤهم على الكذب، حيث كان يجلس مع القاضي أربعة شهود اثنان عن يمينه واثنان عن يساره، وكانت هناك قوانين وأعراف يتدارسها القاضي مع أعوانه قبل وأثناء وبعد جلسات القضاء.

6- كان يمنع على القاضي أن يقضي على أحد من الناس بينه وبين القاضي عداوة في قضية ما، وكانت الظلامات تقدم مكتوبة وتصدر الأحكام مكتوبة أيضاً.

7- تخصيص موظف خاص يعرف بصاحب المسائل مهمته السؤال والاستفسار عن الشهود، مهمته التنكر ليلاً لمعرفة ما يستجد من أحوالهم بسؤال معارفه وجيرانه جهراً أو سراً، ومبعث ذلك وضع حد لكثرة شهادة الزور وللقاضي أن يرد شهادة من لا يطمئن إليه، وله أن ينظر في تعديل الشهود وتجريحهم، ويحق للمدعي عليه أن يناقش في تعديل الشهود وتجريحهم، ويحق للمدعى عليه أن يناقش الشهود ويطعن في عدالتهم.

8- تقديم القضايا المرفوعة من النساء على القضايا المرفوعة من الرجال [1].

9- اشترط على القاضي أن يتعهد نفسه بتربيتها على الزهد وتقوى الله ولزوم طاعته والحذر من عصيانه ومخالفة أمره، وأن يتجنب كل ما يخرم مروءته ويسقط من هيبته في أعين الناس، ويتجنب المباهاة بالرذيلة والعجب بالنفس والتكبر، وعليه أن يتواضع للناس، ويسعى لصلاحهم وإصلاحهم، ينصر المظلوم ويزجر الظالم، ظاهر الأبهة وقور المشية والجلسة حسن النطق والصمت محترزاً في كلامه عن الفضول وما لا حاجة به [2].

10- عدم الحكم بالظن والتخمين من غير ورقة ولا اجتهاد ولا مشاورة أهل الرأي والاختصاص.

11- وجوب التفرغ للقضاء للحيلولة دون انشغال القاضي بعمل آخر كالتجارة، لأن تعامل الناس معه في الأسواق قد يدفعهم إلى التهاون معه ومحاباته.

---

(1) المرجع السابق، ص 68.
(2) المرجع السابق، ص 70.

سادساً: أنواع القضاء

لعل من أهم مظاهر تطور القضاء تعدد مسمياته وألوانه واختلاف خصوصيات جوهر كل قضاء عن الآخر، والناظر المتتبع لأنواع القضاء يحصرها بما هو آتٍ:

قضاء الخصومات، قضاء الحسبة، قضاء المظالم، وفيما يلي شرحها بإيجاز وبيان اختصاصاتها على النحو الآتي:

النوع الأول: قضاء الخصومات ويراد به الإخبار بالحكم الشرعي وتنفيذه بين الناس على وجه الإلزام، للفصل بينهم في المعاملات والعقود والعقوبات، ومن اختصاصات قاضي الخصومات:

- إقامة الحدود على مستحقيها وتوقيع العقوبات التعزيرية في الأمور التي لم يرد بشأنها نص.
- فصل النزاعات وقطع التشاجر والخصومات بين المتخاصمين.
- استيفاء الحقوق وردها إلى مستحقيها بعد ثبوت استحقاقها أقراراً أو بينة، وبهذا يتحقق الفصل بين المتخاصمين ورد الحقوق لأصحابها ونصرة المظلوم ورد الظالم عن ظلمة.
- النظر في كل ما يتعلق بأمور الأسرة كالزواج، وغير ذلك من قضايا الأنكحة والطلاق والنفقات والمواريث.
- النظر في الأوقاف بحفظ أصولها وتنمية فروعها والقبض عليها وصرفها في سبيلها.
- النظر في أموال المحجور عليهم من المجانين واليتامى وأهل السفه.
- قبض أموال الغرباء حتى يحضر الوارث الشرعي، وقبض اللقطة حتى تعرف، مما استوجب على قاضي الخصومات استحداث بيت مال القاضي لتوضع فيه هذه الأموال.

- تصفح الشهود وتعديل أهل الثقة منهم وتجريح من لا يوثق به [(1)].

النوع الثاني: قضاء الحسبة

الحسبة وظيفة دينية قضائية عرفها التاريخ الإسلامي، تقوم على فكرة الأمر بالمعروف والنهي عن المنكر، ورغم أن الأصل في النظام الإسلامي قيام الناس جميعاً بهذا الواجب، فقد خصص لها في بعض العصور الإسلامية موظف خاص يسمى (المحتسب) إذا كان معيناً من ولي الأمر، ويسمى (المتطوع بالحسبة) إذا قام بها دون تكليف [(2)].

وليس للمتطوع بالحسبة هنا أن يرتزق على حسبته من بيت المال أو الاجتهاد برأيه أو يندب عنه أعواناً، وليس له أن يعزر على منكر، فعمله هذا من باب النوافل، في حين أن عمل المحتسب فرض بحكم الولاية فيجوز له ما لا يجوز لغيره.

ومفهوم الحسبة هو: الأمر بالمعروف إذا ظهر تركه والنهي عن المنكر إذ ظهر فعله [(3)].

وعرفها ابن خلدون في المقدمة بقوله: (أما الحسبة فهي وظيفة دينية من باب الأمر بالمعروف والنهي عن المنكر الذي هو فرض على القائم بأمور المسلمين).

وعرفها ابن تيمية في كتابه الحسبة في الإسلام بأنها: (الأمر بالمعروف والنهي عن المنكر مما ليس من اختصاص الولاة والقضاة والديوان ونحوهم)

---

(1) للمزيد أنظر:

- الماوردي: الأحكام السلطانية والولايات الدينية، مصدر سابق، الفصل السابع [ولاية المظالم] ص 127-152.
- ابن أبي يعلى: الأحكام السلطانية، ص 65-66.
- ابن خلدون: المقدمة، مصدر سابق، الفصل الحادي والثلاثون [في الخطط الدينية الخلاجية] ص 218-225.

(2) الموسوعة العربية الميسرة: مصدر سابق، 717/1.

(3) د. محمد سلام مدكور: القضاء في الإسلام، دار النهضة العربية، القاهرة. د.ت، ص 147.

والأمر بالمعروف والنهي عن المنكر قاعدة دينية، فقد دعا الإسلام الناس إلى كل خير ونهاهم عن كل شر، وطلب من المسلمين أن يكونوا مؤمنين بالـلـه آمرين بالمعروف ناهين عن المنكر، ليكونوا كما أراد الـلـه تعالى لهم خير أمة أخرجت للناس لقوله تعالى في سورة آل عمران: أية 110: (كُنتُمْ خَيْرَ أُمَّةٍ أُخْرِجَتْ لِلنَّاسِ تَأْمُرُونَ بِالْمَعْرُوفِ وَتَنْهَوْنَ عَنِ الْمُنْكَرِ وَتُؤْمِنُونَ بِاللَّهِ) .

وعن حذيفة بن اليمان أن النبي صلى الـلـه عليـه وسلم قـال: (والـذي نفسي بيده لتأمرون ولتنهون عن المنكر أو ليوشكن الـلـه أن يبعث عليكم عقاباً منـه، ثـم تدعونـه فـلا يستجاب لكم) رواه الترمذي في كتاب السنن باب الأمر بالمعروف والنهي عن المنكر.

ففي هذا الحديث بيان لما يجب على المسلمين أن يقومـوا بـه مـن الأمـر بـالمعروف والنهي عن المنكر، وما يترتب على تخليهم عن هذا الواجب من عواقب سيئة.

ويراد بهذا القضاء الحث على ما أمر بـه الشرـع واستحسـنه، للمحافظـة عـلى أركـان الإسلام، واستدامة المصداقية في القول والعمل، والتحلي بالثوابت الأخلاقية.

والمحافظة على المرافق العامة، وواجب الأمر بالمعروف يعم أفراد الأمة، فعلى كل فرد أن يقوم به حسب قدرته وموقعه، فالحاكم يوجـه النـاس إلى فعـل الخـير، ويـأمرهم بطاعـة الـلـه تعالى وإتباع الشرع، والعالم يبين للأمة معرفة صلاحها وأحكام دينها في مسـائل الحيـاة اليومية، والمعلم يرشد طلبته إلى ما فيه خيرهم ونجاحهم، وهكذا في كل شؤون الحياة يكون كل فرد من أفراد الرعية في أي موقع داعياً إلى الخير والمعروف، ولهذا فمهمة الحسبة شاملة للحياة كلها

شمول الأمر بالمعروف والنهي عن المنكر، فهي تشمل جميع جوانب الحياة السياسية والاقتصادية والاجتماعية والتربوية وغير ذلك.

أوجب الإسلام الأمر بالمعروف لما له من أهمية في حياة الناس، فقضية حراسة الخير والفضيلة في المجتمع وتوجيه الفرد والجماعة إلى الالتزام بالحق، ونجاة الأمة من عقاب الله تعالى تحتاج إلى الأمر بالمعروف والنهي عن المنكر، فإن تركت الأمة هذا الواجب خسرت وأضاعت عليها الخير وفسحت المجال أمام الباطل وأهله.

ويراد بالنهي عن المنكر ما نهى عنه الشرع، كترك الصلاة والزكاة والصيام والجهاد والاتصاف بالخلق المذموم، كالكذب والغش والسرقة والنفاق والاعتداء على المرافق العامة ونحو ذلك.

والنهي عن المنكر متمم للأمر بالمعروف، إذ بهما تستقيم حياة الأمة على الحق، وتكون مصونة من الشر، والنهي عن المنكر واجب على المسلمين كلهم، فالحاكم يمنع وقوع المنكرات والمفاسد ويحاسب مرتكبيها، ويغير المنكر بيده وبما يصدره من قرارات مصدقاً للحديث الشريف: [من رأى منكم منكراً فليغيره بيده، فإن لم يستطع فبلسانه، فإن لم يستطع فبقلبه وذلك أضعف الإيمان].

والعالم يبين للأمة حرمة الفواحش والمفاسد والمحرمات وأخطارها على الأمة وعقابها في الآخرة، لأجل حراسة المجتمع من المفاسد.

ومن صور عقوبة ترك الأمر بالمعروف والنهي عن المنكر، عدم استجابة الله تعالى دعاء الناس وتعدد ضروب وقوع العقاب الإلهي بهم.

وهاتان العقوبتان تصيبان الجماعة التي أعرضت عن أمر الله، لقوله تعالى محذراً في سورة الأنفال: أية 25: (وَاتَّقُوا فِتْنَةً لَا تُصِيبَنَّ الَّذِينَ ظَلَمُوا مِنكُمْ خَاصَّةً وَاعْلَمُوا أَنَّ اللَّه شَدِيدُ الْعِقَابِ).

إن الأمر بالمعروف والنهي عن المنكر شعار المجتمع الإسلامي، لمنع العابثين والمرتكبين للنواهي ما ظهر منها وما بطن، فإن ترك أهل الشر والفساد على حريتهم هلك المجتمع وفي منعهم نجاة المجتمع والأمة.

كما أن واجب القائمين على حدود الله والمطبقين لأحكامه والملتزمين بهدية يقوم على منع وردع المخالفين لأحكام الله والحد من طيشهم، لأن في ذلك نجاة لهم جميعاً، وفي هذا بيان أن المصلحة العامة مقدمة على المصلحة الخاصة مهما كانت مبررات المصلحة الخاصة.

فإذا أدت الأمة واجبها في الأمر بالمعروف والنهي عن المنكر، نجت وإذا قصرت في ذلك هلكت، ويشترط أن يكون الأمر بالمعروف والنهي عن المنكر وفق منهج القرآن والسنة مصدقاً لقوله تعالى: (ادْعُ إِلَى سَبِيلِ رَبِّكَ بِالْحِكْمَةِ وَالْمَوْعِظَةِ الْحَسَنَةِ).

ومن أشكال المنكر الذي نهى عنه النبي صلى الله عليه وسلم ما رواه أبو هريرة عن النبي صلى الله عليه وسلم أنه قال: [من خرج عن الطاعة وفارق الجماعة فمات مات ميتة جاهلية].وفي هذا تحذير من الفتن مهما تعددت أشكالها.

ويعتبر النبي صلى الله عليه وسلم أول محتسب في الإسلام لقوله **صلى الله عليه و سلم**: [من غش فليس منا].

اختصاصات المحتسب:

1- مراعاة الأحكام الشرعية وإقامة الشعائر الدينية والمحافظة عليها والسهر على إقامة الحدود على مستحقيها.

2- الأشراف على الأخلاق العامة والمحافظة على النظام العام والآداب في الجماعة.

3- النظر في الدعاوى المتعلقة بالغش والتدليس وكتمان أحوال السلع.

4- الإشراف على الأسواق العامة، وتشمل تفقد نظافة المطاعم والطرقات والفنادق.

5- إزالة ما يبرز من الحوانيت والمتاجر من تجاوزات قد تعيق نظام المرور وتؤدي إلى مضايقات الناس في الطرقات.

6- الكشف عن صحة الموازين.

7- النهي عن المنكرات، كالكذب والخيانة والنميمة والسحر والشعوذة لكون هذا من خوارم المروءة وفساد الخلق.

8- الإشراف على المباني الجديدة وهدم المباني المتداعية للسقوط حتى لا تقع على ساكنيها أو المارة.

9- منح تراخيص مزاولة العمل الخاصة بأرباب المهن والبضائع وهو ما يقابل اليوم التنظيمات والنقابات المهنية والحرفية، وكان أهل الصنائع ينقسمون إلى مراتب أعلاها درجة رئيس أو شيخ الصنعة ثم أستاذ ثم الصانع أو العامل، وأدناها درجة المبتدئ.

10- مراقبة النقود المتداولة.

11- النظر في أرباب البهائم ومراقبة حمولتها، وهذا من باب الرفق بالحيوان والعناية به وتأمين معيشته عند العجز والهرم، وكان المحتسب يجبر صاحب البهائم على عدم تحميلها ما لا تطيق.

وإذا كانت نظرة الإسلام هذه إلى الحيوان، فماذا عسانا أن نقول عن نظرته للإنسان، الذي أعزه الله وأكرمه وحقق له السعادة والطمأنينة، والأمن ومنحه الحرية وسخر له ما في الكون لخدمته، فأين واقعنا اليوم من هذا كله حيث

الكبت والحرمان، والقمع، والإرهاب، والخوف، والقلق العصبي، والتوتر النفسي، وغياب التأمين الطبي، والتأمينات الاجتماعية؟

12- الإشراف على تحميل السفن وتفريغها وتخزين حمولتها[1].

13- مساعدة الفقراء وإنشاء الملاجئ للضعفاء والمحتاجين[2].

النوع الثالث: قضاء المظالم

المظالم جمع ظلامة ومظلمة في المعجم الوسيط (ظَلَمَ) ظلماً ومظلمة: جار ومجور الحد ووضع الشيء في غير موضعه.

وفي المثل [من استرعى الذئب فقد ظلم] للدلالة على تولية غير الأمين.

ويقال ظلم فلاناً حقه: غصبه أو نقصه إياه.

وتظالم القوم: ظلم بعضهم بعضاً، وتظلم شكا الظلم.

والظلامة: ما يطلبه المظلوم وهو ما أخذ منه ظلماً.

ويعرف الماوردي قضاء المظالم بأنه [قوة المتظالمين إلى التناصف بالرهبة وزجر المتنازعين عن التجاهد بالهيبة][3].

ويعرفه ابن خلدون بقوله: [وقد كان الخلفاء من قبل: يجعلون للقاضي النظر في المظالم وهي وظيفة ممتزجة من سطوة السلطنة ونصفيه القضاء][4].

---

(1) د. توفيق اليوزبكي: دراسات في النظم الإسلامية، مرجع سابق، ص 188، نقلاً عن د. إبراهيم دسوقي: الحسبة في الإسلام: ص 9.

(2) ابن خلدون: المقدمة، مصدر سابق، الفصل الحادي والثلاثون، ص ص218-225، الماردوي: الأحكام السلطانية: الباب السابع، 125-127

(3) الماردوي الأحكام السلطانية، مصدر سابق، الباب السابع، ص 127.

(4) ابن خلدون: المقدمة، مصدر سابق، الفصل الحادي والثلاثون، ص 22.

وقضاء المظالم أعلى هيئة قضائية في الخلافة الإسلامية ويقابلها اليوم الاستئناف العليا، وتنظر في القضايا المستقلة التي عجز القضاة السابقون عن الفصل فيها، بإمضاء ما عجزوا عن إمضائه.

وقد استحدث هذا القضاء لوقف تعدي ذوي الجاه والنفوذ من علية القوم، لبسط القانون وهيبته على كبار رجال الدولة من الأفراد والولاة وأصحاب الدواوين وغيرهم، ممن يعجز القضاء العادي لعلو سطوتهم عن إخضاعهم بعد تجاهر بعضهم بالتظلم والتغالب ولم يكفهم زواجر العظة عن التمانع، فاحتاجوا إلى ردعهم عن ظلمهم بهيبة قاضي المظالم للقانون، حسب تعبير ابن خلدون.

وقد حذر الفقهاء أن من شروط الناظر في قاضي المظالم أن يكون على درجة رفيعة من [علو اليد وعظيم الهيبة والرهبة لقمع الظالم من الخصمين وزجر المعتدي[1]] أيا كان منصبه ومكانته الاجتماعية أو السياسية، له دربة في القضاء جليل القدر نافذ الأمر طاهر العفة كثير الورع لا تأخذه في الحق لومة[2].

وقد ظهرت نواة هذا القضاء زمن النبي صلى الله عليه وسلم حين عين راشد بن عبد الله قاضياً للمظالم، وقد سار الخلفاء الراشدون على طريق النبي صلى الله عليه وسلم فجلسوا للنظر في المظالم وتدبر أمرها، ويعتبر علي بن أبي طالب على رأسهم، لكنه لم يفرد يوماً معنياً لسماع الظلامات، بل كان ينظر لكل من يأتيه من المتظلمين ويعمل على إنصافه[3].

ومن أشهر خلفاء بني أمية ممن ندبوا أنفسهم للنظر في قضاء المظالم نذكر عبد الملك بن مروان وعمر بن عبد العزيز، إذ أفردوا يوماً للظلامات يتصفحان فيها قصص المتظلمين من جور الولاة وظلم العتاة.

---

(1) ابن خلدون: المقدمة، المصدر السابق، ص 222.

(2) الماوردي: الأحكام السلطانية، مصدر سابق، الباب السابع، ص 127، أبو يعلى الأحكام السلطانية، مصدر سابق، ص 58.

(3) د. أبو زيد شلبي: تاريخ الحضارة الإسلامية، مرجع سابق، ص 132.

[ثم جلس لها من خلفاء بني العباس جماعة، وكان أول من جلس لها المهدي ثم الهادي ثم الرشيد ثم المأمون وآخر من جلس لها المهتدي حتى عادت الأملاك إلى مستحقيها][1] .

ويؤثر عن الخليفة المهدي أنه أول من أنشأ ديوان النظر في المظالم؛ للنظر في ظلم بعض الولاة ووقف جورهم وتعسفهم بالرعية حيث كانت الشكاوى والدعاوى تقدم إليه.

كما خصص المأمون يوم الأحد للنظر في قضايا المظالم، وكان هؤلاء الخلفاء يحضرون مجلس قضاء المظالم بأنفسهم، وإذا استغلق عليهم ذلك، انتدبوا من ينوب عنهم من الوزراء لإقرار هيبة هذا النظام.

وصفوة القول: كان والي المظالم يعقد لمجلسه يوماً معروفاً يقصده المتظلمون ويرافعهم فيه المتنازعون، ولا يستكمل انعقاد الجلسة إلا بحضور الأطراف الآتية الذين لا يستغنى عنهم ولا ينتظم نظر القاضي إلا بهم وهم[2] :

1- الحماة والأعوان للقبض على من يحاول الفرار، إذا ثبت إدانته اعتقاداً منه أن علو قدره وعظم خطره تجيزان له عدم الوقوف أمام القضاء أو التهرب من المحكمة.

2- القضاء والحكام لاستعلام ما يثبت عندهم من الحقوق ومعرفة ما يجري في مجالسهم بين الخصوم.

3- الفقهاء ليرجع إليهم فيما أشكل واشتبه وأعضل.

4- الكتاب ليثبتوا ما جرى بين الخصوم وما توجب لهم أو عليهم من الحقوق.

(1) الماوردي: الأحكام السلطانية، مصدر سابق، الباب الرابع، ص 129.
(2) الماوردي: الأحكام السلطانية، مصدر سابق، الباب السابع، ص 132.

5- الشهود ليشهدوها على ما جرى بين الخصوم وما توجب لهم أو عليهم من الحقوق.

وقد لخص الماوردي اختصاصات قاضي المظالم بما هو آت:

1- النظر في تعدي الولاة على الرعية وأخذهم بالعسف في السيرة متصفحاً عن أحوالهم، مستكشفاً لمواطن الصواب والخطأ فيهم ليقويهم أن أنصفوا، ويكفهم أن عسفوا ويستبدل بهم إن لم ينصفوا [(1)].

2- جور العمال فيما يجبونه من الأموال وينظر فيما استزادوه لأنفسهم بغير وجه أو يرده إلى بيت المال أو يسترجعه لأربابه [(2)].

3- النظر في أمور كتاب الدواوين فيتصفح أحوال ما وكل إليهم زيادة أو نقصان [(3)].

4- النظر في تظلم المسترزقة (الموظفين) من نقص أرزاقهم أو تأخرها عنهم من أجل فرض العطاء العادل لهم [(4)].

5- رد الغصوب لأصحابها من المظلومين، سوأ أكانت غصوب سلطانية قد تغلب عليها الظالمون ولاة الجور عسفاً وعدواناً، أو كانت ممن تغلب عليها ذوو الأيدي القوية الغاصبة لها بالقهر والغلبة [(5)].

6- مشارفة الوقوف (الأوقاف) العامة والخاصة والنظر على تظلم أهلها عند التنازع فيها [(6)].

---

(1) المصدر السابق، ص 132.
(2) المصدر السابق، ص 132.
(3) المصدر السابق، ص 133.
(4) المصدر السابق، ص 134.
(5) المصدر السابق، ص 135.
(6) المصدر السابق، ص ص 135-136.

7- تنفيذ ما وقف القضاة من أحكامهم لضعفهم عن إنفاذها، وعجزهم عن معاقبة المحكوم عليه لقوة نفوذه وهيبة وظيفته، ولقاضي المظالم إمضاء ما عجز غيره عن إمضائه لأنه الأقوى يداً والأنفذ أمراً[1].

8- النظر فيما عجز عنه الناظرون في ولاية الحسبة من الفصل في بعض المصالح العامة[2].

9- مراعاة العبادات الظاهرة كالجمع والأعياد والحج والجهاد من تقصير فيها وإخلال بشروطها، فإن حقوق الله أولى أن تستوفى وفروضه أحق أن تؤدى[3].

10- النظر بين المتشاجرين والحكم بين المتنازعين من كبار عمال الدولة[4].

يتضح مما سبق أن لقاضي المظالم من سعة الصلاحيات وقوة اليد ما ليس لغيره من القضاة (كقاضي الخصومات وقاضي الحسبة) في كف الخصوم عن التجاحد ومنع الظلمة من التغالب والتجاذب، وهو أوسع مجالاً في استعمال الترهيب، لكشف أسباب ما يضيف على غيره من الحكام لمعرفة المبطل من المحق.

وله من الصلاحيات المطلقة ما ليس لغيره من القضاة، كإلزام الخصمين بالعدول عن التجاهد والتكاذب والاستماع إلى شهادة المستورين والاستكثار من عدد الشهود وسؤالهم[5].

---

(1) المصدر السابق، ص 136.

(2) المصدر السابق، ص 136.

(3) المصدر السابق، ص 136.

(4) المصدر السابق، ص 136.

(5) المصدر السابق، ص 139 137. للمزيد أنظر: أبو القاسم ابن رضوان المالقي، الشهب اللامعة في السياسة النافعة، مصدر سابق، الباب التاسع عشر، ص 322.

الوحدة الرابعة

النظام الاجتماعي
في الحضارة العربية الإسلامية

الوحدة الرابعة

النظام الاجتماعي في الحضارة العربية الإسلامية

انضوت تحت راية الإسلام شعوبٌ كثيرة ذات مللٍ ونحلٍ ومذاهب متعددة، شكلّت الأمة الإسلامية وتكونت من المكونات الآتية:

1- العرب

وهم سكان الجزيرة العربية الأصليون، وكانوا ينقسمون كما تقدم من حضر وبدو. وبفضل الإسلام صار العرب أمة واحدة لها هويتها المستقلة. ولقد كانت النقلة التي أحدثها الإسلام بالعرب عظيمة كالحياة بعد الموت والنور الساطع بعد الظلام الدامس. فنقلهم من جاهليتهم وهذب نفوسهم وطباعهم وحمّلهم أسمى المقاصد وأعظم الأهداف وأبعد الغايات. فأصبحوا قادة الركب الحضاري وحملة لواء الإسلام. بفضل النقلة في العقيدة والأخلاق والتشريع والمعرفة العلمية[1]. وكان من مظاهر ذلك صدق الحديث، وأداء الأمانة، وصلة الرحم، وحق الجوار، والكف عن المحارم والدماء، والفواحش، وقول الزور، وقذف المحصنات، وأكل مال اليتيم والعبادة الخالصة لله والجهاد في سبيله.

ومما تجدر الإشارة إليه هنا، أن النسابين والمؤرخين قد قسموا العرب إلى قسمين هما:

- العرب البائدة، وهم الذين بادوا ودرست آثارهم وانقطعت أخبارهم، ولا نعرف عنهم شيئاً إلا ما ورد في القرآن الكريم، ومن أشهر قبائلهم عاد وثمود وطسم وجديس وجرهم الأولى[1].

(1) د. حسن إبراهيم حسن: تاريخ الإسلام السياسي والديني والثقافي والاجتماعي، مرجع سابق، ج 1\8.

- أما القسم الثاني، ويطلق عليهم العرب الباقية وهم المقصودون بهذه الدراسة ويقسمون إلى قسمين: العرب العاربة، وهم شعب قحطان وموطنهم بلاد اليمن، ومن أشهر قبائلهم: جرهم ويعرب، ومن الأخيرة تشعبت القبائل والبطون من فرعين كبيرين هما: كهلان وحمير.[1]

وهؤلاء ملكوا بلاد اليمن والجزيرة العربية والعراق وبلاد الشام بعد أن تفرقوا وساحوا في هذه الديار خلال العصور المتعاقبة.

أما القسم الثاني من العرب فعرفوا بالعرب المتعربة، وسموا بذلك لأن إسماعيل بن إبراهيم كان يتكلم السريانية، فلما نزلت جرهم من القحطانية بمكة وسكنوا مع إسماعيل وأمه، تزوج منهم وتعلم هو وأبناؤه العربية. وهم جمهور العرب من البدو والحضر الذين كانوا يسكنون أواسط جزيرة العرب وبلاد الحجاز إلى بادية الشام.[2]

والذي استفاض في كتب مؤرخي العرب وتؤيده النصوص القرآنية والأحاديث النبوية، أن إبراهيم عليه السلام رحل بولده إسماعيل وأمه هاجر إلى مكة حيث أسكنهم بوادٍ غير ذي زرع، فأقام إسماعيل وأمه مع جرهم من أولاد قحطان، فنشأ معهم ثم صاهرهم وولد له اثنى عشر ولداً تفرعت منهم بطون كثيرة[3]، وتناسل منهم عقب كثير غلبوا على كثير من المواضع في الجزيرة العربية وأطرافها، وانتهت إلى بعض قبائل وبطون العرب المتعربة الرياسة في مواطن متعددة[4]، ومن أشهر هذه القبائل: قريش وهذيل وثقيف وهوازن وكنانة وتميم والأزد وربيعة وسعد بن بكر وغيرها.

---

(1) المرجع السابق: 1\8.

(2) المرجع السابق: 1\11.

(3) المرجع السابق: 1\12، نقلاً عن ابن قتيبة: كتاب المعارف، ص18.

(4) المرجع السابق: ج 1\12.

وقد انقسمت كل قبيلة إلى بطون شتى، وقد تنافست القبائل فيما بينها على زعامة مكة، فاستطاعت قريش الحصول على مركز القيادة بفضل زعيمها قصي بن كلاب، وهو الجد الرابع للرسول محمد **صلى الله عليه و سلم**، وكان من صور رياستها لمكة حمل اللواء، وسقاية الحجيج ورفادتهم وزعامة دار الندوة.

2- الموالي

وهم المكون الثاني من مكونات المجتمع الإسلامي، ويراد بالموالي لغة معان عديدة:

- المالك للشيء.
- ابن العم والقربى والعصبة.
- الناصر والحليف والصاحب والجار والشريك.
- السيد المطاع.
- العبد المعتق، ويسمى هذا ولاء العتاقة أو ولاء النعمة. وهؤلاء بالأصل أسرى حروب أسلموا فاعتقوا. وبمرور الزمن تغير مدلول كلمة الموالي، وغدا هذا المصطلح يطلق على المسلمين من غير الجنس العربي مغايراً في مدلوله عما كان عليه عند عرب الجاهلية.

وكان معظم الموالي في الدولة الإسلامية من الفرس. ولقد نعم هؤلاء بالمساواة والعدل طيلة حكم الخلفاء الراشدين، ولما انقلبت الخلافة إلى ملك في العهد الأموي تغيرت نظرت الخلفاء إليهم، لأسباب سياسية حيث أدى تقاطع المصالح إلى تغليب الدولة الأموية للعنصر العربي وتعصبهم للعرب والعربية، وأخذوا ينظرون إلى الموالي نظرة خوف وحذر وازدراء، مما أيقظ الفتنة بين المسلمين وبعث روح الشعوبية، وقد تدرجت هذه الفتنة من اشتباك في الألسنة والأقلام حتى انتهت إلى امتشاق الحسام والمنازلة قتالاً بقتال، وهذا الصراع لم تزده الأيام إلا تفاقماً، وساعدت تداعيات كثيرة في إذكاء نيران الفتنة.

ولما قامت الدولة العباسية على أنقاض دولة بني أمية، اعتمد الخلفاء العباسيون على الفرس دون العرب، وأسندوا إليهم المناصب المدنية والعسكرية، على خلفية دورهـم في نشر الدعوة لهم. ومن ثم قامت المنافسة بين العرب والفرس، حتـى جاء المعتصم فاعتمـد على الترك واتخذهم حرصاً له، وأسند إليهم مناصب الدولة وقلدهم ولاية الأقاليم، وبمرور الوقت انتقلت الشوكة إلى آل بويه، إلى أن قام السلاجقة وانتزعوا الغلبة منهم.

ومما يؤسف له أن بعض أهل الأهـواء وأعـداء الإسـلام اتخـذوا مـن الشعوبية سـتاراً لتحقيق أهوائهم، والوصول إلى مآربهم، فراحوا ينفرون الناس من العقيدة ويصورون الإسلام وتعاليمه أبشع الصور، وظهر هؤلاء بمظاهر مختلفة وتحت أسماء فرق متعددة، وكان منهم من يفحش في القول والافتراء بسبب انقسام المسلمين إلى شيع وأحزاب، حيث حاول بعضهم أن يدعم موقفه بالقرآن والسنة، وأن استغلق عليهم ذلك، حاولوا تأويل النصوص القرآنية بما يتفق ومذهبهم، وإن أعيتهم الحيلة لجأ بعضهم إلى وضع الحديث والكذب على رسول اللـه صلى اللـه عليه وسلم.

فظهرت أحاديث في فضائل الجماعات والأحزاب والفرق، مما دفع علماء الجرح والتعديل إلى وضع قواعد لمعرفة الموضوع من الحديث ومقاومته.

3- أهل الذمة

وهـم المكـون الثالـث مـن مكونـات المجتمـع في دول الخلافـة الإسلامية، لهـم مـا للمسلمين وعليهم ما عليهم، وسموا بذلك لأنهم تعاقدوا مع المسلمين على حمايتهم، فلهم ذمتهم وفي الحديث: [من آذى ذمياً فأنا خصمه]، وقد منحوا في الإسلام الحرية الدينية، وليس أدل على ذلك من وثيقة العهدة العمرية[1].

(1) الموسوعة العربية الميسرة، مصدر سابق، 1\486.

ووردت كلمة الذمة في المعجم الوسيط1\315، بمعنى العهد والأمان والكفالة، وأهل الذمة المعاهدون من أهل الكتاب ومن جرى مجراهم، والذمي هو المعاهد الـذي أعطـي عهداً يأمن به على ماله وعرضه ودينه.

ويفرض على أهل الذمة الجزية، وهي ضريبة شخصية مقابل حماية المسلمين لهـم، ليكونوا آمنين وبالحماية محروسين حسب تعبير الماوردي في الأحكام السلطانية.

وهي تقابل الزكاة المفروضة على المسلم أو صدقة الفطر، وفي تعيين قـدرها يقـول الإمام أبو حنيفة: إن الجزية على الفقير اثنا عشر درهـماً، وعـلى المتوسط أربعـة وعشـرون درهماً، وعلى الغني ثمانية وأربعون درهماً، وكانت تسقط عن كبار السن والنساء والأطفـال والرهبان والعجزة، ولا تؤخذ من الفقير والمعسر والعاجز عن الكسب [1] .

كما رتب للذمي مبلغاً من بيت مال المسلمين يكفي حاجته إذا عجز عـن الكسـب كصورة من صدر التأمين ضد العجز والمرض والشيخوخة.

وقد نهى النبي **صلى الله عليه و سلم** عن ظلم غير المسلمين أو إنقاص حقوقهم أو أخذها بغير حق مصداقاً للحديث الشريف:

[من ظلم معاهداً أو أنقصه من حقه أو كلفه فوق طاقته أو أخـذ منـه شيئاً بغير طيب نفس فأنا حجيجه يوم القيامة] رواه أبو داوود.

ويعزى الأساس الفكري لتسامح المسلمين مـع غـيرهم إلى اعتقاد المسلم بكرامـة الإنسان، بصرف النظر عن دينه أو جنسه أو لونه، وقد حدد الإسلام حقوق أهـل الكتـاب وواجباتهم مثلما حدد حقوق المسلمين وواجباتهم أيضاً.

---

(1) د. محمد راكان الدغمي، نظرية الأمن الغذائي، مرجع سابق، ص87.

وصفوة القول: يراد بأهل الذمة المواطنون من غير المسلمين الذين يقطنون في دار الإسلام ويدفعون الجزية، ويخضعون للأحكام الإسلامية في غير ما أقروا عليه من أحكام العقائد والعبادات والزواج والطلاق والمطعومات وغير ذلك.

ومصطلح أهل الذمة لا ينسحب على أهل الموادعة أو الهدنة من غير رعايا الدولة الذين بين دولتهم وبين الدولة الإسلامية معاهدة.

وليس هذا فحسب، بل لا ينسحب أيضاً على أهل الأمان من مواطني الدول الأخرى غير الإسلامية الذين يدخلون دار الإسلام لتحقيق غرض ما كتجارة أو سياحة أو سفارة أو علم، وبهذا ندرك الفرق بين أهل الذمة من رعايا الدولة الإسلامية وغيرهم من رعايا الدول الأخرى [1].

ولا يفوتنا أن نذكر هنا ما قام به أهل الذمة في حاضرة الخلافة العباسية وغيرها من المدن الإسلامية، من دور بارز في حقول الترجمة والطب والفلسفة والصيدلة والصناعة والتجارة والزراعة والصيرفة والصياغة، مما أسهم في تطور الحضارة العربية الإسلامية، وتولى بعضهم في عهود متعددة أرفع المناصب وأخطرها في العديد من أجهزة الدولة، فكان منهم الوزير والكاتب وصاحب الديوان وطبيب الخليفة الخاص، والشواهد في ذلك كثيرة.

إن ما أومأنا إليه آنفاً، دليل على سماحة الإسلام وحسن تعاملهم مع أهل الذمة لاعتقاد المسلم أن الله عز وجل يأمر بالعدل والإحسان مع الناس جميعاً، مما أعان على خلق جو من التسامح والطمأنينة والمحبة بين أبناء المجتمع وليس أدل على مصداقية ما ذهبنا إليه من قول المستشرق (ترتون) في وصفه حالة أهل

---

(1) د. محمد خير هيكل، الجهاد والقتال في السياسة الشرعية، مرجع سابق، 1\207 - 208.

الذمة في ظل الإسلام: (كان النصارى في بعض الأحايين يؤثرون العيش في ظل الحكم الإسلامي على العيش في ظل إخوانهم المسيحيين)[1].

وقول المستشرق (دوزي) في معرض توضيحه مواقف الحكام المسلمين من أهل الذمة: (إن تسامح ومعاملة المسلمين لأهل الذمة أدى إلى إقبالهم على الإسلام، وأنهم رأوا فيه اليسر والبساطة مما لم يألفوه في دياناتهم السابقة)[2].

وفي الصدد ذاته يقول جوستاف لوبون في كتاب حضارة العرب: [إن العرب تركوا المغلوبين أحراراً في أديانهم، فإذا حدث أن انتحل بعض الشعوب النصرانية الإسلام واتخذ العربية لغة له، فذلك لما كان يتصف به العرب الغالبون من ضروب العدل، الذي لم يكن للناس عهد بمثله][3].

ونراه يقول في موضع آخر: [إن الخلفاء السابقين كان لديهم من العبقرية ما ندر وجوده في دعاة الديانات الأخرى، إذ أدركوا أن النظم والأديان ليست ما يفرض قسراً، فعاملوا أهل سورية ومصر وأسبانية وكل قطر استولوا عليه بلطف عظيم تاركين لهم قوانينهم ونظمهم ومعتقداتهم، غير فارضين عليهم سوى جزية زهيدة مقابل حمياتهم لهم وحفظ الأمن بينهم، والحق أن الأمم لم تعرف فاتحين راحمين متسامحين كالعرب][4].

نستقرئ مما سبق كيف نمت أحوال أهل الذمة وتوسعت أموالهم حتى عاشوا في رغد العيش ورفاهة في ظل النظام الإسلامي.

(1) المرجع السابق: ص222، نقلاً عن (ترتون) أهل الذمة في الإسلام، ترجمة حسن حبشي، ص165.
(2) المرجع السابق: ص218، نقلاً عن (دوزي) نظرات في تاريخ الإسلام، ص411-412.
(3) عفيف عبد الفتاح طبارة: روح الدين الإسلامي، مرجع سابق، ص410.
(4) المرجع السابق: ص410-411، نقلاً عن المرجع ذاته ص146.

أليس مثل هذه الشهادت الصادرة عن بعض علماء الغرب المنصفين، تعطي البرهان الواضح على حسن تعامل العرب والمسلمين مع أهل الذمة، وتضع الأمور في نصابها الصحيح من غير تدليس وتحريف للحقائق؟

4-الرقيق

وهم المكون الرابع من مكونات المجتمع المسلم، والرقيق هو العبد المملوك الذي فقد حريته، ووقعت عليه العبودية [(1)]، وهو مأخوذ من الرقة ضد الغلظة، فالعبد يرق بسيده ويلين ولا يغلظ عليه بحكم الملكية التي له عليه والذي له السلطان التام المطلق [(2)]. وقد شاع لدى معظم الشعوب القديمة كالمصريين والأشوريين والبابليين والصينيين والهنود واليونانيين والرومان وعرب الجاهلية.

ومنشؤه يعود للأسباب الآتية:

1- الحروب، فإذا حاربت قبيلة من الناس قبيلة أخرى وغلبتها قهراً استرقت نساءها وأطفالها.

2- شدة الفاقة، كان الفقر المدقع في بعض الأحيان يحمل بعض الناس على بيع أنفسهم وأولادهم رقيقاً للغير من أهل المال والجاه.

3- الاختطاف، إما بالتلصص عبر الطرقات كما كان يفعل النخاسون اليهود قديماً، أو بالقرصنة البحرية كما كان يفعل قراصنة البحر الأوروبيون الذين يتعرضون للسفن المارة في عرض البحر ويسطون على ركابها، فإذا قهروهم باعوهم في أسواق العبيد. [(3)]

ومن صور الاختطاف أيضاً قيام البريطانيون والهولنديون والفرنسيون والإسبانيون والبرتغاليون

(1) المعجم الوسيط، مصدر سابق، 1\366.

(2) أبو بكر الجزائري: منهاج المسلم، مكتبة الكليات الأزهرية، الطبعة الأولى، القاهرة، 1979، ص568.

(3) المرجع السابق: ص568.

جميعاً بتأسيس شركات متخصصة في اصطياد الزنوج من القارة الإفريقية وبيعهم في أسواق العالم الجديد، وكان التجار البريطانيون أكثرهم نشاطاً على خمسة قرون من اكتشاف العالم الجديد.

4- عدم الإيفاء بالدين، وهذا اللون من الرق ظهر منذ أقدم الأزمنة، ولم يزل يعمل به عند بعض القبائل الإفريقية للآن، ومن عادات هذه القبائل أن توضع الزوجات والأطفال بصفة رهائن نظير التزام معين، إذا لم يتم الوفاء بهذا الالتزام[1].

5- القمار، ومن صورها أن يتنازل الزوج عن زوجته أو أحد أولاده وفق اشتراط مسبق عند خسارته، وكانت سائدة عند الهنود واليونانيين والصينيين قديماً.

وتأسيساً على ما تقدم، نشير إلى أن الرق قد عرف منذ الأزمنة الغابرة، في كافة الحضارات وامتد العمل في بعض أشكاله إلى بداية القرن العشرين، عُرف عبر التاريخ الطويل، بأسماء مختلفة منها:

- رقيق المعابد، ومهمتهم خدمة المعابد وزوارها دون مقابل.
- رقيق المنازل.
- الرق الزراعي، وقد ساهم هذا اللون على نشأة النظام الإقطاعي الذي تحول فيه العبد إلى رقيق الأرض.
- رقيق الإقطاعيات والضياع العسكرية.
- رقيق مجاديف السفن.
- رقيق معسكرات العمل الجبري القائم على نظام السخرة.

---

(1) الموسوعة العربية الميسرة، مصدر سابق، 1\873.

موقف الإسلام من الرق

كان الرق قبل الإسلام شريعة متعاملاً بها بين الشعوب، وجاء الإسلام فلم يَلغ الـرق بالكلية ولا دفعة واحدة، ولم يدع إلى تحرير العبيد بالجملة دفعة واحدة، لتجذره في نفـوس صناديد قريش وغـيرهم مـن زعـماء العـرب في مختلـف بطون قبائلهم، لطول عهدهم في التعامل معه وألفتهم له، إذا كانوا أهل علو واستكبار قوم غلاظ الأكباد فطروا على الجفـوة والعناد وحب تملك الرقيق، والتعامل معهم بكبر وخيلاء ونظرة استعلائية.

وعلى ضوء هذه الخلفية المتشددة روعي شرعاً في تحريـر الرقيـق التـدرج، مراعـاة للمصلحة وتيسيراً على الناس، فلو وجه الرسول صلى الـله عليه وسلم دعوته إلى تحرير الرق بالكلية دفعة واحدة لوجد من القوم نفوراً بمقتضى ما جبلوا عليـه مـن حب تملك العبيد بفعل التقادم، وهذا أبلغ في الحجة مـن أن يـأمرهم بتحرير الرقيق بحـديث ملزم في التـو واللحظة، وقد راعت الشريعة في عدم الإلزام به وفرضه فرضاً للتيسير ورفع الحـرج. فكانـت حكمة التدرج في التشريع مسايرة للدعوة من خلال التدرج في تربية الأمة الإسلامية لإصلاح النفس البشـرية واستقامة سـلوكها، ومراعـاة لطبيعـة الإنسـان وتفاوت النـاس في مـدى استعدادهم لبلوغ المستوى الرفيع الذي يرسمه الإسلام لهـم، لحمل القوم عـلى الإقـرار أن النفس البشرية واحدة بصرف النظر عن اللـون والجنـس والعرق، مـما ييسرـ عليهم قبـول الواقع الجديد الذي انتهى إلى الإباحة والاستحباب، مع جوازه في حالة واحدة هي الاسترقاق بواسطة الحرب بشرط أن تكون حرباً مشروعة ضد الكفار.

وقد حض الإسلام بالسماحة واليسر في التعامل مع الرقيق، بهدف المحافظة على سلامة المجتمع وربطه برباط التعاون والإخاء وترويض النفس على قبول المساواة الإنسانية، عملاً بقوله تعالى في سورة الحجرات، آية13:

(أَيَأَيُّهَا النَّاسُ إِنَّا خَلَقْنَاكُمْ مِنْ ذَكَرٍ وَأُنْثَى وَجَعَلْنَاكُمْ شُعُوبًا وَقَبَائِلَ لِتَعَارَفُوا إِنَّ أَكْرَمَكُمْ عِنْدَ اللَّهِ أَتْقَاكُمْ إِنَّ اللَّهَ عَلِيمٌ خَبِيرٌ(13)). ففي هذه الآية الكريمة تتضح المساواة بين كافة البشر، فلا فضل لأبيض على أسود ولا لعربي على عجمي إلا بالتقوى، فالتقوى هي جوهر المفاضلة بين الناس جميعاً.

وقد حرص الإسلام على تقرير هذه المساواة في أكمل صورها، حين دعا إلى الرفق في معاملة الرقيق، وحث على تحريرهم فتحسنت أحوالهم وتغيرت النظرة إليهم، وخفف من ظروف الاسترقاق وأسبابه بما غرسه من مبادئ إنسانية، ولم تعد المعارضة بمرور الوقت على درجة كبيرة من القوة في تحريرهم كما كانت عليه أيام الجاهلية، بسبب ما كان في هذا الدين من اتجاه إنساني في الندب إلى تحرير الرقيق والترغيب في ذلك، فقد حرمت النصوص الشرعية ضربه وقتله وإهانته وسبه، وأمرت بالإحسان إليه وعدم تكليفه ما لا يطيق، وتوفير الحياة الكريمة له من مأكل وملبس ومسكن مع حسن معاملته بما يتناسب وكرامة الإنسان.

ويشهد على مصداقية دعوة الإسلام إلى تحرير الرقيق والندب إليه، التشريعات الآتية التي فتحت كافة المسالك للتخلص من أغلال العبودية والتي من صورها:

1-جعل تحريره كفارة لجناية القتل الخطأ مصداقاً لقوله تعالى في سورة النساء أية:92: (وَمَا كَانَ لِمُؤْمِنٍ أَنْ يَقْتُلَ مُؤْمِنًا إِلَّا خَطَأً وَمَنْ قَتَلَ مُؤْمِنًا خَطَأً فَتَحْرِيرُ رَقَبَةٍ مُؤْمِنَةٍ وَدِيَةٌ مُسَلَّمَةٌ إِلَى أَهْلِهِ).

2-جعل تحريره كفارة للذنوب والمخالفات الشرعية، كالظهار، عملاً بقوله تعالى في سورة المجادلة آية 3: (وَالَّذِينَ يُظَاهِرُونَ مِنْ نِسَائِهِمْ ثُمَّ يَعُودُونَ

لِمَا قَالُوا فَتَحْرِيرُ رَقَبَةٍ مِنْ قَبْلِ أَنْ يَتَمَاسَّا). وكفارة الحنث في اليمين ب الـلـه تطبيقاً

لقوله تعالى في سورة المائدة آية89: (لَا يُؤَاخِذُكُمُ اللَّهُ بِاللَّغْوِ فِي أَيْمَانِكُمْ وَلَكِنْ يُؤَاخِذُكُمْ

بِمَا عَقَّدْتُمُ الْأَيْمَانَ فَكَفَّارَتُهُ إِطْعَامُ عَشَرَةِ مَسَاكِينَ مِنْ أَوْسَطِ مَا تُطْعِمُونَ أَهْلِيكُمْ أَوْ

كِسْوَتُهُمْ أَوْ تَحْرِيرُ رَقَبَةٍ). وكفارة حرمة الإفطار في رمضان بالجماع، وآية ذلك ما روي عن

أبي هريرة أنه قال: (جاء رجل إلى النبي صلى الـلـه عليه وسلم فقال: هلكت يا رسول الـلـه، فقال وما أهلكك؟ قال وقعت على امرأتي في رمضان، قل رسول الـلـه صلى الـلـه عليه وسلم: هل تجد ما تعتق رقبة؟). كما جعل الإسلام كفارة ضرب العبد عتقه، عملاً بالحديث الشريف: (من ضرب مملوكه أو لطمه فإن كفارته أن يعتقه) رواه أحمد.

3-الأمر بالمكاتبة وصورته أن يتفق المملوك مع سيده، يلتزم بموجبه دفع مبلغ متفق عليه بينهما بالتراضي مقابل حريته، وآية ذلك قوله تعالى في سورة النور آية33: (وَالَّذِينَ يَبْتَغُونَ الْكِتَابَ مِمَّا مَلَكَتْ أَيْمَانُكُمْ فَكَاتِبُوهُمْ إِنْ عَلِمْتُمْ فِيهِمْ خَيْرًا وَآتُوهُمْ مِنْ مَالِ اللَّهِ الَّذِي آتَاكُمْ).

4-تخصيص مبلغ خاص من مصارف الزكاة للمساعدة على تحرير الأرقاء، مصداقاً لقوله تعالى في سورة التوبة: (إِنَّمَا الصَّدَقَاتُ لِلْفُقَرَاءِ وَالْمَسَاكِينِ وَالْعَامِلِينَ عَلَيْهَا وَالْمُؤَلَّفَةِ قُلُوبُهُمْ وَفِي الرِّقَابِ وَالْغَارِمِينَ وَفِي سَبِيلِ اللَّهِ وَابْنِ السَّبِيلِ فَرِيضَةً مِنَ اللَّهِ وَاللَّهُ عَلِيمٌ حَكِيمٌ (60))[1].

(1) أبو بكر الجزائري: منهاج المسلم، مرجع سابق، ص570..

5-الإذن بالتسري بالإماء ليصبحن في يوم من الأيام أمهات أولاد فيعتقن بذلك، عملاً بالحديث الشريف: (أيما أمة ولدت من سيدها فهي حرة بعد موته)[1] رواه ابن ماجة. وأم الولد هنا هي الجارية يطؤها سيدها تسرياً بها فتلد منه ولداً ذكراً كان أو أنثى، لقوله تعالى:(إِلَّا عَلَى أَزْوَاجِهِمْ أوْ مَا مَلَكَتْ أَيْمَانُهُمْ فَإِنَّهُمْ غَيْرُ مَلُومِينَ(6)).

6-طلب الأجر والثواب والتقرب إلى الـلـه مصداقاً للحديث الشريف: (من أعتق رقبة أعتق الـلـه بكل عضو من أعضائه النار)[2]. ومن صور عتق العبد ابتغاء مرضاة الـلـه قوله تعالى في سورة البلد: (فَلَا اقْتَحَمَ الْعَقَبَةَ (11) وَمَا أَدْرَاكَ مَا الْعَقَبَةُ (12) فَكُّ رَقَبَةٍ) (13).[3]

7-التدبير وصورته أن يوصي السيد بحرية عبده بعد موته، كأن يقول السيد قبل أن يقبض: (أنت دبر بعدي) بمعنى أنت حر طليق بعد موتي.

8-بر الوالدين بعد وفاتهما اعترافاً بفضلهما، لقوله صلى الـلـه عليه وسلم: (لا يجزى ولد عن والده إلا أن يجزه مملوكاً فيشتريه فيعتقه).[4]

والعتق تحرير المملوك وتخليصه من رق العبودية، وحكمة الندب والاستحباب.[5]

---

(1) المرجع السابق: ص570.

(2) د. شحادة الناطور وزملاؤه: النظم الإسلامية، مرجع سابق، ص209، نقلاً عن الشوكاني: نيل الأوطار، 6\199.

(3) د. توفيق اليوزبكي: دراسات في النظم العربية الإسلامية، مرجع سابق، ص229.

(4) د. شحادة الناطور وزملاؤه: النظم الإسلامية، مرجع سابق، ص208، نقلاً عن الشوكاني: نيل الأوطار، 6\217.

(5) أبوبكر الجزائري: منهاج المسلم، مرجع سابق، ص571.

وصفوة القول، لم تعد شروط الرق قائمة في الإسلام، على النحو التي كانت عليه من وحشية رهيبة في قسوتها، في كافة الحضارات القديمة بوجه عام، والحضارة الغربية بوجه خاص تحديداً بعد اكتشاف العالم الجديد، فقد عم شرور الرق والعبودية على يد الرجل الأبيض بشكل مخالف لكرامة الإنسان، ليطال العالم الجديد والقديم، ومن عجب أن يزعم بعض المؤرخين أن الفضل في تحرير الرق وشرف السبق في مناداة إلغاء العبودية يعزى للرئيس الأمريكي (أبراهام لينكولن) الذي وقعت في عهده الحرب الأهلية الأمريكية بين الولايات الشمالية التي بدأت تقاوم تجارة الرقيق، والولايات الجنوبية ذات الإقطاعيات الزراعية المؤيدة للرق كجزء لا يتجزأ من نظامها الإقطاعي الزراعي.

كما ويتردد عن جهل في العديد من المحافل أن العالم مدين للغرب بإلغاء الرق وتقرير حقوق الإنسان، واللافت للانتباه في غياب الحقيقة أن بدأت بعض الأمم الغربية تتنازع في فضل وأولوية السبق، فالإنجليز يدعون هذا الشرف لأنفسهم، والفرنسيون يزعمون أن ثورتهم قد أوجدت هذا الاتجاه الإنساني في سابقة هي الأولى في التاريخ البشري، والولايات المتحدة الأمريكية ما انفكت تزعم بأن الريادة في هذا الفضل يعود لها وليس لأحد من الأقطار الأخرى، وفي نفس الوقت فإن هناك من الأمم ما أنكرت ونفت هذا الفضل للشعوب التي تقدم ذكرها وادعته لنفسها، والذي عليه الصواب أنها افتراءات باطلة يعوزها الدليل وينقصها الحجة.

فالإسلام وباعتراف المنصفين من علماء الغرب، أول من قرر قواعد المساواة والعدل والحرية والإخاء واعتبرها من أسس وأبجديات هذا الدين، فالناس متساوون في الأصل ووحدة الجنس، ولا فصل لأحد على أحد إلا بالعمل الصالح والتقوى بصرف النظر عن اللون والجنس والعرق، وليس أدل على ذلك

من قول الرسول صلى الله عليه و سلم : (اسمعوا وأطيعوا وان استعمل عليكم عبد حبشي) رواه أحمد.

إضافة إلى اعتقاد المسلم بكرامة الإنسان، وأية ذلك، قوله تعالى في سورة الإسراء آية 70: (وَلَقَدْ كَرَّمْنَا بَنِي آدَمَ) وهذه الكرامة توجب لكل إنسان حق الاحترام والمساواة ورعاية حقوقه.

في حين نقل عن (أبراهام لينكولن) الذي يتشدق البعض أنه أول من حرر العبيد في العالم قوله في خطاب له عام 1860: (لست في صف القائلين بالمساواة بين الجنس الأبيض والجنس الأسود، فهنالك اختلاف طبيعي بين الجنسين يمنعهما من العيش معاً في المجتمع على قدم المساواة الاجتماعية والسياسية، وطالما أن الجنسين يعيشان في مجتمع واحد، فلا بد أن يمثل الجنس الآخر الصف الأدنى، وأنا في صف المحافظة على المركز الأعلى للجنس الأبيض).⁽¹⁾

وبناءً على هذا الفهم من حقنا أن نتساءل:

أليس الإسلام هو أول من أرسى القواعد المتعلقة بحقوق الإنسان وصون حريته؟

ألم يكن أسبق الديانات والأمم في المناداة بحقوق الإنسان والنهوض بها بكامل صورتها؟

أليس ما عليه الغرب الآن من احترام لإنسانية الإنسان وآدميته مقابل انتهاك حقوقه في العالم الإسلامي، هي من باب تداول الأيام بين الناس، وغياب العمل في الجانب الإنساني وحقوق الإنسان على النحو الذي أراده الله؟

---

(1) جريدة الدستور، العدد 12258، الجمعة 26 جمادى الآخرة 1422هـ الموافق 14 أيلول2001.

أليست هذه الانتهاكات بسبب جهلنا لسنن الله ونواميسه في ظل سوء فهمنا للإسلام حيث فشا فينا الجهل والتخاذل والتواكل؟

أليس الرسول الكريم محمد **صلى الله عليه و سلم** هو أول من قال في خطبـة الـوداع: (يا أيها الناس إن ربكم واحد وإن أباكم واحد، كلكم لآدم وآدم من تراب، وليس لعـربي عـلى عجمي ولا لعجمي على عربي ولا أحمر على أبيض ولا أبيض على أحمر فضل إلا بـالتقوى، ألا هل بلغت؟ اللهم فاشهد).

أليست هذه الكلمات دستوراً للمسلمين تعبر عن وحـدة الجنـس البشـري عـلى تطـاول الأزمان وتداول الأيام بين الناس؟

ومما تجدر الإشارة إليه على ضوء ما تقدم أن الدعوة إلى تحرير الرقيـق وتقريـر حقـوق الإنسان في الإسلام مؤطرة بالنظام الأخلاقي القائم على:

- ثنائية الجزاء في الدنيا والآخرة.
- التواد والتراحم والتعاطف والتعاون.
- التسامح واللين والتواضع والإيثار.
- الوفاء وطهارة النفس والتقوى وعدم الانقياد لهوى النفس.
- الإخاء والعدل والإحسان والمسارعة إلى كل خير.
- الاستقامة وإصلاح النفس وتزكيتها بالخير.

وهذه سمات أخلاقية أثنى عليها القرآن الكريم وامتدحتها السنة النبوية، وهي من محاسـن الأخلاق الدالة على قوة الإيمان ومن أساسيات مقوماته.

الوحدة الخامسة

النظام الاقتصادي

في الحضارة العربية الإسلامية

أولاً: أسس النظام الاقتصادي

ثانياً: القطاعات الاقتصادية في الحضارة العربية
الإسلامية

الوحدة الخامسة

النظام الاقتصادي في الحضارة العربية الإسلامية

أولاً: أسس النظام الاقتصادي:

يراد بالنظام الاقتصادي في المنظور الإسلامي: مجموعة الأحكام الشرعية التي تنظم علاقة الإنسان بالمال في استقامة واعتدال في جميع فعاليات الحياة الاقتصادية، بما يكفل توزيع الثروة لإقامة مجتمع الكفاية والعدل، وما ينشأ عن ذلك من حقوق وواجبات كالإرث والوصية والزكاة والصدقة ونحوه.

ويقوم الفكر الاقتصادي في الإسلام على منظومة من الأسس نذكر منها:

1- المال مال الله والبشر مستخلفون فيه لقوله تعالي في سورة النور: آية33: (وَآتُوهُمْ مِنْ مَالِ اللَّهِ الَّذِي آتَاكُمْ)، وقوله تعالى في سورة الحديد: آية 7: (وَأَنْفِقُوا مِمَّا جَعَلَكُمْ مُسْتَخْلَفِينَ فِيهِ).

2- وجوب تداول المال بين أفراد الرعية بما يحقق الرفاهية لأفراد المجتمع لئلا لا يقتصر على الأغنياء، لقوله تعالي في سورة الحشر آية7:(كَيْ لَا يَكُونَ دُولَةً بَيْنَ الْأَغْنِيَاءِ مِنْكُمْ) ، والدولة هنا تعني التداول.[1]

3- تحريم الاحتكار والجشع والاستغلال واكتناز الأموال لضرره بالمصلحة العامة، لقوله تعالى في سورة التوبة: آية 34: (وَالَّذِينَ يَكْنِزُونَ الذَّهَبَ

(1) للمزيد حول هذا الموضوع انظر: محمد باقر، اقتصادنا، دار المعارف للمطبوعات، الطبعة الثالثة عشر، بيروت، 1980.

وَالْفِضَّةَ وَلَا يُنْفِقُونَهَا فِي سَبِيلِ اللَّهِ فَبَشِّرْهُمْ بِعَذَابٍ أَلِيمٍ)، وغاية ذلك منع إعاقة تنمية المجتمع للحيلولة دون استشراء الفقر، وآثاره المدمرة على صعيد الفرد والجماعة [1].

4- عدم الاعتراف بالملكية الخاصة للمال، إلا إذا كان مصدره مشروعاً كالعمل والكسب بصوره المتعددة والإرث والوصية والهبة والوقف وغيره.

5- المال ذو أهمية وملكيته مصونة، وهو ضرورة من ضرورات الحياة، ورغم أهميته تلك، إلا أنه ليس أساساً لتقييم الناس والتفاضل بينهم. وبناءً على هذا الفهم، فإن المال وسيلة للعيش الكريم وليس غاية في حد ذاته ونشدان الحصول عليه كغاية لا تبرره الوسيلة المتبعة حسب المفهوم الميكافيلي.

6- الملكية آنية وليست أبدية تنتهي بموت صاحبها ولا ينفعه منها إلا الصدقة الجارية حسب الحديث الشريف. وغاية ذلك منع طغيان المال على نفسية صاحبه، لقوله تعالى في سورة العلق: الآيتان 6، 7: (كَلَّا إِنَّ الْإِنْسَانَ لَيَطْغَى (6) أَنْ رَآَهُ اسْتَغْنَى).

7- حيازة الأموال ليست مطلقة بل مقيدة بضوابط شرعية من صورها:

- الملكية لا تخول مولاها حق التصرف بماله حسبما شاء وكيفما أراد.
- عدم جواز أن يفضي التصرف بالملكية إلى ضرر يقع على فرد أو جماعة أو يشكل خطراً على المصلحة العامة.
- وجوب حسن التصرف بحيازة المال صيانة وإنفاقاً.

---

(1) للمزيد حول هذا الموضوع انظر: التفسير الموضوعي لسور القرآن الكريم، منشورات جامعة الشارقة، كلية الدراسات العليا والبحث العلمي، 2010، 221/3و 226 و227.

وعند إساءة التصرف يتم الحجر على مولى هذا المال عملاً بالآية: (وَلَا تُؤْتُوا السُّفَهَاءَ أَمْوَالَكُمُ) النساء/ 5. فالمسلم مطالب بحسن الاستخلاف في المال وعدم تبديده أو صرفه في غير وجه حق، وإن تأكد ذلك وجب الحجر على السفهاء.

8- تحريم ملكية الأموال التي ينالها الشخص عن طريق الرشوة والسرقة والاختلاس والاتجار بالبيوع الفاسدة والتلاعب بالمكاييل والأوزان والزنا والقمار، والفن الهابط الرخيص والربح الفاحش، ومبعث هذا التحريم أن الملكية الخاصة لا يقرها الشرع إلا إذا تأتت لصاحبها بالطرق المشروعة.

9- تحريم الربا بالكلية لقوله تعالى في سورة البقرة: آية 275 : (وَأَحَلَّ اللَّهُ الْبَيْعَ وَحَرَّمَ الرِّبَا). ولقد حارب الإسلام الربا واعتبره وسيلة محرمة وينذر أصحابها بأشنع مصير لأن الكسب هنا بلا جهد مشروع، والعمل بالربا يقتل الشفقة في الإنسان، فالمرابي لا يتردد في تجريد المدين من أمواله أو بيته أو الزج به في ظلمات السجون حتى الموت.

10- لا يسوغ الشرع أن يوظف المال كوسيلة للتدخل في شؤون الدولة للضغط على مجريات الأمور فيها، بهدف استعباد القاعدة وإذلالها لصالح الصفوة الحاكمة، كما يحظر الشرع توظيف القوانين في الدولة في شؤونها الداخلية والخارجية لصالح الأثرياء بما قد يلحق ضرراً بالعامة، عملاً بالقاعدة الفقهية (يتحمل الضرر الخاص لدفع الضرر العام).

11- حيازة الملكية توجب على صاحبها ما هو آتٍ:

أ- توظيف الأموال في تدشين المشاريع الإنتاجية ليسهم في القضاء على البطالة ويعمل على رفع مستوى المعيشة في المجتمع، ويخفض من وطأة الفقر

وآثاره المدمرة. وتوظيف الأموال مظهر من مظاهر المجتمعات المتحضرة وفيها يتحقق مصلحة الفرد والجماعة والدولة.

ب- الإنفاق على من تجب نفقتهم عليه باعتدال وتوسط من غير إسراف أو تقتير، لتأمين العيش الكريم من مأكل وملبس ومسكن وتعليم وطبابة، والترويح البريء عن النفس ونحو ذلك. تطبيقاً للحديث الشريف: [إن الله يحب أن يرى أثر نعمته على عبده].

وعملاً بقوله تعالى في سورة الأعراف: آية 31: (وَكُلُوا وَاشْرَبُوا وَلَا تُسْرِفُوا إِنَّهُ لَا يُحِبُّ الْمُسْرِفِينَ)، وفي القرآن دعوة تحريم الإسراف مخافة أن يجعل صاحبه ملوماً محتاجاً إلى معونة غيره من الناس متحسراً على ما فاته.

ج - الجهاد بالمال عن طريق استفراغ الطاقة ببذله وعدم الشح، توسعة على المقاتلة تدريباً وتسليحاً وتموينا وليس هذا فحسب، بل ليكون لهم القدرة على بث العيون في صفوف العدو لاستطلاع خططه، وهذا بالكلية يحتاج في تغطيته إلى المال الوفير.

وفي الحديث: (من جهز غازياً فقد غزا). وفي الحديث أيضاً: [من مات ولم يغز ولم يحدث نفسه بالغزو مات على شعبة من النفاق) رواه مسلم [1].

د- الزكاة ومعناها في اللغة النماء والطهارة، وقيمتها اثنان ونصف بالمئة في الذهب والفضة وسائر الأموال، وقد تبلغ عشر بالمئة في منتوج الأراضي التي تسقى بدون تكاليف، وهي أحد أركان الإسلام الخمسة، والزكاة ليست إحساناً بل فريضة إجبارية إلزامية، لأنها حق الفقير في مال الله الذي أعطاه للغني لقوله تعالى في سورة المعارج آية 24، 25: (وَالَّذِينَ فِي أَمْوَالِهِمْ حَقٌّ مَعْلُومٌ (24) لِلسَّائِلِ

---

(1) ابن قيم الجوزية: زاد المعاد، مصدر سابق، 11/3

وَالْمَحْرُومِ) وقد قرر جمهور الفقهاء: أن من يموت ولم يؤد الزكاة الواجبة عليه تكون ديناً في التركة، لا تخلص للورثة الا بعد سدادها كمن يموت وعليه دين للعباد [(1)].

وحكمة مشروعية الزكاة كثيرة منها: تعويد النفس على البذل والعطاء، وتنمية ثروة المزكي وطهارتها، وتحقيق التعاون والتكافل بين أفراد المجتمع، وتطهير المجتمع من الفقر وأمراضه.

وشروط الزكاة هي:

- أن يكون المال مملوكاً ملكاً تاماً، بالغاً للنصاب لصاحبه حرية التصرف فيه باختياره زائداً عن حاجته الضرورية وزائداً عن ديونه، فالشخص الذي له مال وعليه دين يساوي ماله أو أكثر فهو كمن ليس له مال، والأموال التي لا تجب فيها الزكاة بسبب الضرورة القاهرة هي:
- المال الموقوف.
- الديون التي في ذمم المدينين والتي لا يرجى سدادها كديون معدومة.
- المال المرهون والقائم بشأنه نزاع وخلاف [(2)].

ويشترط للزكاة مرور سنة قمرية، وأن يكون المال زائداً عن حاجات مالكه الضرورية وعن ديونه. والزكاة تؤخذ من رأس المال من الأرباح، والسنة القمرية ثلاثمائة وأربعة وخمسون يوماً، أما السنة الشمسية ثلاثمائة وخمسة وستون يوماً. وفي الحديث: [وما منع قوم الزكاة إلا منعوا القطر (المطر) من السماء ولولا البهائم لم يمطروا][(3)].

---

(1) عفيف عبد الفتاح طباره: روح الدين الإسلامي، مرجع سابق، ص 344- 345

(2) المرجع السابق: ص 346

(3) المرجع السابق: ص 347

والسنة القمرية ثلاثمائة وأربعة وخمسون يوماً، أما السنة الشمسية ثلاثمائة وخمسة وستون يوماً.

٥- صدقة التطوع والإحسان وحقوق أخرى سوى الزكاة التزاماً لقوله تعالى: (وَالَّذِينَ فِي أَمْوَالِهِمْ حَقٌّ مَعْلُومٌ (24) لِلسَّائِلِ وَالْمَحْرُومِ) ثم الحديث الشريف: [إن في المال حقاً سوى الزكاة] رواه الترمذي.

ولم يحدد الحديث هذه الحقوق بل ترك بابها مفتوحاً توقعاً للطوارئ وسداً للحاجات العارضة، كالحروب والمجاعات وغيرها من المصائب العامة التي قد تحدث بشكل غير متوقع وتسبب خسارة مالية كبيرة.

ولا يفوتنا هنا ذكر أن الإسلام لم يترك أمر الزكاة والصداقات إلى تقدير ولي الأمر، بل بين المصارف وعينها بالنص القرآني القطعي الثبوت لقوله تعالى في سورة التوبة آية 60: (إِنَّمَا الصَّدَقَاتُ لِلْفُقَرَاءِ وَالْمَسَاكِينِ وَالْعَامِلِينَ عَلَيْهَا وَالْمُؤَلَّفَةِ قُلُوبُهُمْ وَفِي الرِّقَابِ وَالْغَارِمِينَ وَفِي سَبِيلِ اللـه وَابْنِ السَّبِيلِ فَرِيضَةً مِنَ اللـه وَ اللـه عَلِيمٌ حَكِيمٌ)[1].

واللافت للانتباه أن الفكر الاقتصادي الإسلامي يدعو إلى السخاء بالمال في الجهاد والزكاة والصدقات والحقوق الأخرى المشار إليها سابقاً، عملاً بقوله تعالى في سورة البقرة: آية 274: (الَّذِينَ يُنْفِقُونَ أَمْوَالَهُمْ بِاللَّيْلِ وَالنَّهَارِسِرًّا وَعَلَانِيَةً فَلَهُمْ أَجْرُهُمْ عِنْدَ رَبِّهِمْ وَلَا خَوْفٌ عَلَيْهِمْ وَلَا هُمْ يَحْزَنُونَ(274) وَمَا أَنْفَقْتُمْ مِنْ نَفَقَةٍ أَوْ نَذَرْتُمْ مِنْ نَذْرٍ فَإِنَّ اللـه يَعْلَمُهُ وَمَا لِلظَّالِمِينَ مِنْ أَنْصَارٍ(270) إِنْ تُبْدُوا الصَّدَقَاتِ فَنِعِمَّا هِيَ وَإِنْ تُخْفُوهَا وَتُؤْتُوهَا الْفُقَرَاءَ).

فالإسلام دين بذل وعطاء، لذا حبب إلى المسلمين أن تكون نفوسهم سخية من غير منٍّ ولا أذى وعندها يضاعف اللـه الحسنات لمن يشاء، وليس أدل على ذلك

---

(1) عفيف طبارة: روح الدين الإسلامي، مرجع سابق، ص 351.

قوله تعالى في سورة البقرة الآيات 261-263: (مَثَلُ الَّذِينَ يُنْفِقُونَ أَمْوَالَهُمْ فِي سَبِيلِ اللَّهِ كَمَثَلِ حَبَّةٍ أَنْبَتَتْ سَبْعَ سَنَابِلَ فِي كُلِّ سُنْبُلَةٍ مِئَةُ حَبَّةٍ وَاللَّهُ يُضَاعِفُ لِمَنْ يَشَاءُ وَاللَّهُ وَاسِعٌ عَلِيمٌ (261) الَّذِينَ يُنْفِقُونَ أَمْوَالَهُمْ فِي سَبِيلِ اللَّهِ ثُمَّ لَا يُتْبِعُونَ مَا أَنْفَقُوا مَنًّا وَلَا أَذًى لَهُمْ أَجْرُهُمْ عِنْدَ رَبِّهِمْ وَلَا خَوْفٌ عَلَيْهِمْ وَلَا هُمْ يَحْزَنُونَ (262) قَوْلٌ مَعْرُوفٌ وَمَغْفِرَةٌ خَيْرٌ مِنْ صَدَقَةٍ يَتْبَعُهَا أَذًى وَاللَّهُ غَنِيٌّ حَلِيمٌ(263)).

12- الاقتصاد في النفقة بادخار شيء من المال لدفع عملية التنمية وليس اكتنازه كما تقدم، وهذا يبعث القوة في النفس على صعيد الفرد والجماعة والدولة. فالتوسط بين الإسراف والشح هو من الفضائل التي تفضي إلى الاستقامة وإصلاح النفس وتزكيتها.

13- التحذير من الإسراف تطبيقاً لقوله تعالى في سورة الإسراء:آية 27: (إِنَّ الْمُبَذِّرِينَ كَانُوا إِخْوَانَ الشَّيَاطِينِ وَكَانَ الشَّيْطَانُ لِرَبِّهِ كَفُورًا)، وقوله تعالى في سورة الإسراء: آية 29: (وَلَا تَجْعَلْ يَدَكَ مَغْلُولَةً إِلَى عُنُقِكَ وَلَا تَبْسُطْهَا كُلَّ الْبَسْطِ فَتَقْعُدَ مَلُومًا مَحْسُورًا) ففي الآيات المشار إليها سابقاً من العبر ما يدلل على خطورة رذائل الإسراف أو الشح، وتحذير للإنسان ألا ينفق أكثر من طاقته احترازاً من الوقوع تحت طائلة المديونية، وما قد يصاحب ذلك من الكذب والمماطلة الذي قد يدفع صاحبه للسرقة أو ارتكاب الجرائم.

كما تحذرنا الآيات أن ننفق شيئاً يضر بنا ولا ينفعنا كالتدخين ونحوه، ولا تسوغ لنا أن نقدم الأمور الكمالية المرهقة على الضرورية، وهي من الرذائل المفضية إلى الانقياد إلى هوى النفس، وما تحمله من الكبر والخيلاء ومظاهر الكذب وغيره.

14- النهي عن الظلم في تملك المال بالباطل، لقوله تعالى: (يَا أَيُّهَا الَّذِينَ آمَنُوا لَا تَأْكُلُوا أَمْوَالَكُمْ بَيْنَكُمْ بِالْبَاطِلِ). وبهذه القاعدة كفل اللـه صيانة المال لتكون ضمن المقاصد الخمسة التي جاءت فيها الشريعة الإسلامية، وكفل المحافظة عليه من السرقة والنهب والاختلاس، فالإسلام دين وقاية قبل أن يقيم الحدود ويوقع العقوبات.

ومن صور النهي عن الظلم في حيازة المال تحريم أكل أموال اليتيم تطبيقاً لقوله تعالى في سورة الأنعام آية 152: (وَلَا تَقْرَبُوا مَالَ الْيَتِيمِ إِلَّا بِالَّتِي هِيَ أَحْسَنُ حَتَّى يَبْلُغَ أَشُدَّهُ).

فالتوجه الرباني بحق اليتيم يجعل الجماعة متكافلة ومتعاونة معه، فتصون ماله وتعمل على تنميته حتى يبلغ مرحلة النضج والرشد، فيمتلكه كاملاً نامياً وما أضيف إليه من مال حلال. وقد ورد هذا الحرص في الحفاظ على مال اليتيم منعاً للتلاعب أو الإفساد فيه. وهذه الآية ترفع بالضمير البشري إلى مستوى رفيع على هدي من العقيدة الربانية، وما ينتظم فيها من آليات الفكر الاقتصادي ومبادئه.

15- وجوب توثيق الدين إذا كان لأجل معين، وهو أمر محمول على الوجوب وليس للندب أو الاختيار، وموت الشهود مدعاة للإنكار، فلأجل الاحتراز أمرنا القرآن بكتابة الدين وتوثيقه.

مع الاحتفاظ بالتنويه هنا أن لهذه المسألة قولين بين الوجوب والندب.

وتجدر الإشارة أن آية الدين هي الأطول في القرآن الكريم ورقمها 282 من سورة البقرة، وهي: (يَا أَيُّهَا الَّذِينَ آمَنُوا إِذَا تَدَايَنْتُمْ بِدَيْنٍ إِلَى أَجَلٍ مُسَمًّى فَاكْتُبُوهُ وَلْيَكْتُبْ بَيْنَكُمْ كَاتِبٌ بِالْعَدْلِ وَلَا يَأْبَ كَاتِبٌ أَنْ

يَكْتُبَ كَمَا عَلَّمَهُ اللَّهُ فَلْيَكْتُبْ وَلْيُمْلِلِ الَّذِي عَلَيْهِ الْحَقُّ وَلْيَتَّقِ اللَّهَ رَبَّهُ وَلَا يَبْخَسْ مِنْهُ شَيْئًا فَإِنْ كَانَ الَّذِي عَلَيْهِ الْحَقُّ سَفِيهًا أَوْ ضَعِيفًا أَوْ لَا يَسْتَطِيعُ أَنْ يُمِلَّ هُوَ فَلْيُمْلِلْ وَلِيُّهُ بِالْعَدْلِ وَاسْتَشْهِدُوا شَهِيدَيْنِ مِنْ رِجَالِكُمْ فَإِنْ لَمْ يَكُونَا رَجُلَيْنِ فَرَجُلٌ وَامْرَأَتَانِ مِمَّنْ تَرْضَوْنَ مِنَ الشُّهَدَاءِ أَنْ تَضِلَّ إِحْدَاهُمَا فَتُذَكِّرَ إِحْدَاهُمَا الْأُخْرَى وَلَا يَأْبَ الشُّهَدَاءُ إِذَا مَا دُعُوا وَلَا تَسْأَمُوا أَنْ تَكْتُبُوهُ صَغِيرًا أَوْ كَبِيرًا إِلَى أَجَلِهِ ذَلِكُمْ أَقْسَطُ عِنْدَ اللَّهِ وَأَقْوَمُ لِلشَّهَادَةِ وَأَدْنَى أَلَّا تَرْتَابُوا إِلَّا أَنْ تَكُونَ تِجَارَةً حَاضِرَةً تُدِيرُونَهَا بَيْنَكُمْ فَلَيْسَ عَلَيْكُمْ جُنَاحٌ أَلَّا تَكْتُبُوهَا وَأَشْهِدُوا إِذَا تَبَايَعْتُمْ وَلَا يُضَارَّ كَاتِبٌ وَلَا شَهِيدٌ وَإِنْ تَفْعَلُوا فَإِنَّهُ فُسُوقٌ بِكُمْ وَاتَّقُوا اللَّهَ وَيُعَلِّمُكُمُ اللَّهُ وَاللَّهُ بِكُلِّ شَيْءٍ عَلِيمٌ(282))

16- حرمة التطلع إلى ما هو داخل في ملك الآخرين حسداً عملاً بقوله تعالى في سورة الشمس: آية 9: (قَدْ أَفْلَحَ مَنْ زَكَّاهَا) أي راقب نفسه فطهرها مـن الـذنوب والغل والحقـد على الأغنياء، الذين أوجب عليهم الشرع دفع زكاة أموالهم للفقراء، تطبيقاً لقولـه تعالى في سورة التوبة آية 103: (خُذْ مِنْ أَمْوَالِهِمْ صَدَقَةً تُطَهِّرُهُمْ وَتُزَكِّيهِمْ بِهَا وَصَلِّ عَلَيْهِمْ إِنَّ صَلَاتَكَ سَكَنٌ لَهُمْ وَاللَّهُ سَمِيعٌ عَلِيمٌ). وروي عن علي بن أبي طالب قوله: [إن اللـه فرض على أغنياء المسلمين في أموالهم بالقدر الذي يسع فقراءهم، ولن يجهر الفقراء إذا جاعوا أو عروا إلا بما يصنع أغنياؤهم] رواه الترمذي.

والعدالة تقتضي منعاً للحسد، وجوب أن يتحلى الأغنياء بالسخاء في المرتبة الأولى ثم الجود والكرم والإيثار. لينأى المجتمع عن رذائل التحاسد والتعادي والفتن، وليس خافياً على أحد، أن الفقر لا يعم في الأمة ولا يصاب الناس بالجهد والحاجة، إلا بتقصير الأغنياء في دفع زكاة أموالهم، ومنعاً للحسد يجب ألا يكون في الأمة فئات متخمة وأخرى محرومة، فتحقيق التوازن الاقتصادي هو الأولى بالتطبيق منعاً لتفكك المجتمع وانتشار الأمراض الاجتماعية.

ولا يسوغ أن يتضخم المال بيد فئة قليلة وينحسر عن الغالبية فيكون مثار مفسدة عظيمة، وهذا ما يقرره الشرع، لتحقيق مصلحة الجماعة بنفس الدرجة التي يتحقق بها مصلحة الفرد المالك، الذي يبيح له الشرع أن ينمي ماله مهما بلغ، ضمن الحدود الشرعية بشرط أن يدفع حق الزكاة الموجبة على ماله بالكامل. وأيما خروج عن هذا فهو باطل ناقض لعهد الاستخلاف.

والغنى في غياب الإيمان وعدم تطبيق شرع الله، قد يكون من أسباب الفساد والترف والطغيان والخيلاء والبغي مصداقاً لقوله تعالى في سورة العلق آية6،7: (كَلَّا إِنَّ الْإِنْسَانَ لَيَطْغَى (6) أَنْ رَآَهُ اسْتَغْنَى(7)).

17- الحث على العمل المشروع لكسب الرزق وإعالة النفس والأهل والنهي عن البطالة والسؤال، وقد رفع الإسلام قيمة العمل أياً كان شكله، لأجل البناء الحضاري المتجدد، حتى بات في منزلة العبادة.

وقد حدد الإسلام على الدولة والمجتمع ضرورة:

أ- تأمين فرص العمل للجميع وعدم هدر طاقات الناشئة في إضاعة الوقت.

ب- إتقان العمل عملاً بالحديث الشريف [إن الله يحب إذا عمل أحدكم عملاً أن يتقنه]، فالعمل في الإسلام عبادة.

ج- تغطية حاجات العامل الضرورية وكفالته عند عجزه، وتوفير الأجر العادل ودفعها دون تسويف عملاً بقوله تعالى في سورة الأعراف آية 85: (وَلَا تَبْخَسُوا النَّاسَ أَشْيَاءَهُمْ) وعملاً بالحديث الشريف: [أعط الأجير حقه قبل أن يجف عرقه] رواه ابن ماجه.

د- الرفق بالعامل أو الموظف أو الأجير وعدم تكليفه فوق طاقته لأن في ذلك خطراً على حياته، لقوله تعالى في سورة البقرة آية 286: (لَا يُكَلِّفُ اللَّهُ نَفْسًا إِلَّا وُسْعَهَا) [1].

وهذا يحتاج إلى تشريعات مقننة لقانون العمل والضمان الاجتماعي.

ولقد أوضح الرسول **صلى الله عليه و سلم** أن الأخذ بأسباب العمل المشروع يضمن تحقيق الرزق لصاحبه، وهي من صور الملكية الفردية في الإسلام. وفي الحديث الشريف: [ما أكل أحد طعاماً قط خيراً من أن يأكل من عمل يده] رواه البخاري. ويلاحظ أن مفهوم العمل شامل لكل فعالية اقتصادية في كافة مناحي الحياة.

وانطلاقاً من المفاهيم السابقة للعمل، فإن الدولة من المنظور الاقتصادي الإسلامي يقع عليها واجب تنظيم الحياة وتنظيم المجتمع بأنواع الأعمال، وإيجاد العمل لكل قادر على ذلك لأنه حق من حقوق الإنسان المقررة، فالإنسان مستخلف في الأرض للقيام بدوره الحضاري الكامل، وهو الركن الأساس في التنمية الحضارية ومن هنا فقد عني الإسلام بتكافؤ فرص العمل للجميع [2].

ومن صور اهتمام الإسلام بالاقتصاد، النهي عن الركون إلى التواكل والكسل، وشجع التجارة وحرم الربا والغش والاحتكار والاستغلال، فتعاليم

---

(1) د. محمد عبد القادر، الثقافة الإسلامية، المطابع المركزية، الطبعة الثالثة، عمان 1982

(2) د. محسن عبد الحميد: الإسلام والتنمية الاجتماعية، دار الأنبار، الطبعة الأولى، بغداد، 1989، ص 47.

الإسلام لا تجيز الفقر ولا تشجعه، كما أنها تربي في النفس الشعور بالعزة وكرامة النفس، فالعامل الذي يأكل من عمل يده أفضل من الذي يعتمد على صدقات الناس [1].

والذي نميل إليه، أن وفرة العمل بالقطاعات الإنتاجية الزراعية والصناعية والتجارية والخدمية وغيرها، يعد دليل صحة في اقتصاد الدولة يؤثر بالإيجاب في كافة نظم الدولة والمجتمع، ويجنح بها نحو الاستقرار والاستقلال والسيادة والرقي والتطور، لوفرة المال الذي هو عصب الحياة.

18- إقرار أشكال مصدر الملكية المختلفة، الفردية والمشتركة والجماعية والملكية العامة أو ملكية الدولة، كحقول البترول والمناجم والمعادن والكنوز وموارد بيت المال.

وانطلاقاً من الحديث الشريف: [الناس شركاء في ثلاث: الماء والكلأ والنار]. فقد أكد الإسلام على ملكية الدولة لكل ما هو ضروري للكافة.

فالملكية تقوم على التوازن بين مصلحة الفرد ومصلحة الجماعة ولا يسوغ لأحدهما بأن تطغي على الأخرى، والعلاقة بينهما قائمة على التناغم والتجانس والتكامل لتحقيق المصلحة العامة.

فالأسس التي يقوم عليها النظام الاقتصادي في الإسلام تختلف عن الرأسمالية والاشتراكية اللتين تؤكدان على أن المال غاية وليس وسيلة، والمال في فلسفتيهما أساساً للتقييم والتفاضل بين الناس. وهذا ما لا يقره الشرع ولعل من أوجه الخلاف أيضاً: أن النظام الرأسمالي يبيح الملكية الفردية المطلقة

(1) د. أحمد العوايشة: موقف الإسلام من نظرية ماركس للتغير المادي للتاريخ، المكتبة الإسلامية، الطبعة الأولى عمان، 1982، ص 498- 499.

وتغليب مصلحة الفرد على مصلحة الجماعة، أما النظام الاشتراكي فلا يأخذ بالملكية الفردية معوضاً عنه بالملكية العامة أو ملكية الدولة.

فالفكر الاشتراكي يغلب مصلحة الجماعة على مصلحة الفرد، وخلاف ما تقدم، نرى أن النظام الاقتصادي الإسلامي يسوغ وجود الملكية الفردية ضمن قيود وواجبات وضوابط تقدم شرحها، وهي ليست موجودة لا في الفكر الشيوعي ولا الفكر الرأسمالي. وفيما يلي أهم ما يميز النظام الاقتصادي الإسلامي من خصائص تميزه عن غيره من النظم الاقتصادية الأخرى:

أ- رباني المصدر والتشريع يقوم على الوسطية والاعتدال والتوازن، غايته تحقيق التنمية والبركة والكفاية والعدل، على خلفية أخلاقية مستمدة من القرآن والسنة لعمارة الأرض على قاعدة من التشريع الإلهي[1]. في حين نرى أن النظم الاقتصادية المعاصرة وضعية من فكر البشر القاصر عن بلوغ الكمال، وترى في المادة الوسيلة لرفع مستوى المعيشة وإسعاد البشرية، بينما يرى الإسلام أن إسعاد البشرية ليس في المادة فحسب، بل في القيم الروحية والخلقية؛ لأن للحياة تجليات أعلى وأسمى من الثروة عملاً بالحديث الشريف: [ليس للإنسان من ماله إلا ما أكل فأفنى، أو لبس فأبلى أو تصدق فأغنى].

ب- واقعية النظام الاقتصادي الإسلامي، تتمثل هذه الواقعية في أنه نظام ليس من صنع البشر، بل أنزله صاحب الكمال المطلق، وما يتأتى عنه من تشريع اقتصادي يتسم بالواقعية بما يتفق وفطرة الإنسان. لا تتحكم فيه الأهواء والأجندات الشخصية والشهوات وظروف البيئة، قابل للتطبيق على تطاول الأزمان، يقوم على اليسر ورفع الحرج ودفع المشقة. يدعو إلى التراحم

---

(1) د. محمد عبد السلام محمد: دراسات في الثقافة الإسلامية، مكتبة الفلاح، الطبعة السابعة، 1988، الكويت، 397.

والتكامل والتوزيع العادل للثروة، وهذا كله مؤطر بمرجعيات الاعتدال والتوازن وعدم الغلو في الإسراف.

ج- اقتران كسب المال وإنفاقه في الدنيا والآخرة بحسب النية من خير أو شر أو رياء، مصداقاً لقوله تعالى: (مَثَلُ الَّذِينَ يُنْفِقُونَ أَمْوَالَهُمْ فِي سَبِيلِ اللَّهِ كَمَثَلِ حَبَّةٍ أَنْبَتَتْ سَبْعَ سَنَابِلَ فِي كُلِّ سُنْبُلَةٍ مِئَةُ حَبَّةٍ وَاللَّهُ يُضَاعِفُ لِمَنْ يَشَاءُ وَاللَّهُ وَاسِعٌ عَلِيمٌ(261)) البقرة / 261. ومصداقاً لقوله تعالى: (اللَّهُ وَلِيُّ الَّذِينَ آَمَنُوا يُخْرِجُهُمْ مِنَ الظُّلُمَاتِ إِلَى النُّورِ وَالَّذِينَ كَفَرُوا أَوْلِيَاؤُهُمُ الطَّاغُوتُ يُخْرِجُونَهُمْ مِنَ النُّورِ إِلَى الظُّلُمَاتِ أُولَئِكَ أَصْحَابُ النَّارِ هُمْ فِيهَا خَالِدُونَ(257)) البقرة / 257. ومصداقاً للحديث الشريف: (إنما الأعمال بالنيات وإنما لكل أمريء ما نوى، فمن كانت هجرته إلى الله ورسوله، فهجرته إلى الله ورسوله، ومن كانت هجرته إلى دنيا يصيبها أو امرأة ينكحها فهجرة إلى ما هاجرة إليه) متفق عليه.

د- اقتصاد يؤمن أن النفوس قد جبلت على حب التملك وكراهية الفقر، إلا أن المال في قلته أو كثرته غير المنضبطة مفسدة وفتنة. بدليل أن من كانت الدنيا وأموالها همه الوحيد، وأراد العيش على مراده من الله، لا على مراد الله له، جعله الله أقرب للفقر منه للغنى، ما انفك يركض في الأرض ركض الوحوش في البرية بحسب الحديث القدسي، ولا ينال بأكثر مما قدره الله له. ومع اعتبار المال ضرورة، إلا أنه لا يحقق لصاحبه السعادة بمعناها المطلق. فالإيمان هو الكفيل بتحقيق هذه السعادة في الحياة.

هـ- اقتصاد يؤمن في فكره أن الصبر على شدائد شح المال هو مفتاح الصحة النفسية للإنسان المؤمن. والفهيم الحصيف من يعرض نفسه أمام فتنة المال

قلة أو كثرة على كتاب الله، فإن رأى النقمة أو الشر الذي أصابه من غنى أو فقر، قربته إلى الله تعالى كانت علاقته مع خالقه علاقة رضى ومحبة، وإن أبعدته كانت عليه سخط وبلاء وابتلاء.

و- نظام اقتصادي يؤمن أن السعادة في عبادة الله أجمل للإنسان، عندما تكون حياته مقرونة بالعيش الكريم، مستوفياً لجانب من حاجاته ومتطلباته.

ز- نظام اقتصادي يعترف أن الغني الشاكر الذي يقيم شرع الله في ماله من زكاة وصدقات وحقوقٍ أخرى سواهما لصالح المجتمع، كتخصيص الوقف لله تعالى، وتقديم المساعدات للأيتام والمرضى والمبرزين من الطلبة الفقراء والجهاد بالمال ونحو ذلك، أحسن عند الله من الفقير الذي نجهل سلوكه لو كان في منزلة الغني الشاكر. علماً أن بخل الغني مذمة ومبغضة، ولا خير في المال إلا مع الجود ورسم الابتسامة على شفة كل فقير.

ح- نظام اقتصادي يقر أنه ليس من الإيمان استقبال مصيبة الفقر بالتدمر والشكوى، بل بالصبر القائم على الشكر. إلا إذا كان الفقر يعزى لظلم المجتمع، الذي تدهورت فيه قيم العدالة والمساواة، وغياب عدالة تكافؤ الفرص، أو الخلل في توزيع مكاسب التنمية في موضوعية وشفافية على جميع شرائح الشعب، فالجهر هنا بالتذمر على الوضع الاقتصادي بقصد المناداة بالإصلاح واجبة، شريطة ألا يصاحب ذلك الظن السيئ بالله، وتدمير مؤسسات الدولة وحرقها ونهبها.

وجملة القول: فيما تقدم ذكره من أسس وخصائص النظام الاقتصادي في الإسلام، الثابت في أصوله المرن في فروعه الصالح في تشريعه لكل زمان

ومكان. صاغ لنا هنا من خلال قراءة تحليلية نقدية موضوعية أن نطرح التساؤلات الآتية [1] :

- أليس في القرآن الكريم والسنة النبوية دعوة للتنمية الاقتصادية للقضاء على بؤر الفقر والجهل والتخلف والبطالة والمديونية؟

- من هو المسؤول عن تخلف اقتصاديات الأمة لطالما أن الفكر الاقتصادي الإسلامي يحول دون ذلك ؟

- ألسنا بحاجة إلى تشريعات فقهية اقتصادية عصرية لمواجهة الواقع ومشكلاته وفقاً للشريعة الغراء، بأسلوب يعكس ثقافة الزمان والمكان ؟

وختاماً، فإن من الحكمة الإشارة هنا، أن العديد من الساسة وأهل الفكر الاقتصادي الأجانب، قد نبه إلى ضرورة الإفادة من النظام الاقتصادي في الإسلام، بعد الأزمة المالية العالمية الأخيرة، وكان على رأس هؤلاء الرئيس الفرنسي ساركوزي.

ثانياً: القطاعات الاقتصادية في الحضارة العربية الإسلامية:

يشمل القطاع الاقتصادي قطاعات الزراعة والصناعة والتجارة على النحو الآتي:

أولاً: قطاع الزراعة

لقد ربط الله عز وجل الزراعة بعملية الخلق والحياة على الأرض، وحث على عمارة الأرض وتنميتها بالزراعة بهدف توفير الأمن الغذائي للأمة لتحقيق

---

(1) للمزيد حول هذا الموضوع انظر: د. يوسف القرضاوي، حول قضايا الإسلام و العصر، مكتبة وهبة، الطبعة الأولى، القاهرة 1992.

الكفاية والرخاء، صوناً لسيادتها وكرامة الإنسان فيها، وحماية لأبنائها من أمراض سوء التغذية وعللها وما لها من آثار سلبية على كفاءة الإنسان الإنتاجية وليس أدل على ذلك من قوله تعالى في سورة الواقعة: آية 63، 64: (فَرَأَيْتُمْ مَا تَحْرُثُونَ (63) أَأَنْتُمْ تَزْرَعُونَهُ أَمْ نَحْنُ الزَّارِعُونَ)، وقوله تعالى في سورة الأنعام: آية 99: (وَهُوَ الَّذِي أَنْزَلَ مِنَ السَّمَاءِ مَاءً فَأَخْرَجْنَا بِهِ نَبَاتَ كُلِّ شَيْءٍ)، وقوله تعالى في سورة النحل آية 10، 11: (هُوَ الَّذِي أَنْزَلَ مِنَ السَّمَاءِ مَاءً لَكُمْ مِنْهُ شَرَابٌ وَمِنْهُ شَجَرٌ فِيهِ تُسِيمُونَ(10) يُنْبِتُ لَكُمْ بِهِ الزَّرْعَ وَالزَّيْتُونَ وَالنَّخِيلَ وَالْأَعْنَابَ وَمِنْ كُلِّ الثَّمَرَاتِ إِنَّ فِي ذَلِكَ لَآيَةً لِقَوْمٍ يَتَفَكَّرُونَ) .

وقوله تعالى في سورة الأنعام آية 141: (كُلُوا مِنْ ثَمَرِهِ إِذَا أَثْمَرَ وَآتُوا حَقَّهُ يَوْمَ حَصَادِهِ)، وقد وردت مشروعية الزراعة في السنة بقول النبي صلى الله عليه و سلم: [من أحيا أرضاً ميتة فهي له] (رواه البخاري).

وقوله صلى الله عليه و سلم: [من سبق إلى ملك مباح فقد ملك] رواه البخاري، والمراد بهذين الحديثين جواز استصلاح أراضي البور أو الموات؛ تشجيعاً للزراعة وزيادة المحاصيل [1] .

وقوله صلى الله عليه و سلم: [إن قامت الساعة وفي يد أحدكم فسيلة فإذا استطاع ألا يقوم حتى يغرسها فليفعل].

وقوله صلى الله عليه و سلم: (ما من مسلم يغرس غرساً أو يزرع زرعاً فيأكل منه طير أو إنسان أو بهيمة إلا كان له به صدقة) رواه البخاري.

_____

(1) د. محمد راكان الدغمي: نظرية الأمن الغذائي من منظور إسلامي مكتبة المنار، الطبعة الأولى، الزرقاء، 1988، ص 49.

نفيد مما سبق وجوب العناية بالأرض والاهتمام بالزراعة، لما تحقق من قوة وتوفير الأمن الغذائي للأمة[1].

ومن دواعي اهتمام المسلمين بالفلاحة أنها مظهر من مظاهر الاستقرار البشري الذي يفضي إلى بناء الحضارة الإنسانية.

فمتى أخذ الناس في حرث الأرض وزرعها والعناية بالمزروعات وجني محصولها راودهم إحساس بالاستقرار وترك حياة التنقل. ولعل هذا ما دفع الخليفة عمر بن الخطاب إلى منع المجاهدين في أول الأمر من امتهان الفلاحة؛ لئلا تنزع نفوسهم إلى الاستقرار، ويتركوا فضيلة الجهاد، ثم ما لبث أن سمح لبعضهم ممارسة هذه المهنة للمصلحة[2].

وقد أشبع فقهاء الإسلام الموضوعات التي تتعلق بالزراعة، كالمساقاة، وكراء الأرض، وخراج الغلات الزراعية، والمزارعة، والمخابرة، والمغارسة*. في فصول كتبهم.

---

(1) د. جاسر أبو صفية: جهود المسلمين في حقل الفلاحة، بحث مقدم للحلقة العلمية التي عقدتها جمعية الدراسات والبحوث الإسلامية، سنة 1983، جوانب علمية في الحضارة الإسلامية، ص 215

(2) المرجع السابق: ص 216

* الخراج كلمة آرامية، عرفت عند الفرس باسم Harak، وتعني: ضريبة على الأرض، ومدلول الكلمة يعني: مقدار من المال أو الحاصلات الزراعية يفرض على الأراضي حسب طبيعتها ونوعية زراعتها ودرجة خصوبتها وبعدها أو قربها من الحواضر، ونوع سقايتها وهل فتحت سلماً أم حرباً. ومن صوره، عشر المحصول إذا سقي بماء المطر، ونصف العشر إذا سقي بطرق أخرى، تطبيقاً لقوله تعالى: (ﯕ ﯖ ﯗ ﯘ)

- المساقاة: هي أن يعطي مالك البستان مزرعته إلى فلاح متخصص ليرويه ويسمده مقابل حصته من الثمار.
- المغارسة: وصورتها أن يعطي صاحب الأرض أرضه إلى فلاح يغرسها بالأشجار لأجل محدد ثم يناصفه عليها.
- المزارعة وصورتها أن تبذر الأرض من قبل صاحبها تم تعهد إلى فلاح.
- المخابرة وهي أن تبذر الأرض ويشرف عليها صاحبها وتحصد من قبل الفلاح.
- انظر: د. حكمت عبد الكريم: مدخل إلى تاريخ الحضارة الإسلامية، دار الشروق، 1989، ص 145.

ويتضح مما سبق، عناية الآيات القرآنية والأحاديث النبوية بالزراعة والغرس؛ مما حض على وجوب الاعتناء بالأرض واستخراج خيراتها، فاهتدوا إلى معرفة ضروب الزراعة بأنواعها وكافة المحاصيل الزراعية من فواكه وخضروات.

ولم تقتصر عناية دول الخلافة الإسلامية على توفير المياه وتوزيعها، بل كانت تسعى إلى توسيع رقعة الأراضي الزراعية، فكانت تقطع رموز رجالها ممن يقومون بخدمات مهمة قطائع من الأرض يعمرونها بالزراعة مكافأة لهم [1]. ويفهم من هذا أن الإسلام هو صاحب فكرة الإصلاح الزراعية، وروادها كانوا من المسلمين الأوائل قبل أن تعرفها الدول حديثاً.

وقد عرفت دول الخلافة الإسلامية في عهودها المتطاولة الملكيات الزراعية الآتية:

1- الملكيات الزراعية السلطانية.

2- الإقطاعيات بنوعيها: التمليك بالكلية، أو تلك المؤطرة بأطر وقواعد محددة من باب الإيجار أو الضمان.

3- إقطاعيات عسكرية، وهي الأراضي التي تقطع لقادة الجند فتصير إليهم، ويتقاضون رواتبهم من مبيعات مزروعاتها.

4- الملكيات الزراعية العائدة لأصحاب البلاد المحررة التي أقرهم العرب عليها.

5- أراضي الوقف بنوعيه: العام، والخاص [2].

---

(1) أحمد عبد الباقي: معالم الحضارة العربية، مرجع سابق، ص 107.

(2) د. توفيق اليوزبكي: دراسات في النظم العربية الإسلامية، مرجع سابق، ص 236 و ص 239.

وكان النظام الشائع في طرق الزراعة هـو نظام المناوبـة، وقد اختلفت الحاصـلات الزراعية تبعاً لاختلاف أقاليمها حسب الموقع الجغـرافي ونـوع التربة ووفرة الميـاه، وتعتبر الحبوب بأنواعها ثم التمور والكروم والزيتون والقطن وقصب السكر والتفاحيات واللوزيـات والحمضيات أهم المحاصيل الزراعية [1].

ومن مظاهر تقدم الزراعة في أوج الحضارة العربية الآتي:

1- إصلاح وسائل الري وتنظيمها، وحفر القنوات، وإقامة الجسور والقناطر.

2- معرفة صلاحية التربة وما يناسبها من محصول.

3- مقاومة الآفات الحشرية عن طريق المكافحة الذاتية.

4- العناية بتسميد الأرض وفق مقاييس دقيقة حسب حاجة الأرض ونوعية المحصول [2].

5- مراعاة الأصول العلمية في فن الغراس، كالإعداد المسبق للتربة ودراسة مواصفاتها ومدى مواصفاتها لنوع النبات [3].

6- برعوا في فن التلقيح وتركيب الأشجار بعضا من بعض [4].

7- تدجين النباتات البرية وزرعها في البساتين، مع مراعاة الظروف الجوية ونوع التربة [5].

(1) أحمد عبد الباقي: معالم الحضارة العربية، مرجع سابق، ص 108.

(2) د. جاسر أبو صفية: جهود المسلمين في حقل الفلاحة، مرجع سابق، ص 220.

(3) المرجع السابق: ص 220

(4) المرجع السابق: ص 222

(5) المرجع السابق: ص 226

8- جلبوا أنواعاً كثيرة من الأشجار والنباتات، وبرعوا في تنسيق الحـدائق، وعنـوا عنايـة عظيمة بالأزهار. وأدخلوا إلى أوروبا نباتات لم تكن معروفة لهم، كالأرز والمشمش والزيتون والليمون والموز [1]. وللتدليل على مصداقية ذلك لا تـزال أسـماء العديـد من أصناف الفواكه والخضروات تطلق في الغرب بأسمائها العربية.

9- ومما يسجل للحضارة العربية الإسلامية في سابقة هي الأولى من نوعها، نشاط علـماء اللغة لجمع المفردات والمصطلحات المتعلقة بالنباتات والعملية الفلاحية، ودوّنـوا في ذلك رسائل ضمن معاجم اللغة نذكر منها على سبيل المثال لا الحصر [المخصَّص] لابن سيده، ومن يقرأ بعض هذه الرسائل اللغوية النباتية لا يملك إلا أن يعجب بهذه اللغة التي لم تغفل جزئيـة صغيرة مـن جزئيـات علـم الفلاحـة، ولاسيما فيما يتعلق بما نسميه اليوم علم تشريح النبات [2].

ليس هذا فحسب، بل انصب اهتمام المسلمين على العناية بالنبتة، من حيث صفاتها وخصائصها الطبية وما فيها من منافع ومضار، وصنفوا في ذلك عشرات المؤلفات النفيسة، لعل من أشهرها: كتاب المفردات لابن البيطار، والتذكرة لداود الأنطاكي [3]؛ مما ساهم في تطور علم الطب والصيدلة في الحضارة العربية الإسلامية.

وعلى ضوء ما تقدم يمكننا القول: أن الاهتمام بالزراعة والغرس والعناية بالأشجار قـد ظهرت قواعده منذ عصر النبوة، وتقررت قوانينـه في عهد الخلفاء الراشدين، ثـم انطلـق صعوداً في خلافة بني أمية، وبلغ الذروة في العصر العباسي

---

(1) د. أبو زيد شلبي: تاريخ الحضارة الإسلامية، مرجع سابق، ص 301.

(2) د. جاسر أبو صفية، جهود المسلمين في حقل الفلاحة، مرجع سابق، ص 216.

(3) المرجع السابق: ص 217

الأول، ولسنا نغالي إذا قلنا أن الزراعة قد تربعت على قمة الفعاليات الاقتصادية طيلة العهد الإسلامي في بلاد الأندلس، ثم أعقب ذلك تراجع في الزراعة والفلاحة بسبب الغلو في فرض الضرائب على المزروعات، تراوح بين مد وجزر وتفاوت من مكان لآخر، ولم يزل هذا شأن الزراعة حتى آلت الخلافة إلى الأتراك العثمانيين الذين اهتموا بها في أول أمرهم، وبعد أن تطاول العهد على الدولة العثمانية أصابها الضعف الذي امتدت آثاره السلبية إلى قطاعات الدولة الأخرى الاقتصادية، فتدهورت الزراعة وقل الاهتمام بالفلاحة لأسباب عديدة؛ فشاع الفقر والمرض والجوع، واضطرب حبل الأمن في جسم الدولة، وانعدم الأمن الغذائي، ثم ما لبث الاهتمام بالزراعة مجدداً يسير على وتيرة من التقدم والازدهار حتى غدت تركيا اليوم على رأس دول العالم الإسلامي وفرة في المحاصيل الزراعية، في حين بقيت أقطار الوطن العربي تعاني للآن من تدهور إنتاج الغذاء لأسباب طبيعية واقتصادية وسياسية، وسوء الإدارة والتخطيط. وتشير الدلائل إلى أن الربع الأول من القرن الحادي والعشرين سيشهد أزمة غذائية حادة ستؤدي - بلا شك - إلى كارثة مخيفة في العديد من دول العالم الثالث، وتسابق الدول في الحصول عليه سَيُصعِّد الأزمة، ويجعلها قضية حياة أو موت، وهذا من شأنه أن يزيد من أهمية استخدام الغذاء باعتباره سلاحاً سياسياً. ومما يكسب هذا السلاح خطورة بالغة أن معظم الإنتاج العالمي بيد الولايات الأمريكية الدولة أحادية القطبية[1].

ومما لا شك فيه أن العالم العربي شديد الحساسية من هذه الناحية؛ نظراً لضخامة استيراده من المواد الغذائية، وقد يجعل مشكلة الأمن الغذائي لا تتخذ طابعاً اقتصادياً فحسب، وإنما لها جانب سياسي في منتهى الخطورة[2].

(1) د.محمد علي الفرا: مشكلة إنتاج الغذاء في الوطن العربي، عالم المعرفة، العدد21،الكويت،1979، ص262
(2) المرجع السابق: ص 272

والحقيقة المُرّة أن العالم العربي يستورد نصف غذائه من الولايات المتحدة الأمريكية وكندا وأستراليا. وهذه الدول تحتكر تجارة الحبوب الدولية، واللافت للانتباه أن معدل الزيادة في استيراد الحبوب في تزايد مستمر، بشكل يفوق أيَّ منطقة أخرى في العالم مماثلة في عدد السكان؛ ولذلك آن الأوان لهذه الدول أن تعيد النظر في رسم سياستها الغذائية.

ولا بد من عمل حاسم وسريع من شأنه أن يحرر الأمة من الاعتماد على طعامها من الخارج [1]، فلا استقلال لأمة تأكل من وراء البحر خارج حدودها. وليس خافياً على أحد أن أمريكا تستخدم مساعداتها الغذائية لخدمة أغراضها السياسية، باعتبارها سلاحاً ضاغطاً لإذلال الشعوب وإرغامها على الاستسلام لسياستها وإن كانت كارهة لذلك؛ مما يعرض أوضاعها الأمنية وسيادتها واستقلالها ومصالحها للخطر.

وعلى خلفية ما تقدم نرى عظمة الفكر الاقتصادي في الإسلام، الذي هتف قبل أربعة عشر قرناً ونيِّفٍ، بضرورة الاهتمام بالزراعة والري واستصلاح الأرض الموات والاهتمام بتربية الحيوان، والإفادة من ثروات البحر، ونبه على أهمية الغرس والفلاحة، وحرَّم قطع الأشجار في غير منفعة، وقد رأينا توسع الفقهاء في بعض العهود في منح الإقطاعات الزراعية؛ إما على شكل تمليك، أو استغلال؛ لغايات توسيع رقعة الأراضي الزراعية.

وغاية ذلك كله توفير الأمن الغذائي، الذي بدونه تكون الدولة مؤذنة بخراب العمران حسب تعبير ابن خلدون. فالأمن الغذائي سلاح رهيب أمضى من أي سلاح آخر، ومن يسعى لامتلاكه يمتلك زمام نفسه ويخرج عن دائرة الضغوط والابتزاز، ولا يمكن لأي دولة أن يستقيم أمرها بدونه. ومن هنا جاءت دعوة القرآن الكريم والسنة النبوية وإجماع الفقهاء، إلى وجوب الاهتمام بالزراعة

(1) المرجع السابق: ص 273

والفلاحة بالطرق المتاحة حسب كل عصر، وهو من طبيعة الاستخلاف الذي ارتبطت به الأرض مع الإنسان.

وهذا في حد ذاته إشارة واضحة إلى أهمية الأرض، فإذا أُحسِن استغلالها على خير وجه، وتم توظيف ثرواتها السطحية والباطنية تنهض الأمم وترقى الحضارات، عملاً بقوله تعالى في سورة هود آية 61: (هُوَ أَنْشَأَكُمْ مِنَ الْأَرْضِ وَاسْتَعْمَرَكُمْ فِيهَا).

ثانياً: قطاع الصناعة

اقتضت حكمة الله أن لا ينال الإنسان شيئاً ولا يحقق هدفاً إلا بما يبذله من جهد فكري أو عضلي، وهذا الجهد المبذول نطلق عليه العمل. والعمل مشروع بالآيات القرآنية والأحاديث النبوية تطبيقاً لقوله تعالى في سورة التوبة:آية 105:(ۇ و و ۇ ی ﭸ)، وقوله تعالى في سورة الجمعة:آية10: (وَقُلِ اعْمَلُوا فَسَيَرَى اللَّهُ عَمَلَكُمْ وَرَسُولُهُ وَالْمُؤْمِنُونَ)

وفي الحديث الشريف: [ما أكل آدميّ طعاماً خيراً من أن يأكل من عمل يده، وإنَّ نبي الله داود كان يأكل من عمل يده].

وقد حث الإسلام على العمل ورَغَّبَ فيه بوسائل كثيرة، وليس أدل على ذلك من اعتبار العمل عبادة، فقد ورد ذكر العمل ومشتقاته في القرآن الكريم ثلاثمائة وستين مرة.[1]

ففي العمل تحقيق لمفهوم التوكل على الله والأخذ بالأسباب، عملاً بالحديث الشريف: "اليد العليا خير من اليد السفلى"، والعليا هي المنفقة، والسفلى هي السائلة.

---

(1) د. صالح هندي: دراسات في الثقافة الإسلامية، مرجع سابق، ص 131.

وتحقيقاً لأهداف العمل أوجب الإسلام الشروط الآتية:

1- أن يكون العمل مقيداً بالضوابط التي وضعها الإسلام ومن صورهـا: عقـد العمل ومدتـه، وساعات العمل، والأجر، ونحو ذلك، ولا يُسوِّغ الشرع جواز العمـل مـن غيـر تسـمية الأجر؛ ليكون العامل على بينة من أمره، حتى لا يؤدي جهلها إلى الشجار والخصام [1] .

2- مشروعية العمل شرعاً، إذ يحرم كل عمل فيه معصية أو يفضي إليها، إلا مـا يستثنى مـن ذلك للضرورة التي تقدر بقدرها.

3- وجوب إتقان العمل؛ عملاً بالحديث الشريف: [إن اللـه يحب إذا عمل أحدكم عمـلاً أن يتقنه].

وإتقان العمل من أحب الأعمال إلى اللـه، وفي هذا الحديث دعوة صريحة تحث على الأمانة في العمل، وعدم الغش أو إلحاق الظلم أو الضـرر أو الأذى بـالآخرين، وينـدب لإتقان العمل توفير الحوافز المادية والمعنوية.

4- تحريم السخرة في العمل، وعدم تكليف الأجير من العمل إلا ما يطيق؛ عملاً بقول تعـالى في سورة البقرة آية 286: (لَا يُكَلِّفُ اللَّهُ نَفْسًا إِلَّا وُسْعَهَا)

5- أن يكون متفقاً مع طاقات الفرد وقدراتـه وميولـه وملكاتـه الذهنيـة والعقليـة؛ حتـى لا يكون عاجزاً عن تحمل أي عمل يوكل إليه [2] .

6- توفير مظلة التأمين الاجتماعي والصحي والتقاعدي للأجيـر أو العامـل، بصرف النظر عـن مسمى وظيفته والعمل الذي يقوم به.

---

(1) د. محمد راكان الدغمي: نظرية الأمن الغذائي، مرجع سابق، ص 71.

(2) المرجع السابق: ص 74

7- أن لا يشغل العمل صاحبه عن قيامه بواجباته نحو ربه [1]، وفي المقابل أيضاً لا يسوغ الشرع للأجير أو العامل أن يتخذ من واجباته الدينية وسيلة للهروب من العمل وإضاعة الوقت.

8- لولي الأمر الحق في تقييد العمل بأيٍّ قيود تقتضيها المصلحة العامة؛ تحقيقاً لأغراض اقتصادية مشروعة تعود بالنفع على الجميع [2]، شريطة أن لا يلحق الضرر بالعامل؛ عملاً بالحديث الشريف [لا ضرر ولا ضرار].

يتضح مما سبق أن العمل شرف للإنسان، وهو سنة الحياة لتحقيق العيش الكريم، الذي يحقق للإنسان كرامته، ويحفظ كبرياءه [3]، ويبعدُهُ عن سؤال الناس وما يورثه من المذلة وامتهان النفس وخدش المروءة. والدولة من المنظور الاقتصادي في الإسلام مكلفة بتوفير العمل لكل فرد من أفراد الرعية، يشاطرها في ذلك ما يمكن أن يسهم به أصحاب الملكيات الخاصة، من تشييد مئات الفعاليات الاقتصادية، لامتصاص البطالة ورفع مستوى المعيشة.

وفي حث الإسلام على العمل نهي عن البطالة، حتى لا تضيع جهود الأمة وطاقاتها، فينقص الغذاء، ويقل الإنتاج، وتتعطل المصانع، الأمر الذي يؤدي إلى الفساد والفقر. وبهذا تستطيع الدولة أن تستغل كافة الطاقات المعطلة وتنشئ المصانع وتوسع رقعة الزراعة، وتزيد من الإنتاج وتكف الناس عن السؤال [4]. ويكون العمل بذلك باعثاً على توفير أسباب السعادة والصحة النفسية لأفراد المجتمع. ويحفزهم على المساهمة في تطوير الفعاليات الاقتصادية بكل نشاط وهمة.

---

(1) د. صالح هندي: دراسات في الثقافة الإسلامية، مرجع سابق، ص 136

(2) المرجع السابق: ص 136

(3) د. محمد راكان الدغمي: نظرية الأمن الغذائي، مرجع سابق، ص 67.

(4) المرجع السابق: ص 69

وحثُّ الشريعة على العمل يوجب الاهتمام بالصناعة، فلا صنائع مـن غـير عمـل، ولا حضارة لأي أمة من غير تقدم في الصناعات كافة.

والصنائع منها ما يختص بالضروريات، ومنها مـا يختص بالكماليات [1]. وقد كفلت الشريعة حرية العمل بالصناعات في كافة المجالات والاختراعات لبلـوغ صناعـة راقيـة ينتفـع بها الإنسان في كل عصر، كصورة من صور المدنيـة العامـة الناشـئة عـن العلـم وتطبيقاتـه في الحياة اللازمة لتأمين متطلبات حياة الإنسان. وحكم الصناعة في الإسلام محمـول عـلى بـاب الوجوب؛ لذا استخدم المسلمون الأوائل في أوج حضارتهم الموارد الطبيعيـة والثروات المعدنيـة ووظفوها في خدمة الحضارة العربية الإسلامية التي بلغت شأواً رفيعـاً في هـذا المنحـى، وقـد ذكر ابن القيم أن تعلم الصناعات من الأمور الحتمية، ويجوز لولي الأمر أن يجبر النـاس عـلى تعلم مهنة معينة إذا احتاج إليها الناس [2]. ولا تتم مصلحة الناس إلا بها لمسيس حاجتهم إليها، وهذا ما اتفق عليه أهل الأثر وأصحاب الأخبار والسير.

وبالرجوع إلى المعاجم اللغوية نرى: أن الحرفة من الاحتراف، وهو الاكتساب أيـاً كـان، والمحترف هو الصانع، وحرفة الرجل صنعته، والصانع هو عامل الشيء، والصناعة حرفتـه أي عمله.

وقد ذكر ابن قيم الجوزية في إعلام المُوَقِّعين368/2 أن رسول الـلــه صلى الـلــه عليـه و سلم أقرَّ العرب على مختلف الصناعات والحِرَف التي كانوا يعملون بها [3].

وكان للصناعة حظ كبير لعناية الخلفاء والسلاطين والأمراء الـذين اهتمـوا باسـتخدام موارد الثروة على اختلافها [4]. فنشطت الصناعة وازدهرت، وكان من

---

(1) المرجع السابق: ص 85.
(2) المرجع السابق: ص 85.
(3) المرجع السابق: ص 84.
(4) د. حسن إبراهيم حسن، تاريخ الإسلام السياسي والديني والثقافي والاجتماعي، مرجع سابق، 3/ 322.

أسباب رقيها ارتفاع مستوى المعيشة، وتكامل القطاعات الاقتصادية المختلفة، وتناغمها في دورة اقتصاد الدولة. وتجدر الإشارة هنا إلى أن الاقتصاد قد تدرج من الرعي وتربية الحيوان إلى التجارة ثم إلى الزراعة ثم الصناعة؛ فكثرت الصناعات، وتعدد أصحاب الحرف، وظهر التميز في اختصاص بعض الأمصار ببعض الصنائع دون بعض [1]. وفيما يلي أشهر الصناعات التي كانت في حواضر الدول الإسلامية المترامية الأطراف بتوالي الأجيال والعهود القديمة:

1- صناعة الكتان في مصر، والقطن في خراسان وكابول، والصناعات النسيجية المتعددة في بلاد فارس وبلاد ما وراء النهر كمدن مرو ونيسابور.

2- صناعة السجاد في بلاد فارس وبخارى.

3- صناعة الحرير في خوزستان، ثم أُدخلت صناعته إلى مصر ـ في العهد الفاطمي فتطورت وازدهرت [2]. واشتهرت دمشق بالأنواع الفاخرة من الصناعات الحريرية التي عرفت باسم Damast.

4- صناعة السجاد في مدن بلاد فارس وبخارى.

5- الصناعات التعدينية المختلفة، كالذهب والفضة والحديد والنحاس والرصاص في بلاد الأندلس وبلاد فارس وبخارى [3] ومصر والسودان [4].

6- صناعة السيوف ذات الشهرة الواسعة في بلاد اليمن ودمشق، وغير ذلك من صنوف الأسلحة، كالرمح، والقوس والترس والدروع، وكانت معاملها منتشرة في مختلف الأمصار.

7- صناعة العطور في بلاد فارس والعراق والشام ومصر والأندلس.

8- صناعة الورق في سمرقند والشام ومصر.

(1) ابن خلدون: المقدمة، مصدر سابق، الفصل العشرون ص 376.

(2) حسن إبراهيم حسن: تاريخ الإسلام السياسي والديني والثقافي والاجتماعي، مرجع سابق، 3 / 324.

(3) د. محمد سعيد الشفعي وزملاؤه: تاريخ الحضارة الإسلامية، مرجع سابق ص 260

(4) حسن إبراهيم حسن: تاريخ الإسلام السياسي والديني والثقافي والاجتماعي، مرجع سابق، 325/3.

9- صناعة السكر في البصرة والأندلس وخراسان.

10- صناعة السفن في بلاد الأندلس ومصر.

11- صناعة الزجاج والبلور في مصر والشام وبلاد فارس [1].

12- صناعة الأصباغ المستخدمة في تلوين المنسوجات والسجاد والبسط والأواني الخزفية والزجاجية والفسيفساء وغيرها من الصناعات والفنون، ولكثرة استخدام الأصباغ انتشرت مئات المصانع في بلاد فارس وبخارى وسمرقند وبغداد ودمشق والقاهرة والأندلس [2].

13- استخراج الزيت من الزيتون في بلاد الأندلس وشمال أفريقيا وبلاد الشام.

14- استخراج العقاقير من النباتات الطبية، وكانت هذه الصنعة منتشرة في مختلف الحواضر والأمصار الإسلامية [3].

يتضح مما سبق أن التقدم الحضاري والاقتصادي الذي أصاب المجتمع الإسلامي أثر في ازدهار الصناعة، فقد ازداد الطلب على السلع بسبب زيادة الثروة وارتفاع مستوى المعيشة؛ مما أدى إلى تقدم الصناعات المختلفة وظهور صناعات جديدة ليس للعرب سابق عهد بها [4]. ولعل وجود الأيدي العاملة الصناعية المدربة، ووفرة المواد الأولية للصناعة، وزيادة الطلب على المصنوعات، كانت بالجملة من " أهم العوامل التي ساعدت على المصنوعات وازدهار الصناعة [5] :

(1) د. محمد سعيد الشفعي وزملاؤه: تاريخ الحضارة الإسلامية، مرجع سابق، ص 248.

(2) المرجع السابق: ص 265.

(3) د. حسن إبراهيم حسن: تاريخ الإسلام السياسي والديني والثقافي والاجتماعي، مرجع سابق، 3/ 345.

(4) د. توفيق اليوزبكي: دراسات في النظم العربية الإسلامية، مرجع سابق، ص 292.

(5) المرجع السابق: ص 292- 293.

وهذا الإبداع الصناعي بأطيافه المختلفة يتفق ومقدمة ابن خلدون: [بقدر ما تزيد عوائد الحضارة تحدث الصنائع وألوان المعايش المختلفة، ورسوخها في الأمصار يحصل لها بطول أمد الحضارة] [1].

ونتيجة للتطور الاقتصادي ظهرت أنواع متعددة من الصنائع والحرف، وكان أصحاب الصنعة الواحدة يعملون في أماكن مخصصة، وأطلق اسم الحرفة للدلالة على نوعية العمل الصناعي الذي يرتزق منه الناس في هذه الأماكن [2].

وكان التنظيم المهني عند أصحاب هذه الحرف قائماً على أساس اختيار رئيس يتولى أمورها، يُختار بالانتخاب من طرف أهل الصنعة، ويطلق عليه شيخ الحرفة [3].

ومن شروط اختياره نقيباً للحرفة أن يكون أحسنهم دربة ومهارة وتميزاً في الصنعة، ظاهراً وباطناً، عالماً بأدق خصوصياتها السرية.

وكان التنظيم المهني لأصحاب الحرفة الواحدة يتدرج من الأدنى فالأعلى على النحو الآتي:

- المبتدئ، وتطلق على من انتسب للحرفة حديثاً ولا يزال في مرحلة التعليم.
- الصناع، وهم الذين أتقنوا الحرفة، ويُسوِّغُ لهم القانون فتح حوانيت خاصة بهم.
- الأستاذ، وهو الفهيم في فن هذه الحرفة [4].
- الرئيس أو شيخ الحرفة، وهو الأكثر تميزاً واحترافاً، والأوسعُ فهماً في دقائق حرفته، وتعينه الحكومة من خلال المحتسب لتدبير أمور أهل حرفته [5].

---

(1) ابن خلدون: المقدمة، مصدر سابق، الفصل العشرون، ص 376.

(2) د. توفيق اليوزبكي: دراسات في النظم العربية الإسلامية، مرجع سابق، ص 302.

(3) المرجع السابق: ص 303

(4) المرجع السابق: ص 302

ثالثاً: قطاع التجارة

وردت كلمة التجارة في القاموس المحيط 82/1: ما يتجر فيه بهدف تقليب المال لغرض الربح.

ويقال: بَلَدٌ مَتْجَرُ: تكثر فيه التجارة وتروج.

وتتجر تجراً وتجارةً: مارس البيع والشراء.

وتاجر فلان فلاناً: اتجر معه.

والتاجر: الشخص الذي يمارس الأعمال التجارية على وجه الاحتراف، بشرط أن تكون له أهلية الاشتغال بالتجارة.

وتردد كلمة التاجر- أيضاً- بمعنى الحاذق بالأمر.

ويقال سلعة تاجرة: رائجة.

يتضح مما تقدم أن التجارة بالمعنى الاصطلاحي تعني:

السعي الحثيث إلى تحقيق الربح المنشود عن صفقات البيع والشراء، من خلال الاتجار بالمال الخاص لصاحب التجارة؛ بغية الإكثار من المال وتدويره في عجلة الاقتصاد.

تطور التجارة في الحضارة العربية الإسلامية

ليس خافياً على أحد، أن ازدهار التجارة في المجتمع يؤثر في قوة الاقتصاد وما يصاحبه من تدوير عجلة الإنتاج في كافة القطاعات وتطاول في

(5) للمزيد حول هذا الموضوع انظر: آدم متز: الحضارة الإسلامية في القرن الرابع الهجري، مرجع سابق، الفصل الخامس والعشرون، الصناعات، ص 350.

العمران، وفي المقابل، فإن ضعف التجارة هي من صور التخلف الاقتصادي للمجتمع، وهو مؤذن بخراب اقتصاد الدولة وعمرانها [1].

وقد حث الإسلام على وجوب الاهتمام بالتجارة لأهميتها، ووردت مشروعية احتراف الكسب الحلال في القرآن والسنة في أكثر من موضع وآية، كقوله تعالى في سورة البقرة: آية 275: (وَأَحَلَّ اللَّهُ الْبَيْعَ وَحَرَّمَ الرِّبَا).

وفي الحديث الشريف قال النبي **صلى الله عليه و سلم:**

- [من ليس له مال موروث فلا ينجيه من ذلك إلا الكسب والتجارة].
- [التاجر الصدوق يحشر يوم القيامة مع الصديقين والشهداء].
- [عليكم بالتجارة فإن فيها تسعة أعشار الرزق] [2].

يفاد مما تقدم الحض على التجارة لخير يصيب الفرد والجماعة، وتحريم الرِّبا، فالدائن يأخذ الدين أضعافاً مضاعفة في غير وجه حق، ويسبب العداوة بين الأفراد، ويمنع التعاون بينهم، وينذر أصحابها بأشنع مصير. وقد شرف اللـه عمل التجارة المشروعة وذم الربا بقوله تعالى في سورة البقرة: (ذَلِكَ بِأَنَّهُمْ قَالُوا إِنَّمَا الْبَيْعُ مِثْلُ الرِّبَا وَأَحَلَّ اللَّهُ الْبَيْعَ وَحَرَّمَ الرِّبَا) .

وفيما يلي تأصيل لتطور التجارة عند العرب قبل الإسلام:

كانت التجارة تمثل عصب الحياة الاقتصادية في بلاد شبه الجزيرة العربية في السحيق من الأزمنة التاريخية التي سبقت الإسلام، وقد تبدى ذلك في اليمن

---

(1) ابن خلدون: المقدمة: مصدر سابق، الفصل الثالث والأربعون ص 286.

(2) الغزالي: إحياء علوم الدين، مصدر سابق، 2/63-65.

والبتراء وتدمر والحجاز، وساعد على ذلك موقع الجزيرة العربية في قلب قارات العالم القديم [1].

ويعد أهل اليمن وحضرموت أكثر العرب منذ السحيق من الأزمنة دربة ومهارة في التجارة، فقد تكلفوا بنقل التجارة العالمية بين الشرق والغرب، وأقاموا محطات تجارية لهم في البر والبحر. حققت لهم ثروات هائلة ساعدت على قيام عدة دول في بلاد اليمن، ساعدتها على تشييد حضارة راقية متقدمة قياساً إلى حضارات الأمم المحيطة في تلك العهود.

ويعزى رقي تلك التجارة إلى عوامل عديدة، منها: نصيب بلاد اليمن السعيد من الأمطار الغزيرة، وقربها من البحر، ومركزها الجغرافي المتصل بالهند [2]، ومهارة سكانها في فنون التجارة.

وكانت الإنجازات الحضارية التي حققها عرب الجنوب تجارية اقتصادية، شأنهم في ذلك شأن الفينيقيين، ولم تكن ممالكهم دولاً حربية [3]. ولقد كانوا في دربتهم الملاحية والتجارية بمثابة خبراء في علوم البحر وتعرجاته وسواحله وموانيه ورياحه.

فاحتكروا بذلك تجارة البحر من المحيط الهندي إلى البحر الأحمر طوال القرون الثلاثة الأخيرة قبل الميلاد. وقد تمت لهم عدة مستعمرات على طول خطوطهم التجارية من الجنوب إلى الشمال حتى غزة [4].

وقد لعب عرب الأنباط وأهل مملكة تدمر مثل هذا الدور التجاري حيناً من الدهر، وقد شاع لعب هذا الدور –أيضاً- في مكة التي اكتسبت شهرة دينية

---

(1) د. حكمت عبد الكريم: مدخل إلى تاريخ الحضارة العربية الإسلامية، مرجع سابق، ص51.

(2) د.فيليب حتي وزملاؤه: تاريخ العرب، دار غندور للطباعة والنشر، الطبعة السابعة، بيروت، 1986، ص81.

(3) المرجع السابق: ص 83.

(4) المرجع السابق: ص 82.

وتجارية، إذ عمل سكانها في التجارة بين اليمن وبلاد الشام، وكانت لها رحلتان أتى القرآن الكريم على ذكرهما، وهما رحلة الشتاء إلى اليمن، والصيف إلى بلاد الشام.

ومنذ عهد النبوة أضحت التجارة تنمو رويداً رويداً حتى غدت في العصور اللاحقة من أهم عوامل التقدم الاقتصادي والازدهار الحضاري والثقافي، فقد أسهمت التجارة في انتشار الإسلام في أقاصي الأرض التي لم تطأها الجيوش الإسلامية، كأندونيسا وماليزيا وكوريا والصين والفلبين وما وراء الصحراء الكبرى في أفريقيا.

وامتدت شبكات التجارة لتشمل الأمصار المحصورة عبر الأراضي الممتدة من الصين شرقاً إلى الأندلس غرباً، فقبضوا بذلك على أعنَّة التجارة العالمية في العصور الوسطى.

وأصبح الفكر الاقتصادي الإسلامي قاعدة تنبعث منه أضواء الهداية في كافة الأنشطة الاقتصادية في العالم.

أسباب ازدهار التجارة في الحضارة العربية الإسلامية:

1- دعوة الإسلام إلى الزراعة والصناعة والتجارة؛ لما فيها من نفعٍ كبير على صعيد الفرد والجماعة والحضارة الإنسانية.

2- اتساع مساحة العالم الإسلامي لتشمل شبه الجزيرة العربية وبلاد الشام والعراق وفارس ومصر وشمال أفريقيا وممالك جنوب الصحراء الكبرى وبلاد ما وراء النهر وسمرقند وأذربيجان وشبه القارة الهندية. وبمعنى آخر: فإن حدود العالم الإسلامي قد امتدت -كما أشرنا آنفاً- من جبال البرانس غرباً إلى الصين شرقاً، حيث كانت شبكات التجارة تمتد عبر هذه الممالك والأمصار والحواضر،

وكان للعرب والمسلمين مراكز تجارية وجاليات في العديد من المناطق البعيدة، مثل كانتون في الصين وكوريا وسيلان وملقا وجاوه وسومطرة وسواحل أفريقيا الغربية والشرقية.

وقد ساعد ذلك على كثرة الأموال، واتساع الثروات، ورقي الصناعة وتقدمها ووفرة إنتاجها. فارتفع مستوى المعيشة، وعمَّ الرخاء والترف في بعض المدن والحواضر لعهود معينة.

3- تعاظم شبكات التجارة حتى تجاوزت حدود العالم الإسلامي لتصل الصلات التجارية إلى بلاد الفرنجة غرباً وبلاد الفولغا (روسيا) شمالاً[1].

4- وحدة النقد في دول الخلافة المتعددة. فبالرجوع إلى النصوص التاريخية للنقود الإسلامية نرى أن المسلمين في عصر الخلفاء الراشدين وأوائل الدولة الأموية استعملوا النقود البيزنطية والساسانية التي كانت سائدة قبل الإسلام، ولم يزل الأمر كذلك، حتى أمر عبد الملك بن مروان بتعريب الدواوين وصك النقود. وكانت الدنانير والدراهم الإسلامية تضرب في دور خاصة تعرف باسم دار الضرب أو دار السكة.

وقد ساعد ازدياد النشاط التجاري الإسلامي على ازدياد الطلب على المسكوكات الإسلامية؛ مما استوجب ازدياد دور الضرب: وقد عرف من هذه النقود: العملة الذهبية ووحدتها الدينار، والعملة الفضية ووحدتها الدرهم، والعملة النحاسية ووحدتها الفلس.

وقد صاحب ازدحام بعض المدن الهامة بالتجارة من مختلف الأجناس والملل نضوج مهنة الصرافة، ويذكر آدم متز نقلاً عن ناصر خسرو في كتابه

(1) آدم متز: الحضارة الإسلامية في القرن الرابع الهجري، تعريب محمد أبو ريده، مرجع سابق، الفصل السادس والعشرون، ص 372.

سفر نامة: أنه كان بسوق الصرافين في مدينة أصفهان مائتا صراف، كانوا جميعاً يجلسون في سوق واحد يسمى سوق الصرافين، وهذا ينسحب على سوق البصرة أيضاً [1]. وهذا بالكلية ساعد على نشاط العمليات المصرفية التجارية.

5- الموقع الجغرافي الحيوي والهام للعديد من الأمصار، والحواضر، والمدن الحافلة بمظاهر التبادل التجاري البري والبحري، ومن أهمها: بغداد والبصرة والقاهرة ومدن الأندلس والإسكندرية وأصفهان وطرابلس وبيروت.

وكانت القاهرة وبغداد والإسكندرية وغرناطة هي التي تقرر أسعار السلع للعالم في ذلك العصر كأشهر البورصات العالمية اليوم [2].

6- الطلب المتزايد على السلع والبضائع؛ لازدياد الثروة وبروز مظاهر الترف والبذخ [3].

7- حماية طرق المواصلات التجارية البرية والبحرية عن طريق توفير الشرطة أو العسس لحماية القوافل من الاعتداء عليها، وليس هذا فحسب، بل كان من مهام العسس تأمين إقامة التجار، والمحافظة على أرواحهم وممتلكاتهم. كما كانوا يقومون بالتعاون والتنسيق مع المحتسب في الرقابة على الأسواق؛ لمنع الغش والتلاعب بالأسعار والأوزان والمكاييل [4].

8- ما يرافق موسم الحج من نشاط تجاري كثيف، ساعد على ازدهار التجارة.

9- ويرى آدم متز: أن التجارة الإسلامية في القرن الرابع الهجري، كانت مظهراً من مظاهر أبهة الإسلام، وتربعت على قمة النشاط الاقتصادي، ولم

---

(1) المرجع السابق: ص 381.
(2) المرجع السابق: ص 382.
(3) د. توفيق اليوزبكي: دراسات في النظم العربية الإسلامية، مرجع سابق، ص 251.
(4) المرجع السابق: ص 254. وآدم متز: الحضارة الإسلامية، ص 387.

تقتصر سفن المسلمين على الملاحة في البحار القريبة بل امتدت سفنهم وقوافلهم لتجوب كل البلاد والبحار مهما تناءت الديار وتباعدت الأمصار، واحتلت تجارتهم المكان الأول في التجارة العالمية [(1)].

واللافت للانتباه، أن الدكاكين والحوانيت التجارية كانت في المدن ممتدة على طول الشارع من الجانبين، وأسواق المدن كانت أسبوعية تقام في أيام معينة من الأسبوع، كأسواق السبت والأحد والاثنين والثلاثاء والأربعاء والخميس والجمعة، حسب يوم كل مدينة [(2)].

ومن أساليب التعامل التجاري التي كانت سائدة:

1- المقايضة، إذ كانت بعض عمليات البيع والشراء تتمان به حسب الشرع [(3)].

2- نظام الرهون والودائع [(4)].

3- الحوالات المالية: لقد أدى نشاط تجار العرب والمسلمين التجاري إلى ابتكار بعض النظم التجارية والمالية التي عرفتها أوروبا عنهم عن طريق إسبانيا وإيطاليا، وقد أثبت بعض الباحثين والعلماء الغربيين أن أول من عرف نظام الحوالات المالية هم المسلمون؛ مما دعا المستشرق الفرنسي (ماسينيون) إلى القول بأن أصل نظام المصارف في أوروبا، إنما يرجع في فضله إلى أساليب التعامل التجاري لتجار المسلمين.

---

(1) آدم متز: الحضارة الإسلامية، مرجع سابق، ص 371.

(2) المرجع السابق: ص 386.

(3) المرجع السابق: ص 389.

(4) د. محمد سعيد الشفعي وزملاؤه: تاريخ الحضارة الإسلامية، مرجع سابق، ص 67.

فاتساع التجارة استدعى قيام مؤسسات أو شركات مصرفية، فكان للتجار وكلاء أو عملاء في أهم المدن التجارية، يكتبون إليهم مستجدات هذه الأسواق، ويقرضونهم المال، فيكتب هؤلاء التجار للصيارفة صكوكاً بديونهم بدلاً من أن يدفعوا إليهم نقداً، وكان يوقع على الصك شاهدان فأكثر، ثم تختم بالشمع ⁽¹⁾.

ويروي اليعقوبي: أن عمر بن الخطاب كان أول من صك وختم الصكوك. وقد تعدى استعمال الصكوك الأفراد إلى مؤسسات الدولة لصرف رواتب الموظفين والجند بعد دمغها بخاتم الخلافة. وكان يلزم تصديق هذه الصكوك من قبل الشهود العدول حسب تعبير ابن حوقل في كتاب صورة الأرض: [ولقد رأيت صكاً كتب بدين وشهد عليه العدول] ⁽²⁾.

4- نظام الائتمان التجاري بالسُلف المؤجَّلة والمنجَّمة. ويراد بالأولى: الأموال التي تقرض وتدفع في وقت معين حسب الائتمان لتسهيل مهمة التجار.

أما الثانية فهي الأموال التي تقرض على أن تدفع بأقساط معينة لأجل يحدد معها وقت الدفع ⁽³⁾.

5- المضاربة: وصورتها أن يدفع رجل ماله إلى آخر يتجر له فيه، ويتفق الاثنان على نسبة محددة من صافي الربح، كالنصف أو الربع أو الثلث، بالتراضي بين الطرفين.

ومن شروط عقد المضاربة تحديد نصيب كل من المضارب (العامل) وصاحب المال في الربح وليس من رأس المال. ولا يأخذ المضارب شيئاً إلا بعد أن يستوفي صاحب المال رأس ماله كاملاً، فنصيب المضارب في الربح فقط.

---

(1) المرجع السابق: ص 67.

(2) د. توفيق اليوزبكي: دراسات في النظم العربية الإسلامية، مرجع سابق: ص 262- 263.

(3) المرجع السابق: ص 265- 266.

وقد أجمع العلماء على إبطال المضاربة إذا شرط أحدهما أو كلاهما لنفسه مبلغاً محدداً من المال مقدماً [1]، ضمن المحتمل ألا يتحقق الربح لسبب طارئ، وقد يكون الربح كثيراً فيقع الضرر على من شرط له المبلغ.

وهذا اللون من الفعاليات الاقتصادية عرف عند أهل العراق بالمضاربة؛ لأنها مأخوذة من الضرب في الأرض والسفر للتجارة، عملاً بقوله تعالى في سورة المزمل، آية20: (وَآخَرُونَ يَضْرِبُونَ فِي الْأَرْضِ يَبْتَغُونَ مِنْ فَضْلِ اللَّهِ). ويسميه أهل الحجاز: القراض، بمعنى: أن صاحب المال اقتطع قطعة من ماله وسلمها إلى العامل واقتطع له قطعة من الربح من باب المساواة والموازنة. وحكمة ذلك: ليس كل من يملك النقود يحسن التجارة، وليس كل من يحسن التجارة له رأس مال، فاحتيج إلى المضاربة من الجانبين [2].

يتضح مما سبق، أن معظم أساليب التعامل التجاري التي عرفتها الحضارة العربية الإسلامية، كانت وليدة الفكر الاقتصادي الإسلامي، وما زالت أساليبها متبعة للآن، وتقوم به كافة المصارف التجارية الإسلامية والشركات التجارية الأهلية لتسهيل العمليات التجارية.

وجملة القول: نرى مما تقدم كيف نظمت الشريعة أسس التعامل المالي في كافة العمليات التجارية، فازدهرت وتطورت، تم تعاقبت الأحداث على التجارة الإسلامية وتعرضت لكثير من المنعطفات التاريخية فأثرت عليها سلباً.

فبدأ ازدهار التجارة يتدهور في عصور التخلف، والانحطاط، والاكتشافات الجغرافية الأوروبية التي كانت على رأسها اكتشاف رأس الرجاء الصالح، فتراجعت اقتصاديات دول العالم الإسلامي، وبدأت الشيخوخة تدب في التجارة

---

(1) المرجع السابق: ص 83.

(2) د. محمد عبد السلام محمد: دراسات في الثقافة الإسلامية، مرجع سابق، ص 422- 423.

الإسلامية، وبدا عليها التدهور والانكماش والتراجع، وبمرور الوقت غابت عن مسرح التجارة العالمية، وأضحت تتسم بالتبعية للدول الأوروبية؛ لعوامل متعددة سياسية واقتصادية وعلمية وثقافية على النحو الذي عليه الآن.

ومن صور التبعية التجارية للدول المتقدمة نرى أن تجارة العالم الإسلامي اليوم بشقيها الاستيراد والتصدير هي لصالح هذه الدول، وعلى حساب اقتصاديات العرب والمسلمين في ظروف احتكارية أو شبه احتكارية مع تزايد عجز واضح في موازين مدفوعاتها؛ نظراً لتزايد حاجتها إلى الاستيراد لسد متطلبات الاستهلاك الذي تتسع فجوته باستمرار أمام ضعف خطط التنمية وزيادة الانفجار السكاني، الذي لا تحسن معه الدول العربية والإسلامية إدارة الموارد البشرية في خير وجه.

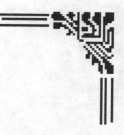

الوحدة السادسة

الواقع العلمي
في الحضارة العربية الإسلامية

أولاً: منهجية البحث العلمي في الحضارة العربية الإسلامية

ثانياً: إنجازات الحضارة العربية الإسلامية في علم الفلك

ثالثاً: إنجازات الحضارة العربية الإسلامية في علم الجغرافيا

رابعاً: إنجازات الحضارة العربية الإسلامية في الطب

خامساً: مآثر الحضارة العربية الإسلامية في علم الصيدلة

سادساً: إنجازات الحضارة العربية الإسلامية في الرياضيات

الوحدة السادسة

الواقع العلمي في الحضارة العربية الإسلامية

أولاً: منهجية البحث العلمي في الحضارة العربية الإسلامية:

لقد منح اللـه عز وجل الإنسان العقـل، وأعطـاه القـدرة علـى التفكير والنظر. ثم استخلفه في الأرض لعمارتها على قاعدة من التشريع الإلهي مصداقاً لقوله تعـالى في سورة هود: آية 16: (هُوَ أَنْشَأَكُمْ مِنَ الْأَرْضِ وَاسْتَعْمَرَكُمْ فِيهَا).

وليس من الخطأ أن يسمى الإسلام دين العقل لكثرة ما دعا إلى الرجوع إليه. والعقـل عند الفقهاء هو العلم. وهو جوهر مضيء خلقه اللـه في الدماغ وجعل نوره في القلب.

ولم يرد العقل في القرآن الكريم مصدراً قط، بل ورد في صيغة الفعل: عقـل، نعقل، يعقل، وورد بعضها مسبوقاً بالحث على العقل، أو الاستفهام أو الاستنكار، أو النفـي وعـدد هذه الألفاظ يقرب من الخمسين، وهذا دليل على وجاهة الشأن الذي أعطاه القرآن للعقل.

وعلى هذا نرى أن الفعل (عقل) قد استعمل في القرآن الكريم إما بمعنى الفهـم، الإدراك والعلم، وإما بمعنى التمييز بين الخير والشر- وإمساك النفس عـن الأمـور القبيحـة والشر.

ومع أن اصطلاح (العقل) -تحديداً- غير وارد في القرآن، فقد ورد بمرادفات أخرى منها القلب الذي يرادف عند العرب العقل، ومن مرادفات العقل أيضاً في القرآن الكريم (الألباب والنهى).

مصداقاً لقوله تعالى في سورة الزمر: آية 9: (قُلْ هَلْ يَسْتَوِي الَّذِينَ يَعْلَمُونَ وَالَّذِينَ لَا يَعْلَمُونَ إِنَّمَا يَتَذَكَّرُ أُولُو الْأَلْبَابِ). وقوله تعالى في سورة طه: آية 54: (كُلُوا وَارْعَوْا أَنْعَامَكُمْ إِنَّ فِي ذَلِكَ لَآيَاتٍ لِأُولِي النُّهَى).

(والنُهى) عند جمهور المفسرين واللغويين جمع (نهية) بمعنى العقل. وقال الراغب الأصفهاني: اللب العقل الخالص من الشوائب[1].

لذلك كان التفكير فريضة إسلامية جعلها القرآن أساس الإيمان بالدين والعلم معاً. فالقرآن الكريم يلفت العقل إلى المنهج العلمي بالنظر والتأمل والمشاهدة بحثاً عن أسرار الكون، ومظاهر عظمة الله في الأنفس والآفاق.

كما حث على وجوب التأمل والتفكير، فأثنى على أولئك الذين ينظرون فيعتبرون، وذم أولئك الذين تعمى بصائرهم عن التأمل، فيمرون على آيات الله غافلين.

ولقد قرر القرآن للمعرفة قنوات هي: الوحي والعقل والحواس، وجعل الوحي مهيمناً لحمل الناس على الإيمان بالأمور الغيبية التي لا يدركها العقل لعجزه وقصوره. فكما للنظر حدٌ ينتهي إليه فإن للعقل حداً ينتهي إليه يقف دونه ولا يتخطاه. وعليه فإنه لا يجوز أن ننسب للعقل من القدر أكثر مما حدده له الشرع*.

فالعقل الإنساني إذا أقحم نفسه بالبحث في العالم الغيبي، أتعب وأتعب، وتكفي الإشارة هنا إلى أن الإسلام قد فتح أمام العقل البشري كل مجالات البحث والعلم، فالحكمة ضالة المؤمن أنى وجدها التقطها وعند من رآها طلبها.

---

(1) د. صلاح الدين المنجد، الإسلام والعقل، دار الكتاب الجديد، الطبعة الثانية، 1976، بيروت، لبنان، ص20.

*من قنوات المعرفة الأخرى عند الإمام الغزالي، الرؤيا الصادقة في المنام، وهي محل خلاف وجدل بين الفقهاء.

ولقد نبغ المسلمون في كل ميادين البحث العلمي، وكان لهم منهجهم الخاص الـذي يعتمد على الاستقراء، والملاحظة، والتجربة. وقد أكدت الدراسات العلمية أن أصول المنهج العلمي الحديث يعود الفضل فيه للحضارة العربية الإسلامية، وليس إلى القرن السابع عشر- حيث صاغ (فرنسيس بيكون) قواعد المنهج العلمي التجريبي في أوروبا. والجدير بالملاحظة هنا أن (بيكون) اقتفى منهج (ابن الهيثم) في الاستقراء والملاحظة والتجربة، كـما تأثر (ديكارت) (بابن سينا) (وبالغزالي) في كتابه (تهافت الفلاسفة)[1] .

وتأسيساً على ذلك يمكن القول أن ما كتبه علماء الغرب في ميدان علم المناهج، هـو صياغة جديدة متطورة لما صدر عن علماء المسلمين في تاريخ الحضارة العربية الإسلامية.

فالمسلمون -وليس غيرهم-، هم مصدر الحضارة الأوروبية القائمة على المنهج الاستقرائي أو المنهج التجريبي. وهذا المنهج يقوم على تتبع الجزئيات وصولاً إلى القوانين العامة، التي تفسر تلك الجزئيات أو الظواهر عن طريق الملاحظة والتجربة والفرض العلمي والبرهان، وهو عكس المنهج الاستنباطي القائم على الانتقال من القضايا الكلية المسلم بها إلى الأحكام الجزئية.

كما يعزى الفضل في المنهج النقلي إلى علماء الحضارة الإسلامية، وهو منهج يقوم على النقد الخارجي والداخلي للوثائق والمرويات بغية توثيقها والاطمئنان إليها[2] .

(1) د.محمد الدسوقي، منهج البحث في العلوم الإسلامية، دار الاوزاعي للنشر والتوزيع، الطبعة الأولى، بيروت، لبنان، 1984، ص36.

(2) المرجع السابق، ص106.

ويعود الفضل في ذلك إلى علماء الجرح والتعديل عند دراستهم الحديث النبوي الشريف، فقد درسوا النص النبوي من حيث سنده ومتنه دراسة تفصيلية استوعبت ما أطلق عليه في المناهج المعاصرة بالنقد الداخلي والنقد الخارجي.

وعلى ضوء ما تقدم، نرى أن أساليب البحث العلمي المعاصر ليست وليدة الغرب، بل مستمدة من المنهج القرآني الذي يدعو الناس إلى التأمل والتفكر والتبصر في الكون، ومسوغات مرجعيتنا في ذلك مستمدة من القرآن والسنة، إذ يمكن إجمال القول في أركان المنهج العلمي وفق المنظور الإسلامي بالنقاط التالية:

1- الأمر بالقراءة، إذ تعد القراءة أول ما نادى به القرآن، ففي القراءة الحث على طلب العلم، مصداقاً لقوله تعالى في سورة العلق: آية 1: (اقْرَأْ بِاسْمِ رَبِّكَ الَّذِي خَلَقَ). ففي قوله تعالى هذا دعوة للعلم والتعلم والتعليم، فطلب العلم فريضة وهي عبادة خالصة لوجه الله. ولا تقتصر القراءة وطلب العلم على علوم الدين فحسب، بل العلوم والفنون كافةً؛ ليتحقق استخلاف الناس في الأرض.

2- الأمر بالتفكير وإعمال العقل الهادف: إن القارئ للقرآن الكريم يقف على شواهد من الآيات تحثه على التفكر والتدبر والتبصر بماهية الأشياء، وهذا من أسس مناهج البحث العلمي من أجل الكشف عن الحقيقة حين نكون بها جاهلين، أو من أجل البرهنة عليها للآخرين حين نكون بها عارفين.

3- وجوب الأمانة العلمية والتجرد عن الهوى وعدم إتباع الظن. فالعلم للعلم وإتباع التعصب والهوى يعدم الحقائق العلمية ويجعل صاحبها أبعد ما يكون عن الحق، ويحمله إلى التأويل انتصاراً لرأيه، ولهذا نجد القرآن الكريم قد

حفل بالعديد من الآيات التي ورد فيها النهي عن الظن. مصداقاً لقوله تعالى في سورة

النساء:آية 157:(مَا لَهُمْ بِهِ مِنْ عِلْمٍ إِلَّا اتِّبَاعَ الظَّنِّ).

4- وجوب النهي عن التقليد: لقد ورد في القرآن الكريم آيات عديدة ورد فيها وجوب طرح

التقليد، والذم لأولئك النفر الذين لا يستخدمون عقولهم، لأن في التقليد تعطيلاً لقدرة

الإنسان العقلية. وقد رفضت بعض المذاهب إيمان المقلد، وأوجبوا معرفة الله بالعقل

وبالشرع. وفي هذا يقول: (ابن حزم): "لا يكون مسلماً إلا من استدل"[1].

5-مسؤولية الحواس: لقد حمل الله تعالى الحواس مسؤولية ما تقدم به من بحث

وتمحيص وهي من فروع المعرفة في الإسلام، مصداقاً لقوله في سورة الإسراء (آية 36): (وَلَا

تَقْفُ مَا لَيْسَ لَكَ بِهِ عِلْمٌ إِنَّ السَّمْعَ وَالْبَصَرَ وَالْفُؤَادَ كُلُّ أُولَئِكَ كَانَ عَنْهُ مَسْئُولًا).

6-استخدام الاستقراء كأسلوب تأملي في الاستدلال: لقد دعا القرآن الكريم إلى استخدام

الاستقراء للوقوف على ماهية الأشياء وجوهرها، وفق منظومة من إعمال العقل في التساؤل

عن الظواهر المحيطة بنا في هذا الكون، مصداقاً لقوله تعالى: (قُلْ سِيرُوا فِي الْأَرْضِ فَانْظُرُوا

كَيْفَ بَدَأَ الْخَلْقَ).

ويقصد بالاستقراء دراسة بعض الجزئيات للوصول إلى حكم عام، بغية الكشف

عن العلل والعلاقات في الظاهرة المراد دراستها، من أجل الحصول على المعرفة العلمية.

والاستقراء عند الغزالي: [تصفح جزئيات

(1) ابن حزم، الفصل في الملل والأهواء والنحل، 35/4.

كثيرة داخلة تحت معنى كلي، فإذا وجدت حكماً لتلك الجزئيات حكمت على ذلك الكلي به [1]].

خطوات الاستقراء هي:

- البحث أو الملاحظة والتجربة.

- الكشف أو الفرض.

- البرهان أو التثبت من صحة الفرض.

7-وجوب تبليغ العلم والتحذير من كتمانه، فلا فائدة من العلم المكتوم في صدور العلماء، لذا أمرنا النبي **صلى الله عليه و سلم** بوجوب نشر العلم والمعرفة وتحريم كتمانها مصداقاً للحديث الشريف: (من سئل عن علمه ثم كتمه ألجم يوم القيامة بلجام من نار).

8-إخلاص النية لله والانطلاق من عقيدة التوحيد، لخدمة العقيدة، فالعلم إذا انحرف عن طريق الله كان فتنة للناس، وكان مصدر شر لهم.

9-جواز البحث في القضايا الظنية وفي عالم المشاهدة دون عالم الغيب. وإن عدم الالتقاء بين المنهج الإسلامي في البحث العلمي وغيره من المناهج المعاصرة، لا يعني أن المسلمين يرفضون كل فكر إنساني جديد، بل أن كل ما ينشده المسلم في دراسته وأبحاثه أن ينتفع بكل جديد من المعرفة الإنسانية في إطار المنطلق الإلهي لتفكيره وحياته. ومن هنا جاء رفض نظرية النشوء والارتقاء لدارون والتي أثبت العلماء الغربيون بطلانها قطعاً، والتلاعب بهندسة الجينات الوراثية للإنسان.

---

(1) د. محمد الدسوقي، منهج البحث في العلوم الإسلامية، مرجع سابق، ص82.

ولذا كانت بحوث الفلاسفة الميتافيزيقية شطحات وأوهاماً وظنوناً أوجدت الحيرة والاضطراب، فإنّ المنهج البحثي في الإسلام يرفض هذا اللون من البحث حماية للعقل من الغرور والادعاء.

10- إن منهجية البحث في الإسلام تقتضي أن يسترشد الباحث بمن تقدمه بفكر ناقد وشخصية مستقلة، بحيث لا يجعل للمتقدم سلطاناً عليه يمنعه من مخالفته، أو معارضته، وعلى الباحث أن يستعمل فكره فيما يؤثر عن المتقدمين، فإن وجده صحيحاً أخذ به وإن وجده فاسداً تركه.

والأولى للباحث ألا ينظر إلى أقوال من سبقه وكأنها فوق مستوى النقد والرد، وعليه أن يستعمل فكره فيما يؤثر عنهم، فالعصمة غير ثابتة لهم، مما يلزم التبصر- طلباً للحق، ولا يلزم المتأخر القدح في المتقدم وان خالفه الرأي.

11- يقوم المنهج العلمي في الإسلام على الاعتراف لكل ذي سبق بسبقه، وكل ذي فضل بفضله، وهي من أخلاقيات العلم ومن أركان المنهج العلمي المعاصر.

12- إن التثبت من كل ظاهرة قبل الحكم عليها دعوة القرآن الكريم ومنهج الإسلام الدقيق. وإن عبارة [لا أدري و الله أعلم] في جوهرها مبدأ الأمانة والصدق والشجاعة الأدبية والمسؤولية العلمية، فالعالم لا يعد عالماً بغزارة علمه، وإنما بمقدار أمانته وصدقه وحرصه على أن يبرأ من شوائب الغرور والزهو والادعاء، وتميزه بالسماحة وسعة الصدر، وإصغائه لكل رأي مخالف.

وفي هذا المجال قال أبو زيد البلخي: يأبى العلم أن يخفض جناحه أو يسفر عن وجهه إلا لمتجرد له بكليته، ويظلم بالتعسف والاقتحام.

13-ن الشك من أركان المنهج العلمي، والشك في حقائق العلم موجود عند علماء المسلمين، ولكنه شك المؤمن ب الله المتطلع إلى القربى من الله عن طريق كشف الحقيقة[1]، مصداقاً لقوله تعالى :(فَاعْتَبِرُوا يَا أُولِي الْأَبْصَارِ). ومن البديهي أن ما وصل إليه الفكر والعلم أن يقول المسلم به ولا يقول بخلافه إذا لم يخالف العقيدة، كما لم يرض الله لنا أن نقبل شيئاً دونما برهان، ولا يقبل في حظيرة العلم إلا ما قام على صحته دليل. وهو الدليل الذي يقطع الشك باليقين. وأن المرء كلما ازداد علماً ازداد من الله خشية، مصداقاً لقوله تعالى في سورة المجادلة:آية11: (يَرْفَعِ اللَّهُ الَّذِينَ آمَنُوا مِنكُمْ وَالَّذِينَ أُوتُوا الْعِلْمَ دَرَجَاتٍ). وقوله تعالى في سورة فاطر: آية 28: (إِنَّمَا يَخْشَى اللَّهَ مِنْ عِبَادِهِ الْعُلَمَاءُ).

إن التبعية والتقليد في عرف الحضارة العربية الإسلامية ومنهجها قرين الكفر ودليل التخلف والجمود والركود، لأنه يعيق العقل ويمنع التأمل والنظر. ومن منطلق مقولة العقل أساس الدين، فإن أول الواجبات على المرء النظر. ومن العلماء من صرح بأن أول الواجبات الشك. كما ورد في كتاب شرح المواقف للجرجاني ص63.

وتعزيزاً لهذا الرأي ذهب معظم علماء الإسلام، ممن يؤبه لهم وبمقامهم في التراث العلمي، إلى عدم جواز التقليد مطلقاً، ومن ثم أوجبوا على المكلف الاجتهاد ولزوم تعلمه وتعلم وسائله ومناهجه، وفي هذا أورد ابن قيم الجوزية في أعلام الموقعين 45/1 نقلاً عن الإمام محمد بن إدريس الشافعي. [مثل الذي

---

(1) د. أحمد سعيدان، جوانب علمية في الحضارة الإسلامية، منشورات جمعية الدراسات والبحوث الإسلامية، الطبعة الأولى، عمان – الأردن، ص18.

يطلب العلم بلا حجة كمثل حاطب الليل يحمل حزمة وفيها أفعى تلدغه وهو لا يدري].

وفي عدم جواز التبعية والتقليد يقول أبو حامد محمد بن محمد بن محمد الغزالي المتوفى سنة 505هـ في كتاب [ميزان العمل] ص47: [من لم يشك لم ينظر، ومن لم ينظر لم يبصر، ومن لم يبصر كان في العمى والضلال].

ويقول أيضاً في كتاب [المستصفى من الأصول] ص5: [التقليد هو قول بلا حجة، وليس ذلك طريقاً إلى العلم، لا في الأصول ولا في الفروع].

ومن المعروف أن الغزالي قد أنكر قيمة العقل في المعرفة الدينية، فالعقل عنده تحت التشريع في الأمور الغيبية وقوله هذا صحيح، فكما للنظر حدٌّ ينتهي إليه فإن للعقل حداً ينتهي إليه، لأنها دون قدرة العقل على إدراكه، فمن السلامة له عدم الولوج بهذه القضايا الميتافيزيقية، والغزالي نصر الدين بالعقل، والفلسفة عنده ضلال. والحق إنما هو في رجوع الإنسان إلى القرآن والسنة. وعلى خلفية قناعته هذه، هاجم الفلاسفة ثم استعار براهينهم للدفاع عن الدين، على قاعدة مقارعة الحجة بالحجة. ويرى في المنطق: [النظر في طرق الأدلة والمقاييس ومقدمات البرهان، وهو علم محمود ولا صلة له بأمور الدين نفياً ولا إثباتاً والمنطق عند الغزالي: [لا يصلح للأمور الدينية، والذي يبدأ دراسة المنطق ويرى فيه وضوحاً وصحة براهين، يظن أن ما ينقل عن المناطقة الأولين من الكفر كان مؤيداً بمثل هذه البراهين، فيتبعهم في كفرهم].أ.هـ

واستعرض الغزالي طرق المعرفة فوجدها أربعاً، منها الإلهام بالكشف والمشاهدة كما هو عند أهل الصوفية، وهذا فيه نظر عند غيره من العلماء، الذين أنكروا أن يكون منهج الكشف عن البصيرة والإلهام من روافد المعرفة*. وقد

---

* نميل هنا إلى الاعتقاد بجواز اعتبار الرؤيا الصادقة في المنام من روافد المعرفة، مع عدم التوسع في الترخيص بها على العموم.

أجمع الأصوليون والمتكلمون على رد هذه القاعدة التي قال بها الغزالي، وفي هذا يقول الإمام الماتريدي السمرقندي في كتاب التوحيد ص 25: [السبل التي يوصل بها إلى العلم بحقائق الأشياء هي: العيان والأخبار والنظر].

كما يقول أبو بكر القفال الشافعي: [لو ثبتت العلوم بالإلهام لم يبق للنظر معنى]. ويقول النسفي أيضاً في شرح العقائد النسفية ص 20: [أسباب العلم للخلق ثلاثة: الحواس السليمة، والخبر الصادق، والعقل، والإلهام ليس من أسباب المعرفة عند أهل الحق][1].

ويتضح لنا على ضوء ما أشرنا إليه آنفاً نفي هؤلاء أن يكون الإلهام الصوفي منهجاً في المعرفة، ومع هذا فإن أقوالهم لا تقدح في علم الغزالي.

إذ نراه يقول في كتاب المنقذ من الضلال ص16: وانحصرت أصناف الطالبين– للمعرفة والباحثين عن الحق-عندي في أربع فرق:

أ-   المتكلمين، الذين يحكمون بالرأي.

ب-   الباطنية، الذين يزعمون بأخذهم العلم عن الإمام المعصوم.

ج-   الفلاسفة، الذين تأتي لهم المعرفة عن طريق المنطق والبرهان.

د-   الصوفية – الذين يعرفون بالكشف والمشاهدة، وقد رد الغزالي على جميع هؤلاء إلا الصوفية[2].

ـــــــــــــــــــــــــــــــــ

(1) للمزيد انظر: د. عرفان عبد المجيد، دراسات في الفكر الإسلامي، دار الجيل، الطبعة الأولى، بيروت، 1991، ص ص 45 – 46.

(2) د. عمر فروخ، تاريخ الفكر العربي، دار العلم للملايين، الطبعة الرابعة، بيروت، 1983، ص 493.

وفي عدم جواز التبعية والتقليد يقول ابن الجوزي البغدادي المتوفى سنة 597هـ في كتاب [تلبيس إبليس] ص79: [أعلم أن المقلد ليس على ثقة فيما قلد فيه، وفي التقليد إبطال منفعة العقل، لأنه إنما خلق للتأمل والتدبر]. أ.هـ

وفي هذا الصدد يقول الإمام المحدث أبو عبد الله محمد بن أبي بكر الزرعي الدمشقي المتوفى سنة 157هـ [لا خلاف بين الناس في أن التقليد ليس بعلم، وأن المقلد لا يطلق عليه اسم عالم، لأن حد العلم: التبين وإدراك المعلوم على ما هو عليه فمن بان له الشيء، فقد علمه، والمقلد لا علم له] [1] أ.هـ

وتأسيساً على ما تقدم، من حقنا أن نشير هنا بأمانة وموضوعية، من غير تشنج وعصبية بنقد علمي لا يعرف التحامل، ولا يبخس غيرنا من أصحاب الحضارات شيئاً من صنيعهم ومخرجاتهم العلمية، أن التراث الحضاري العربي في بلاد الأندلس وصقلية في الغرب، وبغداد في الشرق وغير ذلك من حواضر العالم الإسلامي كالقاهرة ونحوها، كان وراء نهضة أوروبا إذ أنارت أمامها طريق العلم والحضارة، والمنهج العلمي الذي يعزى للأوروبيين مرجعياته مستمدة الحضارة العربية الإسلامية. ومن حقنا أن نجهر هنا أن نشأة مناهج البحث العلمي ترد في أصول مناهجها إلى علماء الحضارة العربية الإسلامية فيما أشرنا إليه سالفاً، وليس (لروجر بيكون) ومن بعده (فرنيس بيكون)، حسب زعم بعض الأوساط الأوروبية. ومسوغات مرجعيتنا فيما نذهب إليه ما صرح به (غوستاف لوبون) في كتابه (حضارة العرب) ص 110 أن الفضل في تأسيس المنهج العلمي الذي وصل إلى أوروبا يرد للحضارة العربية؛ فهي السباقة في هذا المنحى. وبهذا القول أيضاً أشارت المستشرقة الألمانية (زيغريد هونكة) في كتاب (شمس العرب تسطع على الغرب).

---

(1) د.عرفان عبد المجيد، دراسات في الفكر الإسلامي، مرجع سابق، ص46 نقلاً عن الشاطبي في الاعتصام، 282/2.

ونقل عن (غينيو) قوله: لقد كانت الثقافة والعلوم الإسلامية منبع نور وهداية، ولولا علماء الإسلام وفلاسفتهم لظل الغربيون يتخبطون في دياجير الجهل والظلام، فللحضارة العربية تعزى المدنية الغربية[1].

ويحسن بنا هنا أن نكتفي فيما أشرنا إليه من شواهد، ومن رغب بالمزيد فليطالع كتب المستشرقين المنصفين الذين تحدثوا عن تاريخ الحضارة العربية الإسلامية، وغيرهم من المؤرخين المنصفين الذين يعترفون بفضل العرب والمسلمين. فلولا الحضارة العربية الإسلامية، لاضطر علماء النهضة الأوروبية أن يبدؤوا من حيث بدأ هؤلاء، ولتأخر سير المدنية عدة قرون.

أما غير المنصفين منهم ممن أغفلوا شأن مساهمة الحضارة العربية في المدنية الغربية، وأسقطوا شأن علماء العرب والمسلمين وإسهاماتهم في العلوم كافة. فمن حق الأمة على مثقفيها أن تقارعهم الحجة بالحجة لبيان فضل حضارة الإسلام على الحضارة الغربية، بهدف تفنيد مزاعمهم وافتراءاتهم.

وحسبنا الإشارة هنا إلى أن هؤلاء ومن دار في فلكهم ونهج نهجم يبصرون الحقائق من وراء حجاب، وغداً ستنكشف عن عيونهم الغشاوة التي وقرت في عقولهم لإسقاطات نفسية تقادم العهد عليها، واستوطنت اللاشعور، بسبب تلبيسهم الحق بالباطل منكراً من القول وزوراً.

---

(1) محفوظ عباسي، الغرب نحو الدرب، مطبعة الزهراء الحديثة، الطبعة الأولى، بغداد، 1987، ص 323، نقلاً عن مجلة الفيصل السعودية عدد 91.

ثانياً: إنجازات الحضارة العربية الإسلامية في علم الفلك

لعل مـن أبـرز مـآثر الحضارة العربيـة الإسـلامية في علم الفلك في مرحلـة الابتكار والتجديد، أنهم سبقوا غيرهم من علماء الغرب في الاكتشافات الفلكية الآتية:

1- وقفوا على دقائق علم الفلك المترجمة من الهنود والفرس واليونان، وطهروها من أدران الخرافات، وصححوا ما ورد فيها من أغلاط، وأضافوا إليها الكثير، ومن الجدير بالملاحظـة هنا أن فلكيي العرب والمسلمين قد أخطأوا في أول الأمر، عنـدما اعتبروا أن الأرض ثابتة وهي مركز الكون كما تقدم، وقام لفيـف مـن العلمـاء لاحقاً بتصويب أخطـاء مـن تقدمهم، نذكر منهم أبـا سعيد أحمـد بـن محمـد بـن عبـد الجليل السجري الريـاضي المشهور الذي عاش في النصف الثاني من القرن الرابع، وقال أن الكـرة السـماوية سـاكنة بينما الأرض هي التي تدور على محورها ⁽¹⁾ .

يضاف إلى ذلك نفي محمد بن كثير الفرغاني في مخطوط تحت رقم (303) في المكتبـة العامة لجامعة الإسكندرية ص 21 أن تكون الأرض هـي مركز الكون، فالعرب قالوا باسـتدارة الأرض وبـدورانها عـلى محورهـا ⁽²⁾ ، كـما فطنـوا أن ضـوء القمـر وغيره مـن الكواكب مستمد من الشمس ⁽³⁾ ، وليست منيرة بذاتها، كما كان يظن قديماً.*

---

(1) د. محمد الفرا، الفكر الجغرافي في العصور القديمة والوسطى، مرجع سابق، ص 202.
(2) د.رشيد حميد الجميلي،حركة الترجمة في المشرق العربي في القرنين الثالث والرابع للهجرة،مرجع سابق، ص 389.
(3) المرجع السابق، ص 390 نقلاً عن Hell: The Arab civilization, pp. 97-98.

*ذهب العالم كوبرنيك لاحقاً إلى فساد القول بثبات الأرض ودوران الشمس حولها، والفضل في هذا يعزى للحضارة العربية الإسلامية كما تقدم. أليس من التقصير أن ننقل في كتبنا أن هذا العالم هو أول من قال بكروية الأرض وأنها غير ثابتة، ونتجاهل اجتهادات بعض العلماء والفقهاء ممن قالوا بهذا قبل Koppewnik، كما ننسى قوله تعالى: (وكلٌ في فلك يسبحون).

ومن العلماء الذي قالوا بكروية الأرض الإمام الغزالي، وابن تيمية، وابن حزم والزمخشري وغيرهم، فالتكوير في اللغة يعني اللف واللي، كما يقال لف العمامة وأدارها أو كار العمامة على رأسه وكورها، وقد ورد في القرآن الكريم في سورة الزمر: آية 5: (خَلَقَ السَّمَاوَاتِ وَالْأَرْضَ بِالْحَقِّ يُكَوِّرُ اللَّيْلَ عَلَى النَّهَارِ وَيُكَوِّرُ النَّهَارَ عَلَى اللَّيْلِ وَسَخَّرَ الشَّمْسَ وَالْقَمَرَ كُلٌّ يَجْرِي لِأَجَلٍ مُسَمًّى). ومما صرح به بعض الأئمة عن كروية الأرض قولهم:

[أن الأرض على عظمتها سابحة في الفضاء وليس لها حافة ينتهي إليها مـن يجوبها أو يطوف حولها، كالبطيخة تمر حولها ولا تنتهي إلى حافة معينة تنتهي بها][1]. وهـذا دليل على الاستدارة، أما قول العرب والمسلمين قبل غيرهم أن الكواكب ليست منـيرة بذاتها فيعزى ذلك إلى قوله تعالى في سورة يونس آية 5: (هُوَ الَّذِي جَعَلَ الشَّمْسَ ضِيَاءً وَالْقَمَرَ نُورًا).

وقوله تعالى في سورة نوح آية 16: (وَجَعَلَ الْقَمَرَ فِيهِنَّ نُورًا وَجَعَلَ الشَّمْسَ سِرَاجًا).

وقوله تعالى في سورة الفرقان آية: 61: (تَبَارَكَ الَّذِي جَعَلَ فِي السَّمَاءِ بُرُوجًا وَجَعَلَ فِيهَا سِرَاجًا وَقَمَرًا مُنِيرًا).

---

[1] للمزيد أنظر: ابن تيمية، الفتاوى، 588/6.

والأصفهاني، غريب القرآن، 285/2.

وحول كروية الأرض يقول الطبري: أن الأرض كروية، ولا خلاف على ذلك رغم أنها منبسطة. جامع البيان، 174/18

وقوله تعالى في سورة فصلت آية 12: (وَزَيَّنَّا السَّمَاءَ الدُّنْيَا بِمَصَابِيحَ).

وقوله تعالى في سورة الصافات آية6:(إِنَّا زَيَّنَّا السَّمَاءَ الدُّنْيَا بِزِينَةٍ الْكَوَاكِبِ).

ومن تفسير العلماء لهذه الآيات اتضح لفلكيي العرب والمسلمين أن الكواكب أجسام معتمة لسقوط أشعة الشمس عليها، وهذا سبق علمي بلغوه قبل أن يقول به غيرهم، وهو ما يؤيده علم الفلك الحديث، كما أن قولهم باستدارة الأرض ودورانها حول محورها قد سبقوا علماء في الغرب بذلك.

2- ظلت مؤلفات العرب والمسلمين الفلكية مصدراً للغرب، وعلى علومهم قامت نهضتهم، وقد اعترف علماء الغرب بذلك، فقال (سيديو) بأن من النتائج التي توصل إليها، هو أن العرب سبقوا (كلبر) و (كوبونيك) في اكتشاف حركات الكواكب السيارة على شكل بيضاوي، وليس على شكل دائري كما كان اليونان يعتقدون[1].

كما شهد المستشرق الإيطالي (كرلونلينو) في كتابه (علم الفلك وتاريخه عند العرب) في العصور الوسطى. اعتقاد العرب بحركة الأرض قبل الغرب إذ نراه يقول ص 252:

(وعند الإفرنج لم تنتشر– حركة الأرض إلا بعد سنة 1543م، حينما ظهر كتاب (Koppernik) (1473-1543)، المسمى (أدوار الأفلاك)[2].

كما اكتشف العرب والمسلمين كروية الأرض وحركتها حول الشمس، حسب ما ورد في مؤلفات المسعودي والشريف الإدريسي.

---

(1) د. محمد الفرا، الفكر الجغرافي في العصور القديمة والوسطى، مرجع سابق، ص 221، نقلاً عن غوستاف لوبون، حضارة العرب، ص 462.

(2) المرجع السابق، ص 221.

3-   بحثوا في حركات القمر والنجوم والبروج ورصدوا ظاهرتي الكسوف والخسوف وقد ساعدت أرصاد (البتاني) للكسوف والخسوف، علماء الغرب وبخاصة (Dunthorne) سنة 1749م، على تحديد تسارع القمر في حركته خلال قرن من الزمان [1].

وقد عمل محمد بن سنان البتاني على حسب طول السنة الشمسية بمقدار 365 يوماً و 5 ساعات و 40 دقيقة، ووضع العالم الشهير (لالاند) البتاني في صف الفلكيين العشرين الذين عدوا أشهر علماء الفلك في العالم [2].

4-   تصحيح الطول والعرض للمواقع والأماكن المعمورة من الأرض، وذلك على يد محمد بن أحمد البيروني الذي قال في دوران الأرض حول محورها، كما وضع حدوداً واضحة لخطوط الطول والعرض وقد أحس علماء الغرب بمكانته العلمية، فوصف (سارتون) الفترة التي تشكل القرن الحادي عشر بالنسبة لتاريخ العلم بعصر البيروني، لأنه كان أكبر شخصية علمية في عصره [3].

5-   قاموا بقياس محيط الأرض مرات عديدة، فصوبوا قياسات الجغرافي اليوناني (Eratosthenes) (275-195 ق.م) الذي اشتهر بتقديره لطول محيط الأرض.

وقياسات الجغرافي (Posidinius) (135-151 ق.م) وكان من أهم مساهماته أنه أعاد حساب طول محيط الأرض، بعد أن تشكك في الرقم الذي

_____

(1) المرجع السابق، ص 219، نقلاً عن الدوميلي، العلم وأثره في تطور العلم، ترجمة عبد الحليم النجار ومحمد موسى، ص 169.

(2) المرجع السابق، ص 219، نقلاً عن غوستاف لوبون، حضارة العرب، ترجمة عادل زعتير، ص 457.

(3) المرجع السابق، ص 220، نقلاً عن كراتشكوفسكي، تاريخ الأدب العربي، ترجمة صلاح الدين هاشم ص 245 و 257.

توصل إليه (ايراتوستين)، إلا أنه أخطأ في تقدير المسافة من الغرب إلى الشرق، فجاء دور العرب في تصويب قياس محيط الأرض وكانت أولى هذه المحاولات في عهد المأمون، إذ أوعز الخليفة إلى سند بن علي وخالد بن عبد الملك المروزي الشروع بهذه المهمة، فبلغ طول محيط الأرض وفق الحسابات العربية 25009 ميل تقريباً، وهو لا يزيد سوى 151 ميلاً عن الرقم الحقيقي البالغ 24860، وبهذه الطريقة حسب نصف القطر والقطر بعناية ودقة بالغتين [1] .

6- أدت ملاحظات علماء العرب والمسلمين إلى تصحيح الخطأ الذي وقع فيه بطليموس فيما يتعلق بمبادرة الاعتدالين التي حسبها درجة واحدة لكل مائة سنة، فتوصل (البتاني) إلى رقم أكثر دقة، وهو درجة واحدة لكل 66 سنة [2] .

واستنتج أن معادلة الزمن تتغير تغيراً بطيئاً على الأجيال، وأثبت خلافاً لبطليموس تغير قطر الزاوية الظاهري للشمس إلى 23° درجة و 53 ثانية.

ويراد بما تقدم الترنح في محور دوران الأرض، وما ينجم عنه من مبادرة الاعتدالين.

وقد عرف البتاني في الغرب باسم (Albategnius) وذاع صيته واعتمدوا عليه في أبحاثهم [3] .

كما أظهر (ابن جبير) خطأ بطليموس في قياس التغيرات الظاهرية، وبين موقع كوكب الزهرة من الأرض والشمس [4] .

(1) ضياء الدين علوي، الجغرافيا العربية، ترجمة د. عبد و اللهِ يوسف، ود. طه محمد جاد، جامعة الكويت، الطبعة الأولى، 1980، ص 197.

(2) المرجع السابق، ص 195.

(3) د. مخلص عبد الحليم الريس، تاريخ الفلك، مرجع سابق، ص 117.

(4) المرجع السابق، ص 123.

7- ساهم بعض علماء الفلك العرب والمسلمين وبعض المؤرخين في تدوين رصد مذنب هالي قبل أن يعرف بالغرب باسمه الحالي، والمذنَّب يدور مرة واحد كل ست وسبعين سنة ميلادية، ما يقارب 80 سنة هجرية، ويعتبر الكندي أول راصد بلغنا أثره في تاريخ الحضارة العربية الإسلامية للمذنب وقد ورد هذا في كتاب:

- Lindberge, Theories f Vision from Al-Kindi to Kepler – 1978.

كما رصد ظهور المذنب أيضاً في قصيدة الحماسة المعروفة لأبي تمام الطائي، إذ نراه يقول:

وخوفـوا النـاس مـن جهيـاء مظلمـة

إذ بـدا الكـوكـب الغـربي ذو الـذنب

كما جَاء في القصيدة نفسها تلميح عن ظهور المذنب حيث يقول:

عجائبـاً زعمــوا الأيــام مجفلـة

عـنهن في صـفر الأصـفار أو رجـب

ويتفق شهر رجب سنة 222 هـ على تاريخ مشاهدة المذنب في الرصد الصيني آنذاك.

ومن المصادر العربية التي دونت للمذنب في بعض مدارات دوراته:

- ابن الأثير في كتابه الكامل في التاريخ.
- ابن الجوزي في المنتظم.
- تقي الدين المقريزي.
- السيوطي في حسن المحاضرة.
- تاريخ ابن إياس.

وجملـة القـول أن النصـوص العربيـة التـي دونـت دورات المـذنب وردت في التواريخ الميلادية الآتية:

837م – 912م – 1066م – 1145م – 1222م – 1378م – 1456م.

ويعتبر التدوين العربي للمذنب عام 912م، هو التدوين الوحيد على الأرض الذي وصف المذنب حسب قول Stephenson, 1958.

والمطلوب مـن الباحثين العـرب العثـور علـى تسلسـل دورات مـذنب هـالي في المصادر التاريخيـة أو الفلكيـة العربيـة، وترتيبهـا في جـداول علميـة وتقديمهـا للعالـم، للإطـلاع علـى سبق الحضارة العربية الإسلامية بهـذا الرصـد قبـل مكتشفه ادمونـد هـالي، لاستكمال المعلومات الفلكية الخاصة بإعداد جدول عالمي لمذنب هالي يعتمد على الأرصاد الصينية والعربية والأوروبية [1] .

8- اشتهر العرب والمسلمون بعمل الأزياج الفلكيـة وهي جداول فلكية يرصـد مـن خلالهـا حركات الكواكب والنجوم على مدار السنة وتبين علاقتهما بالأبراج، ومن أشهر من صنـع هـذه الجـداول الفلكيـة، الفـزاري والبتـاني، والخـوارزمي والبلخـي والزرقـاني والمراكشـي والطوسي، حيث نسب كل زيج باسم صاحبه، كـما قامـوا بتصويب جداول بطليمـوس الفلكية وساعدهم على ذلك معرفتهم لعلوم الرياضيات والجغرافيا.

كما ناقض البطروجي في مؤلفاته فكرة بطليموس عن الجغرافيا الفلكية، ولعلـه أول مـن قال بالحركة الدائرية للكواكب ودورانها حول الشمس [2] .

_____

(1) د. وفيق شاكر رضا، دراسة تاريخ العلوم عند العرب، مركز إحياء التراث العربي، جامعة بغداد بحث مقدم في الندوة الثانية لتاريخ العلوم عند العرب سنة 1986، ص 45-67.

(2) د. حسن عبد القادر صالح، منهج العلماء المسلمين في البحث العلمي الجغرافي، بحث مقدم لجمعية الدراسات الإسلامية سنة 1985، ص 92، نقلاً عن د. صلاح الدين الشامي، الإسلام والفكر الجغرافي، ص 125.

9- تميزت الحضارة العربية الإسلامية بإقامة المراصد الفلكية، وباستخدام الأجهزة والآلات العلمية وخاصة الإسطرلاب. وقد أطلقت على عدة آلات فلكية، ويستخدم لقياس ارتفاعات الكواكب عن الأفق وتعيين الزمن [1]. ومن آلات الرصد الأخرى: اللبنة ذات الأوتار وذات السمت والارتفاع وهي من اختراع تقي الدين الراصد المتوفى 993هـ وكذلك استعملوا المزاول الشمسية لمعرفة الوقت أثناء النهار بواسطة ظل الشمس.

ومن أشهر المراصد، مرصد دمشق، ومرصد بغداد في عهد المأمون، ومرصد سامراء ومرصد بني الأعلم، والمرصد الشرقي التابع لعضد الدولة البويهي، ومرصد جبل المقطم في القاهرة في العهد الفاطمي، ومرصد ملك شاه في عهد السلاجقة، ومرصد سمرقند في عهد (أولغ بك)، ومرصد مراغة الذي بناه نصير الدين الطوسي.

ثالثاً: إنجازات الحضارة العربية الإسلامية في علم الجغرافيا

تحدثنا فيما سبق عن علم الفلك، وفي الصفحات الآتية سوف تتناول إسهامات الحضارة العربية الإسلامية في علم الجغرافيا، والكلمة بالأصل معربة عن المصطلح الإغريقي (Geography) الذي يتكون من مقطعين هما: Geo وتعني الأرض وGraphy وتعني الصورة.

---

(1) زيغريد هونكة، شمس العرب تسطع على الغرب، مرجع سابق، ص 131 و 138، وتعني كلمة الاسطرلاب مرآة النجوم أو ميزان النجوم، وهي معربة عن الإغريقية.

وبهذا عرف علم الجغرافيا قـديماً بعلـم وصـف الأرض، ويدرسـها بوصـفها وطنـاً للإنسـان، وتقسم الجغرافيا حالياً إلى قسمين هما:

1- الجغرافيا الطبيعية وتشمل التخصصات الآتية:

- الجغرافيا الفلكية.

- الجغرافيا الإقليمية.

- الجغرافيا المائية.

- الجغرافيا المناخية.

- الجغرافيا الحيوية.

- الجيمورفولوجيا.

2- الجغرافيا البشرية وتشمل التخصصات الآتية:

- جغرافية السكان.

- جغرافية المدن.

- الجغرافية الاقتصادية.

- الجغرافية السياسية.

- الجغرافية البيئية والصحية والسياحية.

- الجغرافية العسكرية.

- جغرافيا العمران.

- جغرافيا السلالات البشرية.

وتتناول الجغرافيا الطبيعية والبشرية الإنسان وبيئته.

ومهما اختلف الجغرافيون المعاصرون في تعريف علم الجغرافيا، فإنهم متفقون على أنه علم الأرض أو العلم الذي يدرس العلاقات المكانية وأثره على الإنسان، مما شجع على ظهور علم الجغرافيا الرياضية وعلم الجغرافيا الوصفية في الحضارة العربية الإسلامية، وهو ما يطلق عليه حالياً الجغرافيا العامة.

فأما الجغرافيا الرياضية فهي خليط من علم الفلك والجغرافيا الطبيعية بتخصصاتها المشار إليها آنفاً، دون تسميتها على النحو الذي تقدم، وقد اتبعت أسلوباً علمياً استند إلى المراصد وآلات القياس الدقيقة والعمليات الرياضية والمصورات الجغرافية، وشملت على معلومات مناخية ومائية وجيمورفولوجية وجيولوجية وعلم التربة وعلم الحيوان والنبات.

أما الجغرافيا الوصفية والتي يعبر عنها حالياً بالجغرافيا العامة، فكانت مزيجاً من الجغرافيا الطبيعية والاقتصادية والبشرية والعمرانية والبيئية [1]، والوصف الجغرافي يهتم بوصف الظواهر الجغرافية المكانية الطبيعية والبشرية، وتفسير ما تقوم عليه من علاقات متبادلة كالتأثر والتأثير، لتحقيق مجموعة من الأهداف، وعليه فإن الوصف الجغرافي الذي اعتمده جغرافيو العرب والمسلمين يعد الخطوة الأولى من خطوات البحث العلمي المعاصر.

ومن اللافت للنظر أن كلمة الجغرافيا لم تستعمل للدلالة على المفهوم العلمي المعاصر لها، إلا في وقت متأخر وتحديداً في الأزمنة الحديثة، وقد استعملت كلمة الجغرافيا في الفكر الجغرافي للحضارة العربية الإسلامية لأول مرة من خلال إخوان الصفا؛ للدلالة على علم صورة الأرض في الرسالة الرابعة من رسائلهم.

---

(1) د. حسن عبد القادر صالح، منهج العلماء المسلمين في البحث العلمي الجغرافي، مرجع سابق، ص 81، نقلاً عن د. شاكر خصباك، الخصائص العلمية للجغرافية العربية والإسلامية، ص 10.

وظل هذا المعنى شائعاً حيث استعمله الخوازمي في كتابه (صورة الأرض)، والمسعودي في كتابه (مروج الذهب ومعادن الجوهر)، والإدريسي إذ نراه يقول: (الكلام على صور الأرض المسماة بالجغرافية).

وياقوت الحموي في كتابه معجم البلدان 9/1 إذ يقول [صنف كثير من القدماء كتباً سموها جغرافيا ومعناها صورة الأرض] [(1)].

ومن المصطلحات العربية القديمة التي استعملت بتدرج قبل كلمة الجغرافيا المعربة، المسالك والممالك وتقويم البلدان، والأقاليم وعلم الأطوال، ثم صورة الأرض على نحو ما فعل ابن حوقل والخوارزمي، وأخيراً استقر الأمر على مصطلح الجغرافيا.

ويُعزى اهتمام الحضارة العربية الإسلامية بعلم الجغرافيا للعوامل الآتية:

1- العامل الديني، كالرحلة في طلب الحج واختيار أكثر المسالك أمناً وأبعدها أذىً، إضافة إلى تعيين القبلة في الصلوات الخمس، وزيارة بيت المقدس وقبر إبراهيم الخليل ونحو ذلك.

2- توظيف المعلومة الجغرافية في خدمة العمليات العسكرية، كالتعرف على طبوغرافية الأرض، لاختيار المناسب منها لعبور الجيش عند الفتوحات الإسلامية، وهي من أهم الأسس التي يعول عليها حالياً في العمليات العسكرية.

3- الرحلة في طلب العلم حسب دعوة الإسلام، وما توجبه من الشروع بالأسفار العديدة للمالك القريبة والبعيدة.

---

(1) د. خليل إبراهيم السامرائي، دراسات في تاريخ الفكر العربي، مرجع سابق، ص 225، نقلاً عن، د. حسين مؤنس، حضارة الإسلام وأثرها في الترقي العالمي، ص 396.

4- عناية الخلفاء والسلاطين والأمراء بالتجارة دفعت الكثير من التجار إلى الأسفار البعيدة من الصين شرقاً إلى القارة الأوروبية غرباً.

وتعد المعلومات التي أوردها التجار من أهم مصادر المعرفة الجغرافية لتلك الممالك في العصور الوسطى، وقد تفاوتت بواعث التجار من التجارة وتلونت ألوان نشدانها ونجملها في النقاط الآتية:

أ- طلب الكسب وتحسين الوضع المادي، مصداقاً لقوله تعالى في سورة القصص آية 77: (وَابْتَغِ فِيمَا آتَاكَ اللَّهُ الدَّارَ الْآخِرَةَ وَلَا تَنْسَ نَصِيبَكَ مِنَ الدُّنْيَا).

ولهذا نرى أن العبادة لا تقتصر على الصلاة والصوم والزكاة والحج، بل تناول حياة الإنسان العملية، فطلب الكسب فضيلة كما أن طلب العلم فريضة، وطلب الكسب واجب ومن أهم أنواع الكسب التجارة والزراعة والصناعة.

وقد وضع الإسلام السعي في الأرض ابتغاء الكسب في مرتبة الجهاد، فالعمل في الإسلام شامل لكل فعالية اقتصادية مشروعة، أهمها التجارة في سرعة الكسب وتحسين الوضع الاقتصادي مصداقاً للحديث الشريف: (من ليس له مال موروث فلا ينجيه من ذلك إلا الكسب والتجارة).

ب- المزاوجة بين الكسب المشروع ونشر الإسلام، مما أدى إلى انتشاره في أقاصي الأرض، التي لم يصلها جيش إسلامي، كاندونيسيا وماليزيا وكوريا والفلبين وغيرها.

ج- حب المغامرة الممزوج بفضول المعرفة، للوقوف على ما يجري في أمصار وأقاليم العالم وتدوينها، وما يقترن ذلك من المستقبل الزاهر الذي ينتظرهم جراء اشتغالهم بالمغامرة. كما فعل بعض الفتية من أهل الأندلس إذ شرعوا بمغامرة بحرية لاكتشاف مجاهيل بحر الظلمات في القرن الثالث للهجرة.

د- كثرة الأسفار والاغتراب قد توفر لصاحبها عند القليل من الناس تحقيق الاستقرار النفسي الذي يعوزهم، على خلاف ما هو معهود عند الكافة، إذ يرون أن ديمومة الأسفار يحمل المرء على تحسن حالته النفسية، وعليه فالناس في هذا مراتب ودرجات.

وقد حملت التجارة الخلفاء والأمراء والولاة على تسهيل سبلها، فأقاموا الآبار والخانات في طرق القوافل، وقاموا بتمهيد الطرق وحمايتها من أغارات اللصوص، وشيدوا المدن، واهتموا بالبريد، حتى أصبحت القوافل تجوب الأمصار والأقاليم جيئة وذهاباً من الشمال للجنوب ومن الشرق للغرب بكل راحة وأمان.

فأدى ذلك إلى انتشار السلع في الأسواق التي امتدت بها الحوانيت على جانبي الشوارع، واستفحل بها العمران وكثرت فيها المصانع والصنائع ومعاهد العلم، كما هو في بغداد ودمشق والقاهرة وفاس والقيروان وبخارى وسمرقند وغير ذلك من أمهات المدن الإسلامية في مختلف العصور.

ولم تقتصر عناية العرب والمسلمين بالتجارة البرية فحسب، بل صوبوا اهتمامهم للتجارة البحرية، فشيدوا المنائر وأنشأوا دور صناعة السفن، ويتضح من رحلات السندباد البحري التي وردت في كتاب ألف ليلة وليلة، كيف امتدت الملاحة البحرية من بغداد إلى شبة جزيرة الملايو، (ملقا) ثم أخذوا بعد ذلك يقومون برحلات إلى الصين عبر ميناء كانتون، وفي القرن الهجري الثالث وضع أبو القاسم بن خرداذبة دليلاً للمسافرين وصف فيه الطريق البحري الذي يبدأ من مصب نهر دجلة إلى بلاد الهند والصين [1].

---

(1) د. حسن إبراهيم حسن، تاريخ الإسلام السياسي والديني والاجتماعي، مرجع سابق، 2/ 314.

5- ساهم شيوع ظاهرة البريد على التعرف على الأقاليم والمسالك وأحوال الناس وطبوغرافية الأرض، كما أعانت على قياس مسافات الطرق، فشاع الأمن وعم الرخاء والازدهار، وقد ساعد ذلك على حسن إدارة شؤون الدولة.

6- لعبت السفارات التي ترسل من حاضرة الخلافة إلى الدول المجاورة دوراً ملحوظاً في توسيع نطاق المعلومات الجغرافية، ومثاله ابن فضلان الذي كان سفيراً للخليفة المقتدر إلى بلغار الفولكا، فعمل على وصف الطرق والمسالك والممالك التي مر بها ووصف طبائع وسلوك أهلها [1].

7- لعل من أهم عوامل ازدهار التجارة، اتساع رقعة الدولة، ومرور الطرق التجارية العالمية عبر أمصارها، إضافة إلى تنوع أقاليمها الزراعية ووفرة إنتاجها.

8- كان من مخرجات الترجمة الإيجابية التي ازدهرت في العصر ـ العباسي، أن أحاطت معرفة بالعلوم الجغرافية التي توصلت إليها الحضارات القديمة، البابلية والمصرية والصينية والهندية والفارسية واليونانية والرومانية، مما ساهم في نشأة الفكر الجغرافي للحضارة العربية الإسلامية بثوب جديد، فكانت مرحلة المحاكاة والتقليد ثم مرحلة الابتكار والتجديد.

(1) د. خليل إبراهيم السامرائي، دراسات في تاريخ الفكر العربي، مرجع سابق، ص 229، نقلاً عن، د. نقولا زيادة، الجغرافية والرحلات عند العرب، ص 195.

رابعاً: إنجازات الحضارة العربية الإسلامية في الطب:

حرص الأطباء على الاضطلاع بأمانة البحث العلمي من منظور إسلامي، للنهوض بالطب في معترك الحياة، وبإمعان النظر والتدبير والبحث المستمر، تمكنوا من تصويب أخطاء من سبقهم بنقد وتفسير علميين، وبطول التجربة والمشاهدة بزوا سلفهم في معارفهم العلمية الطبية، فاستقام لهم صحيح الطب الذي اطمأنوا إليه وأوسعوه دراسة وتطبيقاً، فتدارسوا علوم الأوائل بمهارة واقتدار، وانتهى إليهم رياسة الطب في عصرهم، وبلغوا فيه من المكانة ما جعلهم محط أنظار الجميع، وبذلك اكتملت شخصيتهم واستقلت آراؤهم ولم تعد صدى لأقوال أبقراط وجلينوس كما تقدم، وبلزوم التفقه في كل جديد اشتد عودهم فأتقنوا صناعة الطب، وكانوا من أمهر الحاذقين به، والعارفين بأوضاعه وقوانينه، فغدت تشد إليهم الرحال لأخذه عنهم، كما كان حالهم في مرحلة الترجمة حين أفادوا من علوم غيرهم.

فابتكروا علوماً في الطب لم يعرفها الأوائل، واستحدثوا إضافات لم يمارسها سواهم، ولم يقف على الكلام في منحاه أحد من الخليقة قبلهم فرفعوا من شأن الحضارة الإنسانية درجة نحو العلا والرفعة والمجد، وظلت مؤلفاتهم تعول عليها جامعات الغرب حتى نهاية القرن الثامن عشر.

ومن مآثر صنيعهم ومنجزاتهم الطبية نورد ما هو آت:

أولاً: كانوا أول من أدرك معرفة التخصص الطبي، وقسم الأطباء بحسب تخصصهم إلى عدة أضرب، وقد ذكر ابن قيم الجوزية المتوفى 751هـ في كتابه (زاد المعاد في هدي خير العباد) في الجزء الرابع تخصصاتهم على النحو الآتي:

أولاً الطبيب الذي يطب بوصفه وقوله هو الذي يختص باسم الطبائعي (وهم أطباء الأمراض الباطنية) وبمروده وهو الكحال (طبيب العيون) وبمبضعه

ومرهمه هو الجرائحي (الطبيب الجراح) وبموسه وهو الخاتن، وبمحاجمه ومشرطه وهو الحجام*. وبوصله ورباطه هو المجبر (طبيب العظام) وبمكواته وهو الكواء*. وبقربته وهو الحاقن، وسواء كان طبه لحيوان بهيم أو إنسان، قاسم الطبيب يطلق لغة على هؤلاء كلهم].أ.هـ وقسموا المرض إلى قسمين بسيط ومركب والطب إلى نظري وعملي.

ثانيا: تناولوا أسباب العديد من الأمراض وأعراضها وطرق علاجها فتحدثوا عن بعض الأمراض نذكرها وفق التقسيم المعاصر لها:

1- الأمراض الجلدية كداء الثعلب وتقصف الشعر وسقوطه والشيب المبكر وقروح الرأس وقمل الرأس والبدن وإفراط عرق البدن.

وكلف الوجه، والنمش، وفي نتن الإبطين، والقوابي (جمع قوباء)، والبهاق، والبرص، والجرب، والحكة الجلدية، وفي انعقاب الأظافر وتكسرها.

2- أمراض العين كالرمد، وقروح العين، والصفرة، وضيق الحدقة وأقسامها وعلاجها، والحول، وانتفاخ الأجفان، وجحوظ العين وعلاجه، وضيق الحدقة وأسبابها وعلاجها.

3- أمراض الأنف والأذن والحنجرة كالقيح في الأذن ووجعها وما يطرأ عليها من طنين وأورامها وما يدخلها من الهوام، والزكام وعلاجه ونتن الأنف وخشونة الصوت وما يطرأ عليه من بحة، وقاموا باستئصال اللوزتين

---

* الحجامة معناها الامتصاص، والحجام المصاص، والمحجم مشرط الحجام وفي الحديث: أفطر الحجام والمحجوم.

* الكي إحراق الجلد بحديد وفي المثل آخر الطب الكي، الكي بالنار من العلاج المعروف في كثير من الأمراض، وقد ورد في الحديث النبوي النهي عن الكي، وإباحة النبي صلى و اللـهِ عليه وسلم في حالات خاصة إذا كان سبباً في الشفاء لا علة له، وفي الحديث أيضاً: أن النبي صلى و اللـهِ عليه وسلم كوى سعد بن معاذ لينقطع دم جرحه.

والزوائد اللحمية في الأنف[1]، كما كانوا ينظرون في اللهاة رقتها وضمورها لتشخيص الحالة المرضية.

4- أمراض الجهاز التنفسي كالسعال وأنواعه وعلاجه وذات الرئة (السل) والربو وغيره.

5- أمراض القلب(2) والأوعية الدموية كالخفقان والذبحة الصدرية(3) وما يعرض في القلب من الأدواء، والنبض وقد عرفوا أيضاً حركة أوعية الروح وفي هذا يقول الرازي في الحاوي: [(الشرايين) مؤلفه من انبساط وانقباض والحبس عليه عملية تحتاج إلى معرفة بتشريح الأوعية الدموية، ومواقعها في البدن]، وكانوا يفحصون النبض أثناء الراحة، والهدوء النفسي-[4]، وتعرف حالته من أوصافه الآتية:

[حجمه في حالة انقباضه وتناوبه (سرعته) وشدة قرعه للأصابع واستوائه وانتظامه في القوة، وزمان كل حركة فيه ودوام سكونها وحرارة ملمسه وبرودته وقوام الأوعية وحالة جدران الأوعية، والنبض المستوى هو

---

(1) للمزيد حول هذا انظر:

ابن سينا: القانون في الطب، 2/ 208.

(2) المصدر السابق: 2/ 262و271.

(3) د. كمال السامرائي، مختصر تاريخ الطب العربي، مرجع سابق، ص 280، نقلاً عن: Kamal Encyclop, Of Islamic Medicinie, P. 323.

(4) د. كمال السامرائي، مختصر تاريخ الطب العربي، 2/ 365، نقلاً عن:

الرازي: الفصول: ص 73-76.

المجوسي: الملكي: 1/ 254و271.

ابن سينا القانون: مصدر سابق، 1/163و 166.

الطبيعي في قوته وسرعته، والنبض المختلف هو الذي لا نظام له وتكون فيه ضربـات زائـدة أو ناقصة] 10. هـ [1].

6- أمراض الجهاز الهضمي كأمراض الفم، واللسان، واللهاة، والأسنان، والشفتين، وما يعرض لها من أمراض وعلاجها، وأمراض المعدة وسوء مزاجها وعلاجها والقيء وأسبابه والجشاء والنفخ وحيات البطن (الدود) والتهاب القولنج [2] والبراز.

7- أمراض الكبد، والطحال، كضعف الكبد وأورامه واليرقان واستفراغ الدم مـن الكبـد ومـا يعرض للطحال من أمراض وعلاجه [3].

8- أمراض المفاصل كالنقرس، وعرق النسا، وأوجاع الورك، وفساد الأطراف.

9- أمراض الكلية والمجاري البولية كأرواح الكلى، والمثانة، والتهابات مجاري البـول، وتكون الحصى، وعسر البول وحرقته وفرطه [4].

10- الأمراض النفسية والعصبية كالصداع بأنواعه والشقيقة وأقسامها وعلاجها، والأرق، والكوابيس، والمناخوليا، وثقل اللسان عـن الحركـة والخـدر وأنواعـه وعلاجـه، والتشـنج وأنواعه وعلاجه، وفي النوم المفرط، وتأثير

---

(1) ابن سينا: القانون: مصدر سابق، 1/ 124.

(2) ابن سينا: القانون: مصدر سابق، 2/ 452و460، والمجوسي: المكي، 1/ 370.

(3) للمزيد عن اليرقان أنظر:

ابن سينا: القانون، مصدر سابق، 400/1، 404/3.

الرازي: الحاوي، مصدر سابق، 7/ 142 و176.

(4) الرازي:الحاوي،مصدر سابق،10/10، والمجوسي:المكي، مصدر سابق،483/2، وابن سينا: 508/1و526، والزهراوي: التصريف ص 25.

الموسيقى على نفس الإنسان وأعصابه وفائدتها في الأمراض العقلية والصرع وأنواعه والرعشة وغير ذلك [1] .

11- الأمراض النسائية والتوليد كاختناق الرحم وورمه، وسيلان الدم من الرحم وسرطان الرحم وبروز الرحم وكثرة الإسقاط وعسر الولادة وعدم الحمل [2] .

12- أمراض الجهاز التناسلي الذكري كالعقم وضعف الجماع وإفراط الاحتلام وعلل الخصي [3] .

وتجدر الإشارة أن أمراض الكلى والتناسلية المشار إليها آنفاً، تندرج اليوم ضمن أمراض المجاري البولية والتناسلية.

(1) للمزيد عن هذه الأمراض أنظر:

الرازي: الحاوي، 1/ 62و64و68و70و75و80و91.

وابن سينا: القانون، 2/71و 67 و 100 و 105.

وابن أبي أصيبعة، عيون الأطباء، ص 573، وابن هبل: المختارات، 3/ 40-46.

و د.كمال السامرائي، مختصر تاريخ الطب عند العرب، ص284-285.

(2) الرازي: الحاوي، ج12/9و18 و37 و94، والزاهرزي: التصريف ص 13، والمجوسي: الملكي، 1/ 177 و2/ 439، وابن سينا: القانون،2/ 579.

وابن طفيل: حي ابن يقظان، ص 180 و 191.

(3) ابن طفيل: حي ابن يقظان، ص 180.

وابن طفيل هو أبو بكر محمد بن عبد الملك بن محمد الأندلسي المتوفى 581هـ كان واسع الإطلاع بعلوم الطب والفلك والرياضيات.

مآثر الحضارة العربية الإسلامية غير المسبوقة في علم الطب[1]

كان للأطباء العرب والمسلمين قصب السبق وشرف الفضل الاكتشافات الطبية الآتية:

1- وصف بعض الأمراض المعدية كالجدري والحصبة.

2- وصف تأثير العوامل الوراثية على ظهور المرض.

3- وصف عضلات العين وطبقاتها من خلال التشريح المقارن.

4- وصف الدورة الدموية الصغرى.

5- استخدام الخيوط المصنعة من أمعاء بعض الحيوانات.

6- استئصال اللوزتين والزوائد الأنفية (الناميات).

7- التفكير في استعمال العدسات لإصلاح عيوب العين.

8- إزالة الظفرة من العين.

9- استخدام الجراحة في مرض العين المعروف (الساد) أو (CATARACT).

10- العمل بنظام الترخيص والامتحان لمن يتعاطى صناعة الطب، ومن نجح في الامتحان وأذن له المحتسب شرع بالتصدي لمداوة المرضى.

11- علاج الشلل بالأدوية المبردة والماء البارد لعلاج النزيف.

12- مداواة السرطان وداء الخنازير (قروح صلبة تحدث في الرقبة) وقطع الأطراف الفاسدة.

---

(1) للمزيد حول هذا الموضوع انظر: ما كتب عن مشاهير العلماء كالرازي وابن سينا وابن النفيس والزهراوي وحنين بن اسحق وأبو القاسم الموصلي وابن الهيثم، وغيرهم، ممن تقدم ذكرهم، وقد اكتفينا بذكر جوانب مختصرة من مآثر الطب عند العرب والمسلمين في هذا البند منعاً للتكرار خشية ترهل الكتاب.

13- إجراء عمليات التجميل، إذ بلغوا من المهارة في جراحة التجميل حيث لم يبق من أثر للجراحة سوى أمارات تشير إلى مكان الجرح[1].

14- استخدام العقاقير المسكنة والمخدرة*.

15- القول في قواعد الطب الوقائي عملاً بالقرآن الكريم والسنة النبوية الشريفة كما تقدم، واستئناساً بالحكمة القائلة درهم وقاية خير من قنطار علاج، لحفظ الصحة والوقاية من العلل والأمراض.

فكانوا ينصحون بالنظافة وعدم إدخال الطعام على الطعام، فالأكل الكثير يفسد فم المعدة ويضعف الجسم ويولد الرياح والأدواء العسرة.

وقالوا بالابتعاد عن النوم الكثير والجماع المفرط، والسهر والهم والجزع والحزن وشرب الخمر، فهذه كلها تسقم أبدان الأصحاء.

ومن أراد الصحة فعليه بالغذاء الجيد ومن غلب على علاجه الغذاء فهو أولى من الدواء، وهو ما يطلق عليه اليوم التداوي بالغذاء لا الدواء.

وفي هذا يقول الرازي: (ومهما قدرت أن تعالج بالأغذية فلا تعالج بالأدوية)، واعتبر ابن البيطار الغذاء سبباً في قوام البدن وثبات الروح في

(1) أبو فرج الأصفهاني، كتاب الأغاني، 173/14 وهو أو الفرج عماد الدين محمد بن حامد بن محمد الشهير بالعماد الكاتب المتوفى 597هـ.

والجاحظ: كتاب الحيوان، 238/2و 239.

* كانت آلية التحذير تتم من خلال الاسفنجة المخدرة إذ كانوا يعصرون عليها عصير الحشيش والأفيون، ثم تجفف في الشمس ولدى الاستعمال ترطب ثانية وتوضع على انف المريض فيركن إلى نوم عميق.

للمزيد حول هذا أنظر:

زيغريد هونكة، شمس العرب تسطع على الغرب، مرجع سابق، ص 279-280.

ود. حنيفة الخطيب: الطب عند العرب، مرجع سابق، ص 39.

الجسد ومنه صلاحه ومنه فساده، والغذاء في وقت الحاجة سبب لدوام الصحة، وفي غير حاجته يورث العلل والأمراض.

16-   ربط الأوعية الدموية بخيوط الحرير.

17-   التعريف ببعض حالات الحمل خارج الرحم.

18-   رفع حصاة المثانة عن طريق المهبل.

19-   اكتشاف ملقط التوليد قبل أن يقول به (جمبرلت) بأكثر من خمسة قرون[1].

20-   بيان مخاطر التلوث المائي وما تسببه مياه الشرب من أمراض، وقد عزاها ابن سينا إلى حيوانات دقيقة لا ترى بالعين يتناولها الإنسان في الماء دون أن يحس بها[2].

وقد حملهم الخوف من مخاطر التلوث الهوائي على قلته في عصرهم، على مراعاة الجوانب البيئية الصحية عند إنشاء البيمارستانات* ودليل ذلك ما فعله الرازي لبناء المستشفى الكبير في بغداد.

21-   وصف طرق المعاينة والكشف على النحو المعمول به حالياً، إذ كانوا يأخذون بعين الاعتبار جس النبض والنظر، في لون البول واللسان، وما يطرأ على الوجه من تغيرات وكذلك لون العين واللهاة، وقرع البطن والضغط عليه في مواطن معينة، والتعمق في السؤال عن حياة المريض

---

(1) د. كمال السامرائي، مختصر تأريخ الطب العربي، مرجع سابق، ص 171.

نقلاً عن: .Spinz and Lewis, P. 480

(2) د. عبد الحليم منتصر، تاريخ العلم ودور العلماء العرب في تقدمه، مرجع سابق، ص 121.

* وكانت البيمارستانات مشافي لمعالجة الأمراض كافة، وبمرور الزمن تغير مدلول الكلمة ليعني مأوى المجانين، واستبدلت كلمة بيمارستان بالمستشفى، على نحو ما نراه في الوقت الحاضر.

الخاصة والعامة، كالاستفسار عن مضمون شكواه وطرق معيشته ونوع عمله ومدى راحته النفسية في صنعته وسابق ما تعرض له من أمراض وما تعاطاه من دواء (أعشاب وعقاقير عصرهم)، وتاريخ العائلة المرضي، وتدوين خلاصة الفحص على لوحة سرير المريض، وهذا من أبرز مميزات الطب المعاصر**.

22- الاهتمام بتعقيم الأدوات الطبية من خلال: تعريض الأدوات المعدنية منها للنار الخفيفة ومسحها بالخل والعسل وبقطرات البصل والثوم، ثم تنظيفها بالماء من جديد ووضعها في أماكن محكمة الإغلاق، وقد روعي في صناعتها أن تكون من معادن غير قابلة للصدأ.

وتعقيم الأدوات المصنوعة من العاج بالخل والعسل والبصل والثوم ثم تنظيفها بالماء من جديد، أما الأدوات الخشبية فكانت تطرح في حاوية القمامة فور استخدامها.

23- معالجة الأمراض العقلية والعصبية والنفسية: عرفت الأمراض العصبية والنفسية منذ أقدم الأزمان، وبقيت مدة طويلة ينظر إليها من أعمال الجن، وعولجت على هذا الأساس بتجويع المريض وتعذيبه وعزله لينفر الجن من هذه المعاملة القاسية ويخرج من الرأس.

وكان للأطباء العرب والمسلمين باع طويل في معالجة هذه الأمراض على أساس علمي، وفي التراث الطبي والأدبي عدد من قصص الأمراض النفسية التي تظهر بها براعة الأطباء وإبداعهم في التشخيص العلمي لهذه الأمراض ومعالجتها على نحو ما عرف من علوم عصرهم(1)، وقد أدركوا آثار الحالة النفسية للإنسان في وظائف أجهزة الجسم المختلفة.

** تنبه الرازي قبل أطباء الغرب إلى الاستئناس بالممرضات في مداوة المرضى.

(1) د. كمال السامرائي، مختصر تاريخ الطب العربي، مرجع سابق، ص 306.

فمزاج الجسم عندهم تابع لأخلاق النفس، فكلما كانت أخلاق النفس أحسن كان مزاج البدن أحسن وأعدل، وكلما كان مزاج البدن أعدل كانت أخلاق النفس أحسن(1)، فالحالة النفسية في الانقباض والفرح والهم والغم والحزن وغير ذلك تؤثر تأثيراً مباشراً في سلوكية الإنسان(2).

وقد برعوا في المعالجة بالإيحاء وأظهروا في المداوة بها عجائب، وفي كتب التاريخ من نوادر على ما فيها من طرفة تدل على تميزهم في هذا المجال.

ويوجد في كتاب عيون الأطباء لابن أبي أصيبعة شواهد كثيرة عن طرق علاج الأمراض العقلية والعصبية[(3)].

وقد نبه الرازي إلى ضرورة مراعاة العامل النفسي في صحة المريض إذ قال:

إن مزاج الجسم تابع لأخلاق النفس،... وعلى الطبيب أن يكون طبيباً للروح، فيوهم مريضه بالصحة وهو ضرب من التدبير النفسي[(4)].

وقد نبه الرازي أيضاً إلى اختلاف البلدان بعضها عن بعض في مختلف الوجوه، وبني على ذلك اختلاف أمزجة الشعوب. ومن ضروب العلاج النفسي ما ذكره المؤرخون من إدخال الفزع في علاج بعض الأمراض والتخيل في بعضها الآخر، كما كانوا يلجأون في معالجة بعضها الثالث بإزالة الغضب من النفوس.

---

(1) د. رشيد حسن الجميلي، حركة الترجمة في المشرق العربي، مرجع سابق، ص 346، نقلاً عن أبن سينا: كتاب تدارك الخطأ، ص 2، مخطوط تحت رقم (59) في المكتبة العامة لجامعة الإسكندرية.

(2) المرجع السابق: ص 346.

(3) د. حنيفة الخطيب: الطب عند العرب، مرجع سابق: ص 245.

(4) المرجع السابق: ص 245.

وقد اتخذ ابن سينا التحليل النفسي أسلوباً جديداً من أساليب العلاج الطبي، وقد ربط بين فلسفته وطبه، فاستغل علم النفس في التطبيب، ومن طريف ما يروى عن مهارته بالمعالجة في التخييل أنه شفى مريضاً من امراء آل بويه، كان يعتقد بأنه بقرة ويخور كالأبقار ويطلب بإلحاح أن يذبح ويطبخ لحمه، فانقطع عن الطعام وهزل جسمه، ولما هم ابن سينا متظاهراً بالذبح، جس عضلات المريض ثم التفت إلى أهله قائلاً: البقرة ضعيفة جداً ويجب تسمينها قبل ذبحها، فأخذ من فوره يأكل بشهية فقوي جسمه وبرئ من وهمه وشفي تماماً [1].

ويرى د. عطوف محمود ياسين في كتابه (علم النفس العيادي) ص 27-30، أن ابن سينا أول من اكتشف العامل النفسي في ظهور المرض العقلي ويعتبر المؤسس الأول للطب السيكوسوماتي في بيان علاقة الأمراض الجسمية كاستجابات للاضطرابات النفسية.

ونراه يقول أيضاً: لقد سبق ابن سينا (شونجتون هيب) في توضيح العلاقة بين الخلل الدماغي العصبي العقلي من جهة والاضطرابات الفيزيولوجية النفسية من جانب آخر، وقدم لنا دراسة علمية للعلاقة بين الجهاز العصبي والأمراض النفسية والعقلية.

وأشار على مرضاه بالزواج لتوجيه طاقات الجنس توجيهاً سديداً، وسبق بذلك (فرويد) وأصحاب الاتجاه التحليلي. وتحدث عن الوراثة ومؤثراتها وعن البيئة وأثرها في حياة الإنسان، وهو أول من فكر بالتعليل الجشتالي الشمولي لأسباب العلة.

---

(1) المرجع السبق: ص 56، نقلاً عن المقالات الأربع ص 85-87، وابن أبي أصيبعة: عيون الأطباء، ص 374-375.

ثم نراه في صفحة (29) يقول عن ابن رشد: قام بتصنيف الأمراض وفرق بين الأمراض العقلية والأمراض المزمنة، ونقل عنه قوله: (إن بؤرة المرض هي في الدماغ والبطن).

وشدد أيضاً على الأثر النفسي وعوامل البيئة، في تكوين المرض العقلي، وكان سباقاً في الشك العلمي لمنهج (ديكارت)، ثم نراه ينقل في صفحة (30) عن (Gregory Zilborg) وهو أحد مؤرخي الطب المحدثين ما قاله عن مآثر الطب عند العرب والمسلمين:

[كانوا أول من قام باكتشاف العامل النفسي والعصبي في الأمراض العقلية والجسمية، فهم بذلك أول من أسس الطب السيكوسوماتي، وعارضوا إنزال مرضى العقول وعزلهم في السجون فشيدوا لهم المصحات الخاصة بهم، وقاموا بتصنيف الأمراض قبل (كرابلين) وميزوا بين أنواعها ودرجاتها.

وأوضحوا علاقة الاضطراب الانفعالي بالمرض وهذا ما وقف عليه الطب في مطلع القرن العشرين. ونادوا بفكرة التعاطف الاجتماعي والعلاقات الإنسانية مع هؤلاء المرضى، وأقاموا مئات المصحات العقلية والنفسية واستخدموا الجراحة والأدوية والتدليك والحمامات ومراعاة الراحة وتغير بيئة المريض] [1] أ.هـ

ولم يجهل هؤلاء الأطباء فائدة الموسيقى في الشفاء، ولذلك اهتم أطباؤهم وفلاسفتهم باستخدام الموسيقى في معالجة بعض الأمراض، وقد عهد ذلك عن الرازي وابن سينا والفارابي وابن مأساويه وغيرهم، إذ أيقنوا بتأثير الموسيقى على نفس المريض وأعصابه وفائدتها في علاج بعض الأمراض العقلية.

(1) د. عطوف ياسين، علم النفس العيادي، دار العلم للملايين، الطبعة الثانية، بيروت، 1986، 2 /27و30.

24- الحقوا دراسة الطب بالبيمارستان، فزاوجوا بذلك بين الدراسات النظرية والعملية للوقوف على تطور المرض وأعراضه، وكانت بمثابة كليات لدراسة الطب تقوم على الملاحظة لمعرفة كل طارئ جديد وتدوينه في كراسات خاصة، ليفيدوا منها مستقبلاً في علاج الحالات المتشابهة*.

25- تقديم جملة نصائح للطبيب والمريض معاً والتقيد بها، ومنها وجوب مواظبة المريض على الدواء وإن تحسنت حالته الصحية نسبياً، والوقوف عنه بالتدريج حتى يبرأ من مرضه، مع عدم استحباب الانتقال من طبيب لآخر إلا بعد إعلام الطبيب الثاني، بما صرف له الطبيب الأول من عقاقير وأدوية ونحوه.

ومن جملة النصائح التي خصوا الطبيب بها، النظر في نوع المرض وسببه وقوة المريض ومقاومته للمرض، ومزاج البدن عنده، وسنه، والنظر في قوة الدواء، ودرجته والموازنة بينها وبين قوة المريض، وأن يعالج بالأسهل، فمن سعادة الطبيب علاجه بالأغذية بدل الأدوية وبالأدوية البسيطة بدل المركبة، وأن يكون له خبرة باعتلال القلوب والأرواح (الحالة النفسية)، وفعل الخير والإحسان والذكر والدعاء والتضرع والابتهال إلى الله، ولهذه الأمور تأثير في دفع العلل وحصول الشفاء أعظم من الأدوية الطبيعية.

والتلطف بالمريض والرفق به كالتلطف بالصبي، وينبغي للطبيب أن يكون جيد الحدس بسرعة الانتقال من المجهول إلى المعلوم، مع وجوب استقصاء ما عرف بالجديد من الطب أولا بأول.

* كانت البيمارستانات على نوعين ثابتة ومتنقلة وبعضها خاص لمرض الجذام، وأخرى للمجانين وثالثة لمأوى العجزة والعميان ورابعة للمساجين،وتميزت بوفرة الأطباء وحسن الأثاث والخدمات الجيدة، فلم يسبقهم إليها سابق في وفرة هذه الخدمات.

وعلى الطبيب أيضاً أن يكون عظيم الصبر بعيداً عن القلق والضجر والتأفف في وجه مرضاه، وعن الجزع والمجازفة والتهور، فالجزع دليل الضعف، والتهور دليل قلة الخبرة بالصنعة، وينبغي أن يكون مشاركاً للعليل مشفقاً عليه حافظاً لأسراره، والتعرف على الأعشاب في منابتها وفوائدها وأضرارها، إضافة إلى معرفة أبوال الحيوانات وفوائدها العلاجية في العديد من الأمراض وخاصة أبوال الإبل والبقر [*]. وأن يكون مجتهداً في علاج مرضاه وبرئهم بكل وجه يقدر عليه، وإن استغلق عليه ذاك فلا مانع من المشورة مع غيره من صفوة أهل الصنعة، والنزول عند رأيهم إن كانوا أكثر صواباً منه، ويجب أن يكون ذا أخلاق حسنة نشيطاً يملك زمام نفسه في مواصلة التحصيل [1].

26- استحباب المنافسة الشريفة بين الأطباء، من خلال المناظرات الطبية والمشاورة العلمية.

27- دراسة طب الأطفال وكيفية معالجتها، كما اهتموا بالأمراض التي تصيب الأطفال وبطرق معالجتها، كما كانوا على إطلاع واسع بأنواع الديدان والحميات والاسهالات التي تصيبهم، وكانت لهم عناية بالمولدين لسبعة أشهر، واهتموا بشؤونهم من حيث الرضاعة والتغذية، وأكدوا على وجوب

---

* مع أن هذه العبارة لا تستقيم وثقافة العصر وعلومه، وتعد من ضروب الجهل والتخلف، فضاً عن النجاسة، لأن النفس البشرية تستهجن هذا وتتقزز منه، إلا أن آخر الدراسات الطبية التي صدرت في أرقى الجامعات الهندية أكدّت عن اكتشاف علاج كيماوي كمداواة السكري من بول الأبقار، ولغرابة هذا تناقلت الخبر وكالات الأنباء العالمية والفضائيات في صدر أخبارها، وأفرزت مساحات للتعليق العلمي مع أهل الاختصاص.

(1) للمزيد حول هذا الموضوع أنظر:

- ابن قيم الجوزية: الطب النبوي، ص 112-115.
- ابن أبي أصيبعة: عيون الأنباء في طبقات الأطباء، ص 45-46 و ص 564-565.

أن تكون الرضاعة مدة سنتين كما هو في القرآن الكريم، مع ملاحظة أن يكون الفطام تدريجياً[1].

28- الاعتقاد بالمساواة التامة بين الرجل والمرأة تشريحاً وفيزيزلوجيا[2]، وقد أثبتت الدراسات التشريحية، أن كل الأعضاء الموجودة عند الرجل موجودة عند المرأة، فكانوا يقولون بأن جهاز المرأة التناسلي هو مقلوب جهاز الذكر[3]، والجنين يتكون من اجتماع المنيين، أي مني الرجل ومني المرأة (البويضة) وهذا ثابت بالعلم الحديث[4].

وفي هذا المجال قال ابن النفيس: إن الرحم هو العضو الذي يتكون فيه الجنين، وهو موضوع داخل البطن كثير العروق، يتكون من غشاءين (طبقتين) الواحد ضمن الآخر، فالداخل (المخاطية) كثير العروق لتغذية الجنين، والظاهر (العضل) يقوم بحمل ذلك العضو، وهذا صحيح علمياً[5].

واعتقد ابن سينا وابن النفيس أن أول عضو يتكون من الجنين هو القلب[6]، وهو الصحيح، فقد أثبت الدراسات الحديثة أنه في اليوم الخامس لتكون الجنين يتكون القلب ويكون مثل قلب السمك أي متألفاً من بطين وأذين فقط، وفي هذا يقول ابن النفيس:[إن تجويف القلب هو أول عضو يحدث في المني ثم السرة فالدماغ فالقلب ثم الكبد].

---

(1) د. خليل إبراهيم السامرائي، دراسات في تاريخ الفكر العرب، مرجع سابق، ص 318.

(2) د. سلميان قطان، تشريح فيزيولوجيا الأعضاء التناسلية للرجل والمرأة عند العرب، بحث مقدم للحلقة العلمية التي عقدتها جمعية الدراسات والبحوث الإسلامية، سنة 1983، وصدرت تحت عنوان:

جوانب علمية في الحضارة الإسلامية، الطبعة الأولى، عمان، 1985، ص 349.

(3) المرجع السباق: ص 349.

(4) المرجع السباق: ص 351.

(5) المرجع السباق: ص 352.

(6) المرجع السباق: ص 352.

أما المشمية فتحصل فيها خيوط مجوفة هي عبارة عن وصلات بين أوعية الأم، ثم تتحد فتصير عرقاً واحداً ينفذ في سرة الجنين[1].

29- صناعة مراهم مضادة للجراثيم، عالجوا بها جراحاتهم الملتهبة، استقوها من سروج دوابهم وحصلوا منها على المواد المضادة للجراثيم[2].

وصفوة القول أننا قد أتينا على جملة نافعة من مآثر الطب عند العرب والمسلمين، ولعل الناظر فيها قد يدهشه التقدم الطبي في القرن الهجري الرابع قياساً على زمانهم.

خامساً: انجازات الحضارة العربية الإسلامية في علم الصيدلة

خلق الله النباتات على الكرة الأرضية قبل أن تطأها قدم إنسان أو حافر حيوان، فهي الغذاء الأول لكل مخلوق.

ومنذ وجود الإنسان والحيوان وجدت الأمراض التي تنتابهما، وما أنزل الله من داء إلا وأنزل له دواء، وأعطى الحيوان الذي لا يعقل غريزة الاهتداء إلى نوع النبات الذي يشفيه من مرضه، وترك للإنسان العاقل أن يهتدي إلى النباتات الشافية للإمراض بالدراسة والتجارب والاستنتاج.

وتاريخ التطبيب بالأعشاب قديم جداً يرجع إلى العصور الأولى من التاريخ، فبعض أوراق البردى التي عثر عليها دلت على أن كهنة الفراعنة، كانوا يمتلكون معرفة أسرار الأعشاب والتداوي بها.

---

(1) المرجع السباق: ص 355.

(2) د. رشيد الجميلي، حركة الترجمة في المشرق العربي، مرجع سابق، ص 345.

وهنالك ما يثبت أن قدماء الهنود قد مارسوا هذه المهنة أيضاً وكذلك أهل الصين وبلاد ما بين النهرين.

ثم جاء بعدهم حكماء اليونان ووضعوا المؤلفات عن التداوي بالأعشاب في القرنين الرابع والخامس ق.م.

كان من أشهرهم في هذا المجال هيبوقراط - وتيوفراستون، وديسقوريدوس وبلينوس وجالينوس[1].

وظلت مؤلفات هؤلاء عن التداوي بالأعشاب المصدر الأساسي لهذا العلم، حتى جاءت الحضارة العربية الإسلامية، فاستقت العلم عن من تقدمهم، ثم زادوا عليهم وتوسعوا بتجاربهم حتى انتهت إليهم رياسة هذا العلم في عصرهم، وتجاوزوا مرحلة القياس والتقليد للأوائل، وبلغوا مرحلة الابتكار والتجديد باقتدار، وصنفوا عشرات المؤلفات في علم النباتات والأدوية المفردة والأقرباذين والصيدلة.

ويقصد بعلم النبات المعارف التي تخص بالنبت من الشجر والحشائش التي لها علاقة تطبيقية بالطب، ويعتبر كتاب النبات لأبي حنيفة الدينوري المتوفى 282هـ أول كتاب عربي بهذا التخصص، ويقصد بالأدوية المفردة، العقاقير المستخلصة من الحيوان أو النبات أو المعدن ويقدم بمفرده، أما الدواء المركب فهو مجموع من دوائين مفردين فأكثر، وعلم العقاقير هو علم الأدوية بمفردها ومركبها وهو في اليونانية (Materis Medica)[2].

---

(1) د. أمين ويحة، التداوي بالأعشاب، دار القلم، الطبعة السادسة، بيروت، 2000، ص 16.

(2) د. كمال السامرائي، مختصر تأريخ الطب العربي، مرجع سابق، ص 351.

والأقرباذين مصطلح معرب عن السريانية (كرافاذين) ومعناها التركيب الصغير، وقيل أيضاً أن المصطلح يراد به رسم النباتات وأدويتها، ويطلق على الأدوية المركبة وطريقة صنعها.

أما الصيدلة هي فن تحضير الأدوية بالدقة التي يقتضيها كيل مفرداتها الطبية بحسب وصفة الطبيب، فتكون الصيدلة بهذا المعنى هي الأقرباذين [1]، والصيدلة في العربية مأخوذة عن الصيدنة، والصيدن: حجر الذهب، وربما أعطيت الصنعة هذا الاسم لنفاستها ودقة العمل بها، وقيل في رواية أخرى أن الاسم مشتق من خشب الصندل، لكثرة ما ينبعث منه من الروائح العطرية [2].

ولما ورث صيادلة العرب والمسلمين معارف البابليين، والمصريين، والهنود، والصينيين، واليونانيين في تصنيف الأعشاب، وتأكدوا بالتجربة من فوائدها، في الصحة والمرض، أولوا أمر هذا الموضوع عناية خاصة، وأدخلوها ضمن منهاج التعليم في البيمارستان، وكان من ألمع نجوم هذه الصنعة جابر بن حيان، وابن سينا، وابن البيطار، وابن بطوطة، وداوود الأنطاكي وغيرهم. درسوا النباتات بالمشاهدة والتجربة على المرضى، واكتشفوا الكثير من فعالياتها الشفائية، وعرفوا أنواعاً جديدة منها لم تكن معروفة عند الأقدمين، وصار موضوع الأدوية التي تستحضر من الأعشاب عنواناً لمؤلفاتهم التي تبحث في النباتات وأسمائها وخصائصها الطبيعية وطريقة صنعتها.

كانت الصيدلية* في بادئ الأمر تابعة لعلم الطب، ولما كثرت العقاقير وتشعبت طرق تركيبها، اشتدت الحاجة إلى من يتفرغ للصيدلة دون الطب،

---

(1) المرجع السابق: ص 352.

(2) المرجع السابق، ص 364.

* عرفت الصيدلية في التاريخ الإسلامي بأسماء مختلفة منها: الصيدنة وخزانة الشراب والشربخانة وأجزخانة، وعلم العقاقير، بعضها عربي وبعضها الآخر معرب.

فانقسمت صناعة الطب إلى قسمين: تشخيصي وعلاجي، ومن هنا انفصلت صناعة الطب عن صناعة العقاقير واستقل كل منها بذاته ⁽¹⁾.

ومن أهم العوامل التي ساعدت على العناية بالصيدلة رعاية الخلفاء والأمراء لهذا اللون من العلوم الطبية، إضافة إلى ما أسهم به بيت الحكمة في بغداد من ترجمة لعلوم الأقدمين الطبية وخاصة الإغريقية منها، وقد كان فيه خيرة الأطباء والصيادلة وعلى رأسهم: يوحنا بن ماسويه وحنين. بن إسحاق العبادي، وقسطا بن توما، وإسحاق بن حنين، وثابت بن قرة والكندي، وحبيس الأعم، والحجاج بن مطر، وعثمان الدمشقي، وابن سرابيون، وموسى ابن خالد، وعيسى بن يحيى وابن البطريق ويحي بن عدي.

فهؤلاء وغيرهم قاموا بترجمة كتب جالينوس إلى العربية، فاهتدوا إلى معرفة تركيب الأدوية، كما قاموا بترجمة الكتب الهندية ككتاب عقاقير الهند، ومختصر ـ الهند في العقاقير، وفي خلافة المتوكل المتوفى 247هـ ترجم اصطفيان بن باسيل كتاب الحشائش لديوسقريدس.

ومنذ تلك الأيام انطلق العرب والمسلمون بتدارس علم الأدوية بمصادره النباتية والحيوانية والمعدنية. وكان ابن سهل الطبري طبيب المعتصم المتوفى 227هـ من الأوائل الذين كتبوا في المادة العقاقيرية، ويتجلى ذلك بوضوح في مؤلفه (فردوس الحكمة). وتبعه سابور بن سهل المتوفى 255هـ تأليف كتاب الأقرباذين، وكان أكثر الكتب تداولاً في البيمارستان ودكاكين الصيادلة في بغداد.

---

(1) زيغريد هونكة: شمس العرب تسطع على الغرب، مرجع سابق، ص 329.

وأعقب ذلك ظهور المصنفات العربية في علم الأعشاب والعقاقير الطبية من أشهرها* :

- مؤلفات يعقوب بن إسحاق بن الصباح بن عمران الكندي المتوفى 252هـ ومنها رسالته في الغذاء والدواء ورسالته في تغيير الأطعمة.
- مؤلفات أبي بكر الرازي المتوفى 321هـ الملقب بـ (جالينوس العرب)، ومن كتبه في الصيدلة كتاب أقرباذين المادة الطبيعية، وإليه تنسب المقولة القائلة: [ومهما قدرت أن تعالج بالأغذية فلا تعالج بالأدوية، ومهما قدرت أن تعالج بدواء مفرد فلا تعالج بدواء مركب]. ا.هـ.

ونذكر من المؤلفات الأخرى:

- الترياق، لمؤلفه أبي يحيى بن البطريق.
- الصيدلة في الطب، لمؤلفه محمد بن أحمد البيروني المتوفى 440هـ.
- منهاج البيان فيما يحتاج إليه الإنسان، لابن جزلة البغدادي المتوفى 467هـ.
- كتاب الأدوية المفردة، لمؤلفه رشيد الدين الصوري المتوفى 639هـ.
- جامع المفردات، لمؤلفه أحمد الغافقي المتوفى 651هـ.
- الجامع لمفردات الأدوية والأغذية لابن بيطار عبد الله بن أحمد الملقي المتوفى 649هـ.
- تذكرة أولى الألباب والجامع للعجب العجاب لمؤلفه داود بن عمر الأنطاكي المتوفى 1008هـ والمعروف بتذكرة داود*.

---

* بدأ عصر التأليف الموسوعي للعقاقير والأعشاب الطبية منذ منتصف القرن الثالث الهجري.

* ولعل من أبرز العلماء الذين ساهموا في علم الأعشاب والصيدلة، ممن لم يرد ذكرهم في المتن.
(البيروني) صاحب كتاب (الصيدنة في الطب), وابن الرومية المتوفى 613هـ.
وأبو العباس أحمد بن محمد النطبي المتوفى 637هـ.
وابن الجزار القيرواني، وماسويه الماردني والرحالة الشريف الإدريسي.
وسهلان بن عثمان بن كيسان صاحب كتاب مختصر الأدوية المركبة.
وغيرهم الكثير ممن ينسب إليهم الفضل في وصف الأدوية المسهلة والملطفة والمدرة للبول والمقيئة والمسهلة ونحوها والتي ما زال يعمل في بعضها للآن.

وجملة القول، أن العرب والمسلمين كانوا رواد علم الصيدلة ومؤسسيه، فقد تميـزت مرحلـة الابتكار والتجديد بالمنجزات العلمية الآتية:

1- برعوا في معرفة الأدوية سواء كانت من أصل نباتي أو معدني، أو حيواني التـي يتناولها المريض، وكانت تأخذ أحد الأشكال الآتية:

- سفوف.

- مستخلص مائي.

- شراب مركز محلى وغير محلى.

- حبوب أو أقراص صلبة.

- معاجين.

- مراهم تدهن به أمكان الألم.

- مراهم تدهن بها أماكن الألم.

- زيوت.

- السعوط.

- الخلاصات العطرية.

- الغرغرة والمضمضة.

- الحقن.

- الضمادات.

- الكحول.

- المستحلبات.

- اللزوق (اللزقات الطبية).

2- أول من أسس علم الصيدلة على أساليب عملية تأخذ بعين الاعتبار الإعداد الجيد وإجراء الامتحانات، وتطبيق نظام الحسبة على من ينجح منهم وينشد مزاولة الصيدلة.

ويرى ابن أبي أصيبعة أن الخليفة المأمون أول من شرع بامتحان الصيادلة ومنحهم تراخيص مزاولة العمل.

3- أول من أوجد الصيدليات في البيمارستان والمعسكرات والسجون، وجعلوا على الصيادلة نقيباً يسمى في المغرب رئيس العشابين، وفي المشرق العربي رئيس الشجارين أو رئيس الحشاشين [1].

4- عرفوا السموم وأنواعها ومصادرها النباتية والحيوانية والمعدنية، مع اختلاف درجات سميتها بحسب جنسها وكنيتها، وكان جابر بن حيان المتوفى 200هـ أول من كتب في السموم ومضارها وأنواعها والترياقات* المضادة للسموم [2].

5- أول من غلف حبوب الدواء ذات المذاق المر، بغلاف من العسل أو من السكر، ليتمكن المريض من بلعها بسهولة ويسر ويعزى ذلك إلى ابن سينا.

6- اكتشفوا عشرات الأعشاب الجديدة التي لم تذكر في مؤلفات الحضارات السابقة مع بيان فوائدها الطبية ومنها:

---

(1) د. حنيفة الخطيب، الطب عند العرب، مرجع سابق، ص277.

* الترقيان أو الدرياق لفظ فارسي مركب، وهو دواء مركب من مفردات طبية كثيرة قد تصل إلى ما يزيد على التسعين، وقد استخدم لأول مرة للتداوي من لسع الأفاعي، وبمرور الزمن صار لكل حالة مرضية ترياق خاص به.

(2) د. كمال السامرائي؛ مختصر تاريخ الطب العربي، مرجع سابق، 371/2.

القرفة والحنظل وعرق السوس والكافور وجوز الطيب والمسك والتمر هندي والصندل والمسك وغيرها، وما زال الكثير منها بأسمائها العربية في اللغات الأجنبية للآن[1].

7- كان لهم الفضل في معرفة الاكتشافات الآتية والتي تعزى في معظمها لجابر بن حيان:
- حامض النيتريك ولقبوه ماء الفضة.
- حامض الكبريتيك وسموه زيت الزاج.
- كلوريد الزئبق.
- البوتاس.
- روح النشادر.
- ملح النشادر.
- نترات الفضة.
- حامض الترهيدروكلوريك ولقبوه بالماء الملكي.
- حامض الطرطير (النطورن)[2].

8- أول من استخرج الكحول بالتقطير من المواد السكرية والنشوية، وتوصلوا إليه قبل الأوروبيين بنحو ثلاثة قرون[3].

9- مزج بعض العقاقير بعصير الليمون والبرتقال والقرنفل وغيره، وهو ما يعبر عنه حالياً بالمنكهات في شراب الأدوية الخاصة بالأطفال[4].

---

(1) زيغريد هونكة: شمس العرب تسطع على الغرب، مرجع سابق، ص 321.

(2) د. رشيد حسن الجميلي، حركة الترجمة في المشرق العربي، مرجع سابق، ص 407، نقلاً عن زيغريد هونكة، شمس العرب تسطع على الغرب، ص 325-326.

(3) المرجع السبق: ص 407، نقلاً عن القرني: قصة الطب، ص ص 107-108.

(4) زيغريد هونكة: شمس العرب تسطع على الغرب، مرجع سابق، ص 321.

10- استخدموا الخميرة المعقمة لمداواة العديد من الأمراض الجلدية والجروح والخراجـات والدمامل، ويوازي تأثيرها البنسلين وغيره من المواد المضادة للميكروبات.

11- استعملوا القهوة المحروقة لمعالجـة التهابـات عديـدة منهـا التهاب اللـوزتين وجروح الجلد، وقد استعملها لاحقاً عـالم المـاني في مطلع القرن العشـرين وأسـماها (منقـذة الحياة) لمداواة الالتهابات المزمنة، وقدمت نتائج باهرة مذهلة [1].

12- أول من زاوج بين علم النبات والعقاقير وعلم الكيمياء، وينسب الفضل في ذلك إلى جابر بن حيان، مما مكنهم التفريق بين الأحماض والقلويات واكتشاف العلاقة بينهما، وابتكار طرق محسنة للتبخر والترشيح والتقطير والتبلور، وكان ذلك بفضـل اختراعهم الأنبيق (Alambie) وهو جهـاز مصنوع مـن الزجاج يستعمل لغايات التقطير [2]، والخلط بين الأعشاب بواسطة الكحول، ومـن هنا جـاءت الكلمـة الإكسـير (Elixir) التي ما زالت تستعمل في علم صناعة الأدوية المصنعة من الأعشاب للآن.

13- تمكن الرازي أنه بوسعه أن يستحضر عقاقير جديدة في عملياته الكيميائية، من تقطير وتصعيد لمواد طبيعية أصلاً، فرفع علم الكيمياء إلى مستوى علم النبات، ودأب دومـاً إلى تجربة العقاقير الجديدة على الحيوانات ليرى تأثيرها ـ فيحصي منافعها ومضـارها، وهكذا درس خصائص الزئبـق ومركباتـه واستحضـرها واستعملها كعقار ضـد بعض الأمراض، واهتم بالأفيون والحشيش وجعله صالحاً للاستعمال في عملية التخدير.

(1) المرجع السابق: ص 328.

(2) المرجع السبق: ص 326.

وثمة دواء يستخدم في فرنسا للآن في معالجة بعض الحالات المرضية، يعود للعرب هو خل العنب الأبيض.

هذه المؤلفات والمكتشفات العربية ساعدت (Pomet) على تأليف كتابه (التاريخ العام للعقاقير) سنة 1675م، والعالم (Nicolas Lemery) على تصنيف مؤلفه (العقاقير البسيطة) سنة 1967م، وأسهمت أيضاً في إخراج كتاب (أجناس النباتات) للعالمين (Bentham) و (Hooker) سنة 1883م [1].

ومع تطور الحضارة الأوروبية، استطاع العلماء لاحقاً تحديد المواد الفعالة بدقة في كل نبتة مخبرياً، واستطاعوا فصل هذه المواد وإعادة تكوينها صناعياً، ورغم هذا التطور العلمي الكيميائي، اتجه كثير من الأطباء في العقود الثلاث الأخيرة، إلى الوصفات النباتية لعلاج الكثير من الأمراض لخلوها من التأثيرات السلبية على صحة المريض [2]، مما يعطي كتب التداوي بالأعشاب التي ألفت في الحضارة العربية الإسلامية الأهمية بالدراسة والمراجعة.

ومن نافلة القول أن نشير هنا: ينبغي علينا نحن العرب والمسلمين، إعادة إحياء هذا التراث للوقوف على ما فيه من المنافع في عصر كثر فيه القول بالعودة إلى الطبيعة.

فهذه بضاعتنا ردت إلينا ويجب علينا إعادة صياغتها علمياً من جديد، بما يتناسب وروح العصر الذي نعيش فيه، من غير إفراط وتفريط وغلو وإسراف، ولا يفوتنا هنا أن نحذر من الاتجار بالنباتات والأعشاب الطبية غير المأمونة، على نحو ما يفعل الدجاجلة ومن دار في فلكهم من المشعوذين، فهؤلاء قوم لا يركن إلى كلامهم ولا يلتفت إليهم لقولهم من غير علم.

_____

(1) أحمد شمس الدين: التداوي بالأعشاب والنباتات قديماً وحديثاً، دار الكتب العلمية، الطبعة الثانية، بيروت، 1991، ص 14.

(2) المرجع السابق: ص 14.

سادساً: إنجازات الحضارة العربية الإسلامية في الرياضيات

عرف علم العدد والحساب في المصادر اليونانية القديمة باسم (الارثماطيقي) ومما لا شك فيه أن الحضارات المصرية والبابلية والصينية والهندية واليونانية قطعت شوطاً لا بأس في العلوم الرياضية، حتى ظهرت الحضارة العربية الإسلامية لتخطوا بها خطوات واسعة نحو الأمام، ذلك أن علماء العرب والمسلمين لم يقفوا عند حد الإنجازات التي حققها السابقون من أصحاب الحضارات المشار إليها آنفاً، وإنما قاموا بتصويب بعض المفاهيم الرياضية القديمة وإسقاط بعضها والإضافة والابتكار في بعضها الآخر، ففي مجال العدد عرفوا حساب الجمل، فوضعوا لكل حرف من حروف الأبجدية رقماً خاصاً يقابله ويدل عليه وفق حروف [أبجد هوز حطي كلمن سعفص قرشت ثخذ ضظغ]، على النحو الآتي:

أ، ب، ج، د، هـ، و، ز، ح، ط، ي، ك، ل، م، ن، س، ع، ف، ص، ق، ر، ش، ت، ث، خ، ذ، ض، ظ، غ.

1، 2، 3، 4، 5، 6، 7، 8، 9، 10، 20، 30، 40، 50، 60، 70، 80، 90، 100، 200، 300، 400، 500، 600، 700، 800، 900، 1000.[1]

ورموز للأعداد التي تزيد على الألف بضم الحروف إلى بعضها بعض ومثاله: بع 2000، جغ 3000، كغ 20.000، قغ 100.000 .[2]

على أن علماء المسلمين لم يلبثوا أن استحسنوا نظام الترقيم عند الهنود، ورأوا أنه أيسر من نظام الترقيم على حساب الجمل، وأفضل بكثير من الأرقام

---

(1) هزاع بن عبد الشمري:الأرقام العربية، دار أجا، الطبعة الأولى،الرياض، 1999،ص21.

(2) د. عبد الحليم منتصر: تاريخ العلم ودور العلماء العرب في تقدمه، مرجع سابق: ص 92.

اليونانية، ويقوم هذا النظام على استخدام الأرقام التسعة المعروفة بالإضافة إلى الصفر، ويعزى معرفتهم لهذه الأرقام لأحد علماء الفلك الهنود الذي وفدوا بلاط الخليفة المنصور ومعه كتاب (السند هند)، وما كاد يستهل القرن الخامس الهجري، إلا وكانت الأرقام الهندية قد شاع استخدامها في العالم الإسلامي حيث عرفها المسلمون باسم (راشيكات الهند) [(1)].

وتأكيداً لما تقدم حول تأثر العرب والمسلمين بالأرقام الهندية في مرحلة المحاكاة والتقليد، ما تشير إليه المستشرقة الألمانية (زيغريد هونكة) في كتابها (شمس العرب تسطع على الغرب) ص 73 العبارة الآتية والتي أنقلها بتصرف:

(وكان من حظ العرب أن قدم إلى بلاط الخليفة المنصور 773م، فلكي من الهند اسمه (KanKah) الذي وقف بحضرة المنصور وكان عالماً في طرق الحسابات الهندية المعروفة باسم (Sind Hind) والتي تهتم بحركة الكواكب، وقد أمر المنصور بترجمة هذا الكتاب إلى العربية، وعهد بهذا العمل إلى محمد بن إبراهيم الفزاري الذي ألف على نهجه كتاباً باسم (السند هند الكبير)، ومن هذا الكتاب الهندي عرف العرب نظام الأرقام والأعداد الهندية) [*].

ونراها في موضع آخر في نفس الصفحة تقول:

(وظهر الصفر في الكتابات الهندية حوالي 400م لأول مرة، ولقد كتب الفلكي الهندي الكبير (Brahmagupta) عام 628م، نظامه الفلكي المشهور (Sinddhanta) واستخدم فيه الأرقام التسعة والصفر كرقم عاشر)، وما كادت

(1) د. سعيد عبد الفتاح عاشور وزملاؤه؛ تاريخ الحضارة العربية الإسلامية، مرجع سابق، ص 103، وزيغريد هونكة: شمس العرب تسطع على الغرب، مرجع سابق: ص 73، ود. رشيد الجميلي: حركة الترجمة في المشرق العربي، مرجع سابق، ص 377.

* وردت كلمة الحساب في القرآن الكريم تسع وستون مرة، كما حفلت آياته في عشرات الآيات التي تحمل أرقاماً مختلفة، وعرفوا من ضروب علم الحساب الغبارية والهوائية وحساب الفرائض والعقود.

الأرقام الهندية تعرف في العالم الإسلامي حتى انتشرت سريعاً في الدواوين والمتاجر، وحلت محل الأرقام اليونانية المعقدة.

وقد وضع العرب مؤلفات عديدة في الحساب ترجمت إلى اللغات الأجنبية، ولعل أبا جعفر محمد بن موسى الخوارزمي، هو أول من ألف في الحساب في العصر العباسي، ثم أعقبه أبو بكر محمد بن الحسن الكرخي المتوفى 420 هـ كتاب (الكافي في الحساب)، وألف أبو الحسن علي بن أحمد النسوي المتوفى 430هـ كتاب (المغني في الحساب)، وأعقب ذلك ظهور عشرات المؤلفات العربية، والتي كان أشهرها في القرن الثامن الهجري كتاب (مفتاح الحساب) لمؤلفه غياث الدين جمشيد بن مسعود المتوفى 832هـ مما ساعد على ازدهار علم الحساب على خلفية مسائل الوصايا والمواريث، ومن أشكال الأرقام الهندية التي عربت أرقام المجموعة الأولى، التي تستخدم في دول المشرق العربي والبلدان الإسلامية الأخرى كإيران والباكستان وأفغانستان وغيرها، وهي ١، ٢، ٣، ٤، ٥، ٦، ٧، ٨، ٩، ١٠، الخ.

وأرقام المجموعة الأخرى والتي تعرف في الموسوعة الأجنبية بالأرقام العربية، وتسمى عند العوام عن طريق الخطأ بالأرقام الأجنبية وهي:

1, 2, 3, 4, 5, 6, 7, 8, 9 الخ. ١، ٢، ٣، ٤، ٥، ٦، ٧، ٨، ٩، ١٠، الخ.

ويطلق على هذه المجموعة السلسلة الغبارية، وهي في نظر لفيف من العلماء والباحثين مرتبة على أساس عدد الزوايا التي يضمها الرقم الواحد. وبالمقابل يرى بعض الباحثين أن الأرقام العربية ذات أصل ومرجعية عربية قديمة مستمدة من التراث، وحجتهم في ذلك أن الناظر إلى الأرقام العربية القديمة

كالحميرية، والفنيقية، والآرامية، والتدمرية، والنبطية يجد تطابقاً في بعض أرقامها، مما يـدل على أصل واحد وتطور كتابي لأصل واحد في جذوره [1] .

وفيما يلي أهم ما توصل إليه علماء الحضارة العربية الإسلامية مـن مـآثر في علـوم الرياضيات:

1- تهذيب نظام الترقيم المنقول عن الهنود في سلسلتين، عرفت إحداهما بالأرقام الهنديـة وفيها استعملت النقطة لتدل على الصفر[*]، في حين عرفت الأخرى بالأرقام الغباريـة وفيها استعملت الدائرة لتدل على الصفر، وهي الأرقام التي تستعمل في دول العالم كافة ويسميها الغربيون في موسوعاتهم بالأرقام العربيـة (Arabic Figures)، ولنا أن نتصور كيف يكون علم الحساب دون استخدام الصفر، فبدونه يتعذر حل العديد من المعادلات الرياضية ومن خلاله يمكننا بسهولة ويسر نقل الرقم من خانة لأخرى. وعن طريق الحضارة العربية الإسلامية في الأندلس انتقل نظام الأرقام الجديـد إلى أوروبـا، فأخذ يحل محل الأرقام الرومانية الذي يتصف بالتعقيد الشديد، والصعوبة البالغة في إجراء العمليات الحسابية، فقيمة الرقم في هـذا النظام لا يمكن أن تتغيـر مـن خانـة لأخرى، كما تنحصر هذه الأرقام في الحروف الآتية [2] :

$$1 = I$$

$$5 = V$$

---

(1) هزاع بن عبد الشمري، الأرقام العربية، مرجع سابق، ص 23.

[*] لقد عرف الغرب الصفر واستخدموه بلفظه العربي، فقالوا (Cipher) بمعنى لا شيء أو عديم القيمة، ثم تطور ليعني الشفرة (Chiffre) ثم صار العنصر في الحساب يعبر عنه بلفظ (Zero)، وتنطق في ألمانيا (Ziffer).

(2) المرجع السابق: ص 70 وص 95، ود. سعيد عاشور وزملاؤه، تاريخ الحضارة العربية الإسلامية، مرجع سابق: ص 104.

-239-

10 = X

50 = L

100 = C

500 = D

1000 = M

وإتماماً للفائدة نشير إلى الطريقة اليونانية في كتابة الأرقام الآتية:

1- 383

2- 487

3- 998

4- 3952

فالرقم الأول يكتب على النحو التالي: CCCL XXX III

الرقم الثاني يكتب على النحو التالي: CCCCL XXX VII

الرقم الثاني يكتب على النحو التالي: DCCCC L XXXX V III

وكذلك الرقم الرابع يكتب على النحو: MMMD CCCCL II

فما بالنا إذا أردنا أن نكتب رقماً يعبر عن مليار أو تريليون أو كوادريليون ويساوي واحد وإلى يمينه خمسة عشر صفراً

المليون = 1000000

المليار أو البليون = 1000000000

التريليون = 1000000000000

الكوادريليون = 1000000000000000

كما يعتبر الصفر من اخطر ما اهتدى إليه العقل البشري في الرياضيات، حيث قال العالم (Eyre)، فكرة الصفر تعتبر من أعظم الهدايا العلمية، التي قدمها المسلمون إلى أوروبا [1] .

وتشير المستشرقة الألمانية (هونكه) في ص 80-88 أن البابا (Silverster) الـذي ارتقـى كرسي البابوية 999م، كان من أكثر معجبي التعامـل بالأرقـام والأعـداد العربيـة، وهـو أول رجل في الغرب تعلم الأرقام واستخدمها، قبل أن يرتقي إلى البابوية حين كان فرداً عادياً يحترف التجارة مع مسلمي الأندلس وكان آنئذ يعرف باسم (جربرت).

2- تأسيس علم الجبر على يد الخوارزمي المتوفى 846م، والذي ما زال يحتفظ باسمه العربي (Algebra) وما زال (Algorithmus) حتى اليوم تحمل اسمه كعلم من أعلامها، كما عرف أنصاره في الغرب باسم الخوارزميين (HLgoritmiker) [2] كما أسمى الألمان قبل عصر النهضة الخوارزمي (Algorizmus) ونظموا الأشعار باللاتينية تعليقاً على نظرياته [3] .

وكان كتابه (الجبر والمقابلة) المصدر الذي اعتمدت عليه أوروبـا في نهضـتها الرياضية، وهو واضع أسس علمي الجبر والحساب.

---

(1) د. سعيد عاشور وزملاؤه، تاريخ الحضارة العربية الإسلامية، مرجع سابق ص 105.

(2) زيغريد هونكة: شمس العرب تسطع على الغرب، مجرع سابق، ص 75.

(3) المرجع السابق: ص 75.

الـمـصـادر والـمـراجـع

1. ابن جرير الطبري، **جامع البيان في تأويل القرآن**، تحقيق أحمد شاكر، مؤسسة الرسالة، الطبعة الأولى، بيروت، 1405هـ.

2. ابن خلدون، **المقدمة**، دار القلم، بيروت، 1986.

3. ابن طباطبا، **الفخري في الآداب السلطانية**، مطبعة البابي الحلبي، القاهرة، 1988.

4. ابن قيم الجوزية، **زاد المعاد في هدي خير العباد**، مؤسسة الرسالة، الطبعة السابعة والعشرون، بيروت، 1994.

5. ابن منظور، **لسان العرب**، دار العلم للملايين، الطبعة الخامسة، بيروت، 1977.

6. أبو العباس القلقشندي، **صبح الأعشى في صناعة الإنشا**، المطبعة الأميرية، الطبعة الثالثة، القاهرة، 1983.

7. أبو بكر الجزائري، **منهاج المسلم**، مكتبة الكليات الأزهرية، الطبعة الأولى، 1979.

8. أبو بكر العربي، **العواصم من القواصم**، تحقيق محي الدين الخطيب، الدار السعودية، الطبعة الرابعة، جدة، 1420هـ.

9. أبو زيد الشلبي، **تاريخ الحضارة الإسلامية والفكر الإسلامي**، مكتبة وهبة، الطبعة الخامسة، القاهرة، 1986.

10. أبو يعلى الفراء، **الأحكام السلطانية**، دار العلم للملايين، الطبعة الثالثة، بيروت، 1996.

11. أحمد العوايشة، **موقف الإسلام من نظرية ماركس للتغير المادي للتاريخ**، المكتبة الإسلامية، الطبعة الأولى عمان، 1982.

12. أحمد سعيدان، **جوانب علمية في الحضارة الإسلامية**، منشورات جمعية الدراسات والبحوث الإسلامية، الطبعة الأولى، عمان – الأردن.

13. أحمد شمس الدين، **التداوي بالأعشاب والنباتات قديماً وحديثاً**، دار الكتب العلمية، الطبعة الثانية، بيروت، 1991.

14. أحمد عبد الباقي، **معالم الحضارة العربية في القرن الثالث الهجري**، مركز دراسات الوحدة العربية، الطبعة الأولى، بيروت 1991.

15. آدم متز، **الحضارة الإسلامية في القرن الرابع الهجري**، تعريب محمد أبو ريده، دار القلم، بيروت، 1999.

16. أمين وريحة، **التداوي بالأعشاب**، دار القلم، الطبعة السادسة، بيروت، 2000.

17. توفيق اليوزبكي، **دراسات في النظم العربية الإسلامية**، وزارة التعليم العالي والبحث العلمي، جامعة الموصل، الطبعة الثالثة، 1988.

18. جاسر أبو صفية، **جهود المسلمين في حقل الفلاحة**، بحث مقدم للحلقة العلمية التي عقدتها جمعية الدراسات والبحوث الإسلامية، سنة 1983، جوانب علمية في الحضارة الإسلامية.

19. **جريدة الدستور**، العدد 12258، الجمعة 26 جمادى الآخرة 1422هـ الموافق 14 أيلول2001.

20. حسن إبراهيم حسن، **تاريخ الإسلام السياسي والديني والاجتماعي والثقافي**، الطبعة السابعة، القاهرة، 1985.

21. حسن عبد القادر صالح، **منهج العلماء المسلمين في البحث العلمي الجغرافي**، بحث مقدم لجمعية الدراسات الإسلامية سنة 1985.

22. حسين مؤنس، **الحضارة**، سلسلة عالم المعرفة عدد يناير 1978، الكويت.

23. دي لاس أوليري، **الفكر العربي ومركزه في التاريخ**، ترجمة اسماعيل البيطار، دار الكتاب اللبناني، بيروت، 1996.

24. رشدي محمد عليان، **حضارة العراق**،الجزء السابع، الفصل الثالث الفقه الإسلامي، بغداد،1985.

25. رشيد حميد الجميلي، **حركة الترجمة في المشرق العربي في القرنين الثالث والرابع للهجرة**، المنشأة العامة للطباعة والنشر، ليبيا، 1984.

26. زيغريد هونكة، **شمس العرب تسطع على الغرب**، دار الآفاق الجديدة، الطبعة الثالثة، بيروت، 1985.

27. سلميان قطان، **تشريح فيزيولوجيا الأعضاء التناسلية للرجل والمرأة عند العرب**، بحث مقدم للحلقة العلمية التي عقدتها جمعية الدراسات والبحوث الإسلامية، سنة 1983، وصدرت تحت عنوان:جوانب علمية في الحضارة الإسلامية، الطبعة الأولى، عمان، 1985.

28. شهاب الدين الإبشيهي، **المستطرف في كل فن مستظرف**، دار مكتبة الحياة، الطبعة الثانية، بيروت، 1990.

29. شوقي أبو خليل، **الحضارة العربية الإسلامية**، منشورات كلية الدعوة الإسلامية الطبعة الأولى، طرابلس - ليبيا، 1987.

30. صبحي الصالح، **الإسلام ومستقبل الحضارة**، دار الشورى، الطبعة الثانية، بيروت، 1990.

31. صلاح الدين المنجد، **الإسلام والعقل**، دار الكتاب الجديد، الطبعة الثانية، بيروت، 1976.

32. ضياء الدين علوي، **الجغرافيا العربية**، ترجمة د. عبد الـله يوسف، ود. طه محمد جاد، جامعة الكويت، الطبعة الأولى، 1980.

33. عبد العزيز الدوري، **النظم الإسلامية**، بيت الحكمة، بغداد، 1988.

34. عبد الهادي بوطالب، **الحضارة الإسلامية، بحث الشورى والديمقراطية.**

35. عطوف ياسين، **علم النفس العيادي**، دار العلم للملاين، الطبعة الثانية، بيروت، 1986.

36. عفيف عبد الفتاح طبارة، **روح الدين الإسلامي**، دار الشورى، بيروت، 1995.

37. عمر الأشقر، **نحو ثقافة إسلامية أصيلة**، دار النفائس،الطبعة الثانية، عمان، 1991.

38. عمر فروخ، **تاريخ الفكر العربي**، دار العلم للملايين، الطبعة الرابعة، بيروت، 1983.

39. فرائز روزنتال، **مناهج العلماء المسلمين في البحث العلمي**، ترجمة د. أنيس فريحة، دار الثقافة، بيروت، 1971.

40. فيليب حتي وزملاؤه، **تاريخ العرب**، دار غندور للطباعة والنشر، الطبعة السابعة، بيروت،1986.

41. قسطنطين زريق، **في معركة الحضارة**، دار العلم للملايين، الطبعة الرابعة، بيروت 1981.

42. كمال السامرائي، **مختصر تاريخ الطب العربي**، منشورات وزارة الثقافة العراقية، 1985.

43. غوستاف لوبون، **حضارة العرب**، ترجمة عادل زعيتر، دار إحياء الكتب العربية، الطبعة الرابعة، القاهرة، 1986.

44. الماوردي، **الأحكام السلطانية والولايات الدينية**، دار الحرية للطباعة، الطبعة الأولى، بغداد 1989.

45. محمد الدسوقي، **منهج البحث في العلوم الإسلامية**، دار الأوزاعي للنشر والتوزيع، الطبعة الأولى، بيروت، 1984.

46. محمد الفرا، **الفكر الجغرافي في العصور القديمة والوسطى**، مكتبة الفلاح للطباعة، الكويت، 1978.

47. محمد الفرا، **مشكلة إنتاج الغذاء في الوطن العربي**، عالم المعرفة، العدد21، الكويت،1979.

48. محمد بن أحمد الخوارزمي، **مفاتيح العلوم**، إدارة الطباعة المنيرية، القاهرة، 1996.

49. محمد بن عبدوس بن الجهشياري، **الوزراء والكتاب**، تحقيق مصطفى السقا، مطبعة البابي الحلبي، القاهرة، 1980.

50. محمد راكان الدغمي، **نظرية الأمن الغذائي من منظور إسلامي**، مكتبة المنار، الطبعة الأولى، الزرقاء، 1988.

51. محمد سلام مدكور، **القضاء في الإسلام**، دار النهضة العربية، القاهرة. د.ت.

52. محمد عبد السلام محمد وزملاؤه، **دراسات في الثقافة الإسلامية**، مكتبة الفلاح، الطبعة السابعة، الكويت، 1988.

53. محمد عبد القادر، **الثقافة الإسلامية**، المطابع المركزية، الطبعة الثالثة، عمان 1982.

54. محمد مصطفى شبلي، **المدخل في التعريف بالفقه الإسلامي**، دار النهضة العربية للطباعة والنشر، الطبعة الخامسة، بيروت، 1981.

55. محمود السعيد الكردي، **مأساة الخلافة في الإسلام**، المنشأة العامة للنشر والتوزيع والإعلان، الطبعة الأولى 1983، ليبيا.

56. **المعجم الوسيط**، البابي الحلبي، الطبعة الثانية، القاهرة، 1960.

57. **منشورات اليونسكو** 1998.

58. منير حميد البياني، **النظام السياسي الإسلامي مقارناً بالدولة القانونية**، دار البشير للنشر والتوزيع، الطبعة الأولى، د.ت، عمان.

59. **الموسوعة العربية المسيرة**، دار نهضة لبنان للطباعة والنشر، الطبعة الرابعة، بيروت، 1986.

60. هزاع بن عبد الشمري، **الأرقام العربية**، دار أجا، الطبعة الأولى،الرياض، 1999.

61. وفيق شاكر رضا، **دراسة تاريخ العلوم عند العرب، مركز إحياء التراث العربي**، جامعة بغداد بحث مقدم في الندوة الثانية لتاريخ العلوم عند العرب سنة 1986.

62. ول ديورانت، **قصة الحضارة**، ترجمة محمد بدران، الطبعة الثالثة، لجنة التأليف والترجمة والنشر، الطبعة الثالثة، القاهرة، 1987.

63. يوسف القرضاوي، **الخصائص العامة للإسلام**، مؤسسة الرسالة، الطبعة الثانية، بيروت، 1983.

64. يوسف القرضاوي، **الرسول والعلم**، دار الصحوة للنشر، الطبعة الأولى، القاهرة، 1984.

Printed in the United States
By Bookmasters